权威·前沿·原创

皮书系列为
"十二五""十三五""十四五"时期国家重点出版物出版专项规划项目

BLUE BOOK

智库成果出版与传播平台

中东欧文化蓝皮书

BLUE BOOK OF CENTRAL AND
EASTERN EUROPEAN CULTURE

中东欧国家文化发展报告（2022）

REPORTS ON THE CULTURAL DEVELOPMENT OF CENTRAL AND
EASTERN EUROPEAN COUNTRIES (2022)

中东欧国家文化国际传播与影响力建设

主　编／茅银辉　蒋　涌
副主编／徐恒祎
广东外语外贸大学区域国别研究院中东欧研究中心

社会科学文献出版社
SOCIAL SCIENCES ACADEMIC PRESS (CHINA)

图书在版编目（CIP）数据

中东欧国家文化发展报告.2022：中东欧国家文化国际传播与影响力建设／茅银辉，蒋涌主编.--北京：社会科学文献出版社，2023.3
（中东欧文化蓝皮书）
ISBN 978-7-5228-1459-9

Ⅰ.①中… Ⅱ.①茅… ②蒋… Ⅲ.①文化发展-研究报告-中欧-2022②文化发展-研究报告-东欧-2022 Ⅳ.①G15

中国国家版本馆 CIP 数据核字（2023）第 060060 号

中东欧文化蓝皮书
中东欧国家文化发展报告（2022）
—— 中东欧国家文化国际传播与影响力建设

主　　编／茅银辉　蒋　涌
副 主 编／徐恒祎

出 版 人／王利民
组稿编辑／周　丽
责任编辑／徐崇阳
责任印制／王京美

出　　版／社会科学文献出版社·城市和绿色发展分社（010）59367143
　　　　　地址：北京市北三环中路甲 29 号院华龙大厦　邮编：100029
　　　　　网址：www.ssap.com.cn
发　　行／社会科学文献出版社（010）59367028
印　　装／天津千鹤文化传播有限公司
规　　格／开本：787mm×1092mm　1/16
　　　　　印张：17　字数：251 千字
版　　次／2023 年 3 月第 1 版　2023 年 3 月第 1 次印刷
书　　号／ISBN 978-7-5228-1459-9
定　　价／158.00 元

读者服务电话：4008918866

▲ 版权所有 翻印必究

本书为广东外语外贸大学"中国–中东欧人文研究科研创新团队"(项目编号：TD1803)的阶段性成果之一。

《中东欧国家文化发展报告》
编　委　会

主　　任　石佑启（广东外语外贸大学）

副 主 任　茅银辉（广东外语外贸大学）
　　　　　蒋　涌（广东外语外贸大学）

学术顾问　霍玉珍（中华人民共和国外交部）
　　　　　朱晓中（中国社会科学院）
　　　　　高　歌（中国社会科学院）
　　　　　刘作奎（中国社会科学院）
　　　　　赵　刚（北京外国语大学）
　　　　　丁　超（北京外国语大学）
　　　　　徐　刚（中国社会科学院）
　　　　　胡文涛（肇庆学院）

主　　编　茅银辉　蒋　涌

副 主 编　徐恒祎

主要编撰者简介

茅银辉 博士，教授，硕士生导师。广东外语外贸大学外国文学文化研究院院长兼非通用语种教学与研究中心主任、西方语言文化学院波兰语系系主任、中东欧研究中心主任，欧洲语言文学二级学科学科带头人，教育部外语教学指导委员会非通用语分委员会委员，中国—中东欧国家智库交流与合作网络理事，广东省本科高校外语类专业教学指导委员会欧洲语言专业分委会委员，波兰核心学术期刊《东亚研究》《哥白尼文学》外籍编委，中华学术外译项目评审专家。主要研究方向为波兰语言文学、中东欧区域研究等，主持国家级项目2项，独立承担或参与省部级项目近10项，主持"中国—中东欧人文交流"校级科研创新团队。学术成果包括专著《艾丽查·奥热什科娃的女性观与创作中的女性问题研究》，编著《中东欧国家文化发展报告（2020）》，译著《三个较长的故事》《简短，但完整的故事》《大象》《波兰美术通史》等，在《现代国际关系》、《外国文学动态研究》、《世界文学》、*Język polski*（波兰语）等国内外重要学术期刊发表论文共20余篇。两次获得全国非通用语种科研成果一等奖。曾因与波兰高校的科研合作成果突出，两次获得波兰罗兹大学颁发的"校长奖章"。

蒋　涌 教授，经济学博士，外国语言文学博士后。广东外语外贸大学研究生院副院长，主要研究方向为中东欧研究、语言经济学。近年来发表论文近20篇，其中核心刊物近10篇，国际论文发表8篇。参编教材两部，获得教学成果奖两项。主持国家社科基金项目1项、教育部项目1项、省级项目 4 项，参与国家级（含省部级）项目 4 项。

徐恒祎　在读博士、讲师，广东外语外贸大学西方语言文化学院塞尔维亚语专业教师。翻译《汉语塞尔维亚语大数据百科术语辞典》《外教社克罗地亚语英语汉语图解词典》《汉语 800 字：波斯尼亚语版》等词典多部。主要研究领域为塞尔维亚语及克罗地亚语、巴尔干地区社会与文化。

摘　要

为促进文化领域稳步复苏，中东欧国家明确自身文化发展目标，紧抓文化发展重点难点；在推动文化资源可及性，加快文化现代化建设的数字化转型，加强文化遗产保护等方面取得了较大进展。与此同时，各国积极参与欧盟层面及其他双边多边文化合作，不断挖掘合作潜力。中东欧国家在与中国的文化交流上也开启了新的篇章，双方在各个文化领域广泛开展合作，加大投资力度，成果斐然。

"中东欧国家文化国际传播与影响力建设"为本书研究主题，在上述跟踪分析的基础上，本书专门选取了中东欧主要国家为研究对象，重点阐述了各国如何开辟新的思路和视角，结合民族、地域、文化呈现形态、传承方式等特征，对各国传统文化资源进行合理整合和必要的转化创新；如何将特色文化纳入对外传播的推介范围，找准文化传播定位、路径和策略，在对外文化传播的话语体系中建立了应有的国际影响力和地位。本书通过深入挖掘对象国在文化国际传播和影响力建设方面的特点和经验，为开拓中华民族优秀传统文化的对外传播途径提供有益的经验。

关键词： 中国—中东欧国家合作　文化发展　文化国际传播　文化影响力

目 录

Ⅰ 总报告

B.1 2021年中东欧国家文化发展形势报告 ········· 茅银辉 孙 琰 / 001

Ⅱ 国别报告

B.2 2021年波兰文化发展报告 ·················· 梁小聪 / 017
B.3 2021年罗马尼亚文化发展报告 ·········· 蒋 涌 刘小枭 / 039
B.4 2021年保加利亚文化发展报告 ················ 左 筱 / 058
B.5 2021年阿尔巴尼亚文化发展报告 ········· 韩 彤 冯 越 / 078
B.6 2021年斯洛文尼亚文化发展报告 ·············· 马曼露 / 098
B.7 2021年北马其顿共和国文化发展报告 ············ 徐恒祎 / 114

Ⅲ 专题报告

B.8 波兰文化国际传播与影响力报告 ············· 林 歆 / 129
B.9 捷克文化国际传播与影响力报告 ············· 黄敏颖 / 147

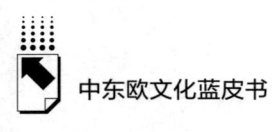

B.10　斯洛伐克文化国际传播和影响力报告 …………………… 高晓潼 / 165

B.11　希腊文化国际传播与影响力报告 ………………………… 凌海慧 / 182

B.12　克罗地亚文化国际传播与影响力报告 …………………… 王晓伊 / 206

Ⅳ　大事记

B.13　2021年中国—中东欧国家文化交流大事记 …………… 尚　冰 / 224

后　记 ……………………………………………………………………… / 239

Abstract …………………………………………………………………… / 241

Contents …………………………………………………………………… / 243

总报告

General Report

B.1
2021年中东欧国家文化发展形势报告

茅银辉　孙琰＊

摘　要： 2021年，在长期与新冠病毒斗争的过程中，中东欧国家的抗疫经验日渐成熟。在做好疫情防控的同时，各国聚焦文化发展的重点方向，落实文化发展规划，文化领域呈积极复苏态势。为促进文化领域稳步复苏，中东欧国家明确自身文化发展目标，紧抓文化发展重点难点；在推动文化资源可及性，加快文化现代化建设的数字化转型，加强文化遗产保护等方面取得了较大进展。与此同时，各国积极参与欧盟层面及其他双边多边文化合作，不断挖掘合作潜力。中东欧国家在与中国的文化交流上也开启了新的篇章，双方在各文化领域广泛开展合作，加大投资力度，成果斐然。

＊ 茅银辉，广东外语外贸大学西方语言文化学院教授，广东外语外贸大学阐释学研究院兼职研究员，博士，硕士生导师，主要研究方向为波兰文学、波兰国情、中波关系、中东欧国别与区域研究；孙琰，广东外语外贸大学西方语言文化学院欧洲语言文学专业硕士研究生，主要研究方向为波兰文学。

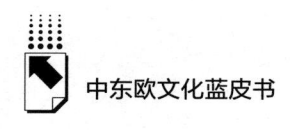

关键词： 中东欧国家　文化复苏　可及性　文化交流

2021年是全球抗击新冠肺炎疫情的第二年。经过了一整年与新冠病毒的抗争，中东欧国家自身的防疫经验不断积累，应对突发公共卫生事件的能力也有所提升。中东欧国家在疫情初期及时实施了有效措施，在一定程度上减轻了疫情对经济文化领域的负面影响。由于疫情的影响，中东欧国家被动或主动地选择了文化数字化转型的道路，努力提高民众对文化生活的参与度，提升民众使用文化资源的能力。坚定文化发展目标，在文化基础设施的建设和文化遗产的保护上都取得了一定成果。而这些成果也为2021年中东欧国家的文化复苏打下了良好的基础。2021年，随着各中东欧国家加快推进疫苗接种工作，疫情得到了有效控制。为了应对疫情不断反复带来的新挑战，中东欧国家依然保持了严格的防疫政策，但也根据实际情况及时做出调整，在疫情相对缓和时放开对公共场所的管制，尤其是逐步放开对艺术文化场所的封控。各类文化活动也采取线上线下相结合的方式开展，美术馆、博物馆、画廊等文艺活动场所的展览次数和活动次数都有大幅度上升。各国努力使文化发展恢复正常步调，虽然与疫情前水平仍有较大差距，但各国文化领域的积极复苏态势十分明显。在文化复苏的背景下，中东欧国家的文化发展呈现以下特点。

一　2021年中东欧国家在文化领域抓重点促复苏

2021年1月，葡萄牙接替德国成为欧盟理事会新任轮值主席国，任期至2021年6月30日。面对依然十分严峻的新冠肺炎疫情形势，葡萄牙继续推动欧盟大规模开展疫苗接种计划和疫情纾困计划，助推欧盟经济复苏。与此同时，葡萄牙在文化领域为欧盟2021年文化发展定下了大方向，把重点放在疫情下文化和创意部门的持续性复苏上。截至2021年4月，37%的欧盟成员国已向公众开放博物馆。各中东欧国家在文化发展大方向上与欧盟步调保持一致，积极与新冠肺炎疫情抗争，同时采取相关措施，在减轻疫情对文化行业负面影响的基础上，朝着推动文化领域发展平稳复苏、逆流而上的更高目标前进。中东欧各国根据自身国情，突出各自文化领域发展重点，加大资金投入，完善相关法规，各国文化领域发展呈积极复苏态势。

波兰自2021年2月起，对国家防疫政策进行了适时调整，有序开放各类文化场所，推动文化活动逐步恢复正常。在此基础上，波兰政府把握文化发展重点，进一步推动国家文化复苏，取得了一些成果。波兰文化部部长将"可及性"视作波兰文化发展中的一个重要主题。而围绕文化资源可及性这一重点，波兰政府从数字化转型、信息和通信技术升级、建筑设施现代化、特殊群体服务提升等层面入手，打开了波兰疫情期间文化发展新局面[①]。

促进新冠肺炎疫情下文化产业复苏是罗马尼亚2021年文化发展的主要方向之一。2021年1月26日，罗马尼亚政府公布了关于公共行政决策透明度的第52/2003号决议，罗马尼亚文化部也发布了《关于重启国家文化领域的小额援助计划的紧急法令草案》。在该草案框架下，罗马尼亚政府加大了对文化领域资金的投入，通过国家援助的方式，向受到新冠肺炎疫情影响的文化活动经营者提供了有力支持，有效推动了文化产业的复苏[②]。

与其他中东欧国家相似，保加利亚的文化发展也遭到了疫情的巨大冲击。但是根据保加利亚国家统计局2021年的统计数据，相较于2020年，随着防疫经验的增长，保加利亚的文化发展也逐渐回归正轨。博物馆参观人次较2020年提升30.4%，剧院和音乐厅演出的观众人数较2020年上涨15.2%。除了公众对文化生活的参与度有所提高外，国家援助资金也有所上升。2021年保加利亚文化领域的预算为2.45亿保加利亚列弗，比2020年增加了近13%。虽然文化领域的各项数据与疫情前相比大幅缩水，但是2021年文化行业回温的态势非常明显[③]。

---

① 梁小聪：《2021年波兰文化发展报告》，见本书相关篇章。
② 蒋涌、刘小枭：《2021年罗马尼亚文化发展报告》，见本书相关篇章。
③ 左筱：《2021年保加利亚文化发展报告》，见本书相关篇章。

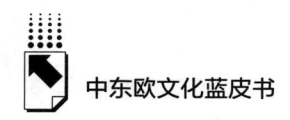

斯洛文尼亚于7月1日接替葡萄牙成为2021年下半年的欧盟轮值主席国。这使得斯洛文尼亚不但要继承欧盟推动文化和创意部门持续性复苏的文化发展方向，而且需要承担更大的责任，带领欧盟国家寻找更好的文化发展道路。文化遗产、斯洛文尼亚语、档案、图书馆、创意、普雷舍伦奖、媒体和文化多元性是斯洛文尼亚文化发展的重点领域。斯洛文尼亚从自身优势领域入手，积极参加对其文化发展重点领域发展前景的讨论，以此推动自身文化复苏。例如，在斯洛文尼亚参加的2021年欧洲遗产峰会上，一个讨论的重点就是在后疫情时代文化和文化遗产对社会复苏的助推潜力。同时，斯洛文尼亚政府致力于推动文化创意产业回暖，2021年斯洛文尼亚博物馆和画廊共举办1093个展览，行业复苏的步伐加快①。

文化复苏是中东欧国家2021年文化发展的关键词之一，而受欧洲防疫大势影响，大部分中东欧国家在2022年上半年基本都已放松疫情管控，不再延长卫生紧急状态；未来各国文化复苏的势头将更加强劲。

二 2021年中东欧国家加强文化资源可及性建设

受疫情防控影响，线下文化活动的举办非常有限，即使在2021年疫情情况相对缓和的时期，各中东欧国家对于文化场所开放时间和客流量的限制也十分严格。如果想要推动文化发展，促进疫情下文化复苏，那么加强文化资源可及性建设就是不可忽视的问题。2021年，中东欧各国高度重视文化资源可及性问题，采取多种措施，为民众提供更多公共文化服务。

早在疫情发生前，波兰就已经关注到文化资源可及性的问题。2018年波兰政府发布的"可及性+（2018～2025年）"（Dostępność Plus 2018—2025）的政府计划和2019年发布的《关于确保特殊需求人群获无障碍服务》法案使文化资源可及性在法律上得到进一步保障。根据以往经验，波兰国家文化中心在2021年开展了"文化教育""可及性文化""文化—干

---

① 马曼露：《2021年斯洛文尼亚文化发展报告》，见本书相关篇章。

预""文化中心基础设施"等一系列重点文化资源可及性建设项目。同时波兰政府还将特殊人群作为其发展文化资源可及性事业关照的重点群体之一。为保证特殊人群公平地参与文化生活，波兰政府发布了《残疾人战略规划（2021—2030年）》，波兰文化部知识产权与媒体处也推出了确保特殊人群得到相关服务的"无障碍文化"项目。除了特殊人群之外，波兰政府对文化资金投入和提高民众文化参与度两个方面也给予了高度重视。在"2014~2022年知识—教育—发展"欧盟跨国运营计划框架下拨款25119600兹罗提，资助被选定的文化机构，开发文化无障碍的运营模型，保障文化资源可及性的持续发展。为提高公共文化资源可及性，波兰政府着眼于波兰民众阅读现状，颁布了《国家阅读发展计划2.0（2021—2025年）》。通过这些措施，波兰从国家规划、法律保障和资金援助三个层面进一步强化了文化资源可及性建设[1]。

　　罗马尼亚加强文化资源可及性的工作重点在于以节日举办为契机开展丰富多彩的线上线下文化活动，调动民众参与文化生活的积极性，向民众提供更加优质的公共文化资源。如成功举办的第28届锡比乌国际戏剧节和布扎乌国际艺术节，活动形式丰富，线上线下相结合。除此之外，为庆祝相关节日而举办的文艺活动也为民众提供了丰富的文化资源和文化服务。例如，为庆祝世界艺术日，罗马尼亚文化部下属各部门举办了音乐独奏会、绘画研讨会等一系列文娱活动。罗马尼亚通过这些举措大大调动了民众参与文化生活的热情，文化资源可及性建设效果显著[2]。

　　与罗马尼亚政府相似，保加利亚政府同样高度重视提升民众文化生活的参与度。但是保加利亚政府在提升民众文化生活参与度的问题上，其重心在对民众的历史文化教育上，旨在在提高民众文化参与度的同时提升民众对保加利亚民族身份的认同，加强对下一代的爱国教育。2020年保加利亚国家图书馆和国家剧院在保加利亚民族解放运动杰出人物、文学文化先驱伊万·瓦

---

[1] 梁小聪：《2021年波兰文化发展报告》，见本书相关篇章。
[2] 蒋涌、刘小枭：《2021年罗马尼亚文化发展报告》，见本书相关篇章。

佐夫诞辰170周年之际，通过举办展览和专场演出的方式开展了一系列文化活动。而2021年正值保加利亚革命家格奥尔基·拉科夫斯基诞辰200周年，国家图书馆也筹备了相关活动。与此同时还有国家文化宫开馆40周年的相关纪念活动。保加利亚政府不但通过这些活动加强了文化资源可及性建设，同时也在全社会营造了良好的尊重保加利亚民族传统的氛围。除了文化教育外，保加利亚积极参与庆祝欧洲遗产日并成功举办第25届保加利亚纪录片和动画电影"金雷顿"节，大大调动了民众参与文化活动的积极性[1]。

为贯彻自身文化政策，斯洛文尼亚将文化资源可及性建设巧妙地融入八大文化重点领域建设之中。在文化遗产保护领域，向民众普及文化遗产知识，鼓励民众积极参与文化遗产活动。在保护和促进文化多样性领域，重视少数民族参与文化生活的权益，制定实施民众平等参与文化生活的融合政策以及提高弱势群体就业能力的政策。斯洛文尼亚政府通过这种方式，在潜移默化中将文化资源可及性建设带入了国家重点文化领域，使得文化资源可及性建设涵盖面广泛且根基深厚[2]。

文化资源可及性建设的重要性和必要性尤其在疫情期间体现得更加深刻。中东欧各国无论是从提高民众文化参与度、保障特殊人群和少数族裔平等享有文化资源，还是从加强民众文化教育的角度出发，都在推动文化资源可及性建设的道路上迈出了坚实的步伐，为疫情下中东欧各国的文化发展做出了努力。

三 2021年中东欧国家大力发展文化遗产保护事业

根据联合国教科文组织对于中东欧地区文化特性的分析，中东欧地区为培养本地区人民的民族文化认同感，一直以来非常重视各类文化遗产资源的传承与保护；并且依托数字化平台，建立了强大的文化传播系统。2021年中东欧国家在文化遗产保护事业上更进一步，相关立法和文化传播体系更加完

---

[1] 左筱：《2021年保加利亚文化发展报告》，见本书相关篇章。
[2] 马曼露：《2021年斯洛文尼亚文化发展报告》，见本书相关篇章。

备，并有序开展与其他国家关于文化遗产的合作交流。各国政府调动多方力量共同致力于文化遗产保护事业，在文化遗产保护领域取得了卓越的成绩。

保护文化记忆和历史遗产是保加利亚文化发展的主要方向之一，这一点也被纳入了《2019—2029年保加利亚文化发展战略草案》。保加利亚的历史文化遗产极其丰富，对文化遗产的保护也落实到了行动之中。目前保加利亚受保护的不可移动文化遗产就有近4万处，被联合国教科文组织列入《世界遗产名录》的有7处。2021年，保加利亚积极推进《文化遗产法》的修订进程，并完善相关法律法规。保加利亚对于文化遗产保护的重视和取得的成果受到了联合国教科文组织的关注。联合国教科文组织将遍布保加利亚全国各地的社区文化中心"Chitalishte"列入了非物质文化遗产"保护良好实例登记"的名录中。同时，保加利亚在2021年被选为联合国教科文组织世界遗产委员会（UNESCO World Heritage Committee）2021～2025年度成员国。借此机会，保加利亚也加强了与其他国家在文化遗产保护上的合作，不断积累在文化遗产保护上的经验[①]。

文化遗产是斯洛文尼亚文化发展的八大重点领域之一。斯洛文尼亚文化遗产资源丰富，长期以来形成了保护文化遗产的优良传统，文化遗产的重要性更是得到了民众的高度认同。斯洛文尼亚文化遗产保护目标明确：对内提高民众对于文化遗产保护的思想认识和参与度，对外提高斯洛文尼亚文化遗产的认知度。为了实现这些目标，斯洛文尼亚政府采取了一系列举措。完善文化遗产保护的相关法律法规；为长久保存文化遗产，加快其数字化进程，除此之外，斯洛文尼亚政府高度重视加强多方合作。在2019年颁布的《文化遗产战略2020—2023》中明确表示要将文化遗产纳入国家、地区和市政层面的发展政策和法律中。作为欧盟2021年轮值主席国，斯洛文尼亚重视文化遗产保护工作。2021年斯洛文尼亚文化部在欧盟框架下组织了题为"遗产权作为可持续发展催化剂"的国际会议。该会议不仅加强了欧盟内部的文化交流合作，还再次强调了遗产权、文化遗产在社会中的作用以及保

---

① 左筱：《2021年保加利亚文化发展报告》，见本书相关篇章。

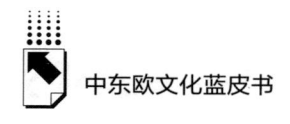

文化遗产对可持续发展的重要性①。

文化遗产保护是罗马尼亚近年来文化发展的主要任务之一，2021年，文化遗产保护对罗马尼亚疫情下的文化复苏有着重要意义。罗马尼亚把古迹保护和文化遗产教育活动作为工作重点，开展了"国家系统性考古研究资助计划"，保护和修复重要文化遗址；同时进一步完善考古的相关法令法规。在对民众的文化遗产教育上，罗马尼亚以青少年为中心，开展了一系列文化活动，如夏季学校和文化遗产知识竞赛等。罗马尼亚政府把文化遗产保护融入了文化发展的方方面面：在鼓励当代文化创作上强调对文化遗产的创新；在弘扬少数民族文化上重视其文化遗产的振兴；在管理层面建立了国家文化遗产信息和促进中心，推进文化遗产信息的可及性建设；在文化项目投入上也极力推动文化遗产资本化。除此之外，罗马尼亚政府重视与其他国家的交流合作，尤其要借鉴其他国家的先进经验，同时积极申遗，提高罗马尼亚文化遗产的国际知名度。2021年，罗马尼亚响应欧盟号召，参加了"4CH—文化遗产保护能力中心"（4CH—Competence Centre for the Conservation of Cultural Heritage）项目，利用最先进的ICT技术保护欧洲文化遗产。而在同年的第44届世界遗产大会上，罗马尼亚申报的罗西亚蒙大拿（Roşia Montană）矿业景观被成功列入联合国教科文组织《世界遗产名录》。罗马尼亚在文化遗产保护领域的努力和成就有目共睹②。

波兰在文化遗产保护上不但与其他国家一样通过政府投资加强遗迹保护，完善国家遗产研究的机构管理，加强与其他国家在文化遗产保护上的合作；还紧紧围绕自身文化建设重点，即推动文化资源可及性，加强文物古迹无障碍环境的建设。在文化遗产的管理与资助上，波兰文化部在什切青设立了团结遗产研究所分支机构，同时投资1.06亿兹罗提用于"遗迹保护"计划（Program „Ochrona zabytków"）第一阶段的444个项目。而为了与欧盟步调一致，加强与其他欧洲国家的合作，波兰还签署了欧洲理事会《文化

---

① 马曼露：《2021年斯洛文尼亚文化发展报告》，见本书相关篇章。
② 蒋涌、刘小枭：《2021年罗马尼亚文化发展报告》，见本书相关篇章。

遗产社会价值框架公约》。为了落实"可及性+（2018~2025年）"政府计划，波兰文化部门聚焦文化古迹无障碍参观问题，加快数字化建设和服务人员培训，在文化古迹无障碍参观问题上取得了一些突破。波兰根据自身文化发展重点，从数字化和设施建设等方面推进古迹文化资源可及性建设，具有很高发展潜力[①]。

中东欧国家长期以来形成了重视保护文化遗产的传统。在2021年疫情下文化复苏背景下，重视文化遗产保护，对文化复苏助力显得尤为重要。以文化遗产保护为突破口，各国加快信息化建设，加强国家间文化交流，在疫情寒冬中，呼唤起民众对于民族文化的关注与自信，有助于文化的可持续性复苏与发展。

四　2021年中东欧国家加快文化数字化转型建设

推动文化数字化转型是中东欧国家应对疫情打击的必然选择，信息时代下加速文化的数字化转型对文化的可持续发展也有重要作用。在疫情初期，文化的数字化转型发展势头迅猛，各国重视在疫情期间为民众提供高质量的线上文化服务。2021年，疫情时而反复，在文化复苏的背景下，文化的数字化转型深入文化发展各个领域，为中东欧国家文化发展增添了活力。

根据保加利亚《2019—2029年保加利亚文化发展战略草案》，数字化转型为保加利亚优先发展领域之一。在数字化改革的背景下，保加利亚往年在电影、图书和档案电子化的领域取得了一定成就，保加利亚国家电影档案馆与欧洲电影门户平台合作，借助广大平台，完善电影档案库。而在美国—保加利亚基金会的资助下，保加利亚国家学术图书馆信息系统也已建立并在运营上取得了一定成就，在免费访问的网页上可搜索涉及40个保加利亚图书馆中的近360万项书目数据。2021年，保加利亚的数字化建设与其他领域

---

① 梁小聪：《2021年波兰文化发展报告》，见本书相关篇章。

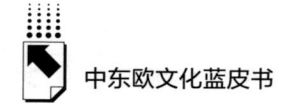

深度融合，2021年8月在索非亚举办的名为"文化与商业——携手共进数字世界"的高级别国际论坛上，保加利亚三座城市：索非亚市、布尔加斯市和佩特里奇市因其数字化建设成就而获得创新城市奖项。其中，索非亚市和布尔加斯市从文化遗产数字化入手，一个将文化历史遗产数字化项目与生态、城市规划、服务和教育等领域的项目相结合，另一个运营了文化遗产数字化项目"DigiCult"。保加利亚的文化数字化转型建设发展快，覆盖领域广，对文化复苏的助力显著①。

对于波兰来说，数字化转型是其提高文化资源可及性的重要途径。波兰各大文化机构高度重视建筑、数字化、通信三大领域的发展，推动文化资源可及性建设。2021年波兰在文化数字化转型上取得了较大成就。从档案和图书数字化到音乐和美术领域，数字化转型正朝各个文化重点建设领域推进。2021年国家档案馆的用户数量呈迅猛上升趋势，对档案的数字化进程持续进行，开展了数百场线上和线下的展览，数据库不断扩大，民众对档案资源的访问权限不断提高。图书资源数字化进程也在稳步推进，截至2021年7月底，国家图书馆阅览室向读者提供了11011本有声读物、645册配音配乐故事、496个音频和584部广播剧。波兰重视全民阅读，在修订了《国家阅读发展计划》后，数字图书馆建设更进一步，电子资源和用户数目都在持续上升。音乐和美术方面的资源数字化也一直在推进，波兰计划在2021~2023年完成13300个音乐资源数字化建设任务，而扎切塔国家美术馆（Narodowa Galeria Sztuki）也对艺术资源进行了数字化建设，并积极开展文化活动②。

斯洛文尼亚的文化数字化建设深入其八大重点文化发展领域之中，在档案、图书馆和文化遗产等领域的数字化建设都取得了很大进展，并且注重与其他国家的合作，尝试电子资源共享的可能性。为了达成与欧盟和具体成员国之间的数据交换，斯洛文尼亚公共档案馆遵循欧洲和国家互操作性框架，开发了e-ARH.si系统项目。创建斯洛文尼亚电子档案，收集保存电子档案

---

① 左筱：《2021年保加利亚文化发展报告》，见本书相关篇章。
② 梁小聪：《2021年波兰文化发展报告》，见本书相关篇章。

记录。2021年，斯洛文尼亚作为欧盟轮值主席国，还组织了两场针对欧洲档案当前问题的活动，分别是欧洲档案组织（EAG）第29次会议和欧洲国家档案工作者委员会（EBNA）第42次董事会，这些活动推动了欧盟国家间档案工作的共商共建。在图书资源数字化方面，斯洛文尼亚政府建设斯洛文尼亚数字图书馆门户网站，该网站不光提供科学、艺术和文化领域广泛的数字内容信息，还以数字形式保存斯洛文尼亚的书面文化遗产。这些举措符合信息化时代潮流，也为斯洛文尼亚的文化可持续发展做出了贡献①。

在数字化转型的大环境下，罗马尼亚政府也十分重视这一议题。2021年11月30日，在布鲁塞尔举行的欧盟"教育、青年、文化、体育理事会——文化和视听领域"的会议上罗马尼亚文化部部长卢西安·罗马什卡努（Lucian Roma șcanu）提议将2023年指定为"欧洲文化恢复年"，希望以此激发新的调整措施，发挥文化和创意领域在确保绿色和数字转型方面的潜力②。

数字化转型是文化现代化建设的重要环节。中东欧国家在2021年将数字化建设融入自身文化发展重点领域，文化数字化服务于各类文化领域，给这些领域注入了新的活力，同时也推动了中东欧国家文化复苏的进程。

五 2021年中东欧国家积极参与欧盟层面及其他双边多边文化合作

2021年中东欧国家文化政策的重点之一就是对外交流合作。联合国教科文组织把中东欧地区重视跨文化对话放在了其文化特性的第一位，并且认为中东欧地区可以依托地理位置优势参与丝绸之路的经济文化往来，使不同的文化在此交融、碰撞。而通过联合国的一些倡议活动，中东欧国家与其他国家间的文化交流也得到了加强，如2021年2月，黑山和波黑的青年在联

---

① 马曼露：《2021年斯洛文尼亚文化发展报告》，见本书相关篇章。
② 蒋涌、刘小枭：《2021年罗马尼亚文化发展报告》，见本书相关篇章。

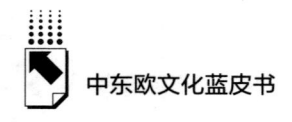

合国框架下共同参与的"理解的艺术"项目。2021年，中东欧国家通过各类文化项目、文化交往活动，强化了与其他国家地区之间的文化往来，以寻求文化发展的更多可能性。

促进国际文化合作是保加利亚国家发展战略中的优先发展项目之一。保加利亚文化部与很多欧洲文化机构都保持了良好的合作关系，如英国文化协会（British Council）、法国文化学院（Institut Culturel Français et de Cooperation）等。保加利亚积极参与欧盟层面的各类文化项目，而这些文化项目为保加利亚的文化发展提供了稳定的资金支持。如欧盟"伊拉斯谟计划（Erasmus）"和欧盟"创意欧洲计划（Creative Europe）"，保加利亚利用这些项目的资金支持积极开展各类文化项目，从中受益良多。2021年，保加利亚国家文化研究所成为欧盟国家文化协会（European Union National Institutes for Culture）的正式成员，这代表着保加利亚与欧盟及其他国家的文化交流机会将大大增多。2021年保加利亚也致力于加强与欧盟成员国之间的文化交流合作；与罗马尼亚、波兰、捷克、斯洛伐克等中东欧国家交往密切并举行了双边会晤，讨论签署合作计划。同时，根据欧盟框架下的发展要求，保加利亚重视加强与包括土耳其在内的东南欧各国的文化往来。2021年6月，保加利亚签署了《2021—2023年保加利亚共和国文化部和黑山教育、科学、文化和体育部文化合作计划》，加强与黑山在各文化领域的合作。2021年9月保加利亚加入了东南欧地区的翻译项目"Traduki"，协调德语国家和东南欧国家的翻译工作，获得保加利亚文化部的高度重视和资金支持[1]。

2021年，斯洛文尼亚由于欧盟轮值主席国的身份，把目光主要放在了欧盟框架下各国的文化合作上，并且注重搭建欧盟内部文化合作交流的平台。2021年9月至12月，斯洛文尼亚组织了名为"遗产权作为可持续发展催化剂"的国际会议，有120位来自欧盟成员国、欧洲机构以及全球非政府组织的专家和代表线上出席。除了文化遗产的议题外，斯洛文尼亚还组织了欧盟内部的以"提高欧洲视听和媒体内容的可访问性和竞争力"为主题

---

[1] 左筱:《2021年保加利亚文化发展报告》，见本书相关篇章。

的国际专家会议。掀起了欧盟层面对于该主题的热烈讨论①。

罗马尼亚积极参与欧盟框架下的文化项目，而文化遗产议题是其核心关注点。罗马尼亚与其他欧洲国家一起启动了"4CH—文化遗产保护能力中心"项目。而2021年对于罗马尼亚的外交来说是非常特别的年份。2021年是罗马尼亚和土耳其建立战略伙伴关系10周年，是罗马尼亚和西班牙建立外交关系140周年，也是罗马尼亚和日本建立外交关系100周年。借此契机，罗马尼亚利用相关纪念活动大力发展了与这些国家的文化合作。例如，与土耳其合作修复位于图尔恰和康斯坦察的两座代表穆罕默德宗教的重要国家遗产建筑；与西班牙举行了一系列文化活动，在马德里国家考古博物馆举办重量级罗马尼亚考古展览："达契亚——罗马主义的最后疆域"。由于疫情，罗马尼亚与日本举行的相关纪念活动延期到了2022年，但是罗马尼亚依然启动了涵盖日本代表性建筑、土木工程和景观设计的"环境建设——日本的特别指南"巡回展览②。

中东欧国家内部的文化交流合作一直十分活跃，2021年在斯洛文尼亚担任欧盟轮值主席国期间，各国在欧盟层面的文化交往有所增加。借助各种契机开展与其他国家的文化交往，扩大交往对象，是中东欧国家未来文化对外交流合作的重要方向。

六 2021年中东欧国家与中国的文化交流开启新篇章

在"一带一路"和"中国—中东欧国家合作"框架下，中国与中东欧国家的交往日益密切。当新冠肺炎疫情在全球蔓延，形势十分严峻之时，中国和中东欧国家守望相助，抗击疫情；同时克服诸多困难，推动双方文化交流更进一步发展。2021年，中国和中东欧国家的文化交流进入了新阶段。

---

① 马曼露：《2021年斯洛文尼亚文化发展报告》，见本书相关篇章。
② 蒋涌、刘小泉：《2021年罗马尼亚文化发展报告》，见本书相关篇章。

国家高层间交往密切，2021年2月，中国国家主席习近平在北京以视频方式主持了"中国—中东欧"国家领导人峰会，此次峰会达成了《2021年中国—中东欧国家合作北京活动计划》，中国还与多个中东欧国家签订了相关年度文化合作计划，这些举措为中国和中东欧国家之间的合作交往指明了方向。中国同中东欧国家之间的文化往来进一步深入，不但在各个文化领域加强合作，保持传统友谊，依托各类传统节日举办丰富多彩的文化活动；同时面向未来与时俱进，关心国际议题，不断挖掘合作潜力，在教育、艺术、影视、生态等领域打开了新的合作局面①。

在教育领域，中国和中东欧国家政府间合作十分积极，各高校之间的交往日益活跃。2021年10月末在北京举行了第八届中国—中东欧国家教育政策对话，14个中东欧国家分别派出教育主管部门部长（副部长）、高级别代表在线参会。此次对话以"后疫情时代中国与中东欧国家教育合作的机遇、挑战与可持续发展"为主题，加深了各国在该议题上的相互了解。12月2日，在北京举办了中国—中东欧国家高校联合会第七次会议。会议主题为"推动中国—中东欧国家高等教育合作的可持续发展"。该会议积极响应第八届中国—中东欧国家教育政策对话提出的"做大做强高校联合会"倡议，为中国与中东欧国家教育共同发展助力。高校在推动国家间文化合作上的重要性一直都有目共睹。中东欧地区高校开设中文专业，为国家间的文化交往培养了大批人才。而每年这些高校及各地孔子学院、孔子课堂的学生都积极参加著名赛事，如"汉语桥"世界大学生、中学生中文比赛。2021年，保加利亚、波黑和匈牙利等国的分赛区各有特色，参赛者们展现出了扎实的语言功底，为中文的国际传播做出了贡献。除了语言领域，在艺术领域高校间的合作也十分密切。2021年10月至11月，中国—中东欧国家音乐院校联盟组织举办了第三届中国—中东欧国家音乐学院院长论坛暨音乐展演。来自11个中东欧国家的17位专家学者就"后疫情背景下音乐艺术教育国际合作"展开研讨，对未来各国在音乐艺术领域的合作进行了展望。除了专题

---

① 尚冰：《2021年中国—中东欧国家文化交流大事记》，见本书相关篇章。

会议之外，与会各国的高校间还通过开办研修班的形式扩大交往，搭建起沟通的桥梁。如 2021 年 12 月底由宁波市教育局指导，浙江万里学院主办的"行知中国　共创未来——中东欧国家青年学者产学研国际交流研修班"等。中国和中东欧国家高校间的交往活动形式多样、内容丰富，为文化交流合作提供了广阔的平台①。

在艺术领域，中国和中东欧国家间的交流合作很好地体现了传统与现代的碰撞。各类风格迥异、独具特色的展览，既有民族文化，又有创意创新。国家间艺术文化交流的深度和广度大大拓宽。2021 年 1 月，云南省博物馆举办了"琥珀——波兰民族文化之魂"的展览，波兰珠宝设计师设计的"孔雀眼"，以波罗的海琥珀和中国丝绸为材料，从杨丽萍表演的孔雀舞中得到灵感制成了这件作品；既传播了民族文化，又体现了两国间的深厚友谊。同年 2 月，由中国驻保加利亚使馆总协调，索非亚中国文化中心、索非亚市政府联合主办，中国美术学院和保加利亚国家美术学院共同承办的"照亮生活"2021 中保创意灯彩公共艺术展则极具创新精神，展示了中国和保加利亚文化合作的成果。2021 年 4 月 23 日在重庆举办了由匈牙利驻重庆总领事馆和香港维岸画廊共同主办的匈牙利当代艺术家佐顿·维赞作品展，该展主题为"光的本源，来自匈牙利的灵感"。这些展览不仅弘扬了中国和中东欧国家的文化艺术，也促进了中国和中东欧国家间的文艺交流。除了举办展览之外，中东欧国家的著名艺术节上也出现了"中国舞台"。2021 年 7 月底，中国优秀青年音乐家代表团在黑山共和国科托尔音乐厅以"科托尔艺术节·中国舞台"为主题举办了两场音乐独奏会。该艺术节在巴尔干地区极具影响力，而艺术节上的"中国舞台"也成为中黑文艺合作的新平台②。

在影视领域，中东欧国家优秀影视作品的引入和我国影视作品的输出都十分活跃。2021 年 2 月，我国国家电影局举办了"2021 年中东欧国家优秀影片播映活动"。一系列优秀的中东欧电影在电影频道（CCTV-6）播出，其中

---

① 尚冰：《2021 年中国—中东欧国家文化交流大事记》，见本书相关篇章。
② 同上。

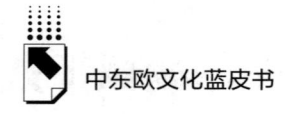

就有广受好评的塞尔维亚电影《牛奶配送员的奇幻人生》和拉脱维亚与波兰合作的电影《狗狗救地球》等。利用影视渠道，中国也积极向中东欧国家展现中国现代社会的变化。2021年5月，《中国改革开放的故事》系列纪录片在波黑塞族共和国广播电视台和萨拉热窝州电视台播出，向波黑观众展现中国经济社会的变化。克罗地亚和塞尔维亚先后播出了由中国北京市人民政府新闻办公室、北京广播电视台打造的"魅力北京"系列纪录片，使得中东欧民众得以了解当代中国首都的建设成就和城市风采。在与其他国家的合作交流上，中国驻波兰大使馆还同波兰顶级戏剧学府——华沙泽尔维罗维奇戏剧学院共同举办了话剧《兰陵王》云端展播活动，向波兰民众展现中国的历史故事[1]。

在生态领域，中国和中东欧国家的合作将理想与现实结合，在加强对生态环保议题研讨的同时落实相关投资项目，取得了多项代表性成果。中东欧国家高度重视落实联合国2030年可持续发展议程进展，积极携手与中国共建绿色"一带一路"。2021年被定为"中国—中东欧国家合作绿色发展和环境保护年"。2021年9月底，中国驻黑山使馆举办了"绿色中国——从生态修复历程看改革开放"中黑青年线上研讨会。环保问题是黑山关注的重点问题，在此次研讨会上，两国青年代表交流两国环保领域的实践，展望未来。绿色发展、低碳生活是中国和中东欧国家共同予以重视的重要议题，在这一问题上的合作深刻体现了中国和中东欧国家的共同追求和高度互信[2]。

截至2021年，中国—中东欧国家合作机制已走过9个春秋。合作成果惠及多方，交往前景依旧辽阔。文化在交往中繁荣，中国和中东欧国家必将继续携手前行，开创更加繁荣的文化景象。

---

[1] 尚冰：《2021年中国—中东欧国家文化交流大事记》，见本书相关篇章。
[2] 同上。

国别报告
Country Reports

B.2
2021年波兰文化发展报告

梁小聪*

摘　要： 2021年，波兰进入新冠肺炎疫情反复期。在继续采取严格防疫措施的同时，波兰各地文化机构逐渐恢复正常运营，维持波兰文化向前发展。为加强文化资源可及性，营造无障碍服务环境，波兰文化部通过落实针对性政策，实施相关文化发展项目，加快文化数字化转型，升级信息和通信技术等设施设备，推进文化建筑设施现代化进程，关注特殊群体的文化艺术生活，普及全民健身运动和全民阅读，加强电子媒体在民众文化生活中的重要作用，促进波兰文化更好更快地发展。本文将主要围绕波兰国内文化发展重点及九大表征，对2021年波兰文化发展情况进行总体描述、分析与评估。

关键词： 波兰　文化发展　可及性　特殊群体　数字化

---

* 梁小聪，广东外语外贸大学西方语言文化学院波兰语教师，主要研究方向为中东欧区域与国别研究、波兰文学等。

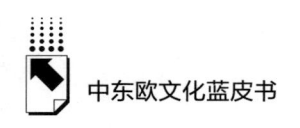

一 2021年波兰文化发展重点

2021年，波兰文化、民族遗产和体育部（Ministerstwo Kultury, Dziedzictwa Narodowego i Sportu, MKDNiS，以下简称文化部）部长彼得·格林斯基（Piotr Gliński）认为，疫情的"棱镜"折射出波兰文化发展中的一个重要主题——"可及性"（dostępność）[1]，又可理解为"可用性"（możliwość skorzystania）或"无障碍"，即用户拥有渠道使用系统，从资源供给方无障碍地获取信息资源，以满足其信息需求。波兰文化部联合各大文化机构和主流媒体，从出台国家文化政策到社会实践，通过数字化的文化资源访问途径等方式，为营造多样化的无障碍环境，解决文化资源获取性问题，进一步推动疫情期间的文化发展等做出了不少工作安排。

（一）文化发展中的"可及性"在法律保障体系中得到进一步强化

为保障群众对公共文化资源的可获取性和参与度，近年来，波兰各大文化机构在建筑、数字化、通信等领域付出了巨大努力，向有特殊需求的人群提供无障碍服务，并立法保障该群体对数字网站和移动应用程序等基础设施的使用权。

早在2018年，为确保公民参与文化等领域活动的平等性和可及性，改善无障碍公共空间和公共服务，波兰发布了"可及性+（2018～2025年）"（Dostępność Plus 2018—2025）[2]等政府计划，并在实际执行中，关注建筑、教育、交通、健康等重要领域，不断提升特殊群体公民（残疾人、老年人等）的文化生活质量，保证民众的心理健康[3]。2019年7月19日《关

---

[1] Piotr Gliński, WPROWADZENIE, *Rocznik kultury polskiej 2021*, Warszawa, 2021, s. 5.
[2] Ministerstwo Inwestycji i Rozwoju, *Dostępność Plus 2018—2025*, Warszawa, 2018, https://www.funduszeeuropejskie.gov.pl/media/62311/Program_Dostepnosc_Plus.pdf.
[3] Anna Wotlińska, NAPRAWIANIE ŚWIATA–IDEA DOSTĘPNOŚCI W SEKTORZE KULTURY, *Rocznik kultury polskiej 2021*, Warszawa, 2021, s. 27.

于确保特殊需求人群获无障碍服务》①的法案正式发布，在此基础上，波兰文化机构从残疾人以及更广泛的有特殊需求人士的视角出发，不断完善三大领域的建设，并在疫情暴发后加强了互联网提供文化服务的功能②。

（二）波兰文化机构有效执行了多个重点文化发展项目

多年来，波兰文化部致力于消除特殊人群的文化资源获取和文化活动参与障碍，其重要表现是继续推进"可及性文化"（Kultura Dostępna）非营利计划，鼓励广泛的受众群体参与文化活动，促进社会融合③。2021年，波兰国家文化中心还开展了"文化教育""可及性文化""文化—干预""文化中心基础设施"等一系列重点文化发展项目。其中，共完成了208项文化教育类、154项可及性文化类、262项"文化—干预"类等软文化性质的任务，以及148项关于文化中心基础设施的投资任务。从监护人、手语译者、培训师、治疗师的人才培养，到针对听力障碍人群开发的音频资源、盲文印刷、助听设备的配备，再到网站适用指南、基础设施建设、交通系统的完善等，国家文化中心全方位为特殊群体提供各类文化服务④。

此外，为保证文化资源可及性的持续发展，"2014～2022年知识—教育—发展"欧盟跨国运营计划（Program Operacyjny Wiedza Edukacja Rozwój na lata 2014—2022）⑤拨款25119600兹罗提，其中包括欧洲社会基金提供的

---

① 参见欧洲立法标识符（ELI）官网，2022年6月2日，http://eli.gov.pl/eli/DU/2019/1696/ogl。
② Rafał Wiśniewski, O ZNACZENIU DOSTĘPNOŚCI KULTURY, *Rocznik kultury polskiej 2021*, Warszawa, 2021, s.11.
③ 参见波兰政府官网，2022年6月1日，https://www.gov.pl/web/kultura/kultura-dostepna4，http://www.mkidn.gov.pl/media/po2015/dokumenty/20150422_Kultura_dostepna-regulamin.pdf。
④ Katarzyna Zielezińska, Magdalena Karowska-Koperwas, Anna Jermacz, Agata Radecka, Antonina Zarzyka, Michał Rydzewsk, „DOSTĘPNOŚĆ PLUS"A DZIAŁANIA NCK – CZY JESTEŚMY PRZYGOTOWANI NA WSPÓŁPRACĘZ OSOBAMI ZE SPECJALNYMI POTRZEBAMI?, *Rocznik kultury polskiej 2021*, Warszawa, 2021, s.19-25.
⑤ 跨国合作成员：国家残疾人康复基金（领头人）、波兰文化部（国家战略合作伙伴）、无障碍文化基金会（国家非政府合作伙伴）、创意老龄化与包容性艺术能力中心（跨国合作伙伴）。

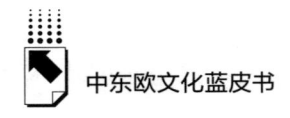

23685270.84兹罗提，选取100家波兰文化机构作为试点，投资近2000万兹罗提，于2021~2023年建造教育工作坊，创建特殊观光路线、展品音频简介、波兰语手语指南，引入3D建模、VR技术等，旨在开发一种能确保文化无障碍利用的运营模型，并在未来广泛投入应用[1]。同时，波兰文化部知识产权与媒体处出台了"无障碍文化"项目（Kultura bez barier），引导波兰图书馆、文化中心、剧院、画廊、博物馆及其他文化机构探索新型文化发展模型，向有特殊需求的人群提供文化服务[2]。

（三）波兰政府新出台了多个面向特殊群体的阶段性规划

国家文化中心在年度总结报告中强调，2021年是无障碍文化建设工作的突破期。波兰政府不仅顺利开展了一系列重点文化发展项目，还针对特殊群体出台了多个新阶段规划，保障他们参与文化生活、获取文化资源等权益。

2021年2月，《残疾人战略规划（2021—2030年）》（*Strategia na rzecz Osób z Niepełnosprawnościami 2021—2030*）发布，其中包括针对残疾人群文化资源可及性和教育等八个重要发展领域的条例，确保残疾人能够独立生活，并充分参与到文化生活中来[3]。此外，波兰政府颁布的《国家阅读发展计划2.0（2021—2025年）》（*Narodowy Program Rozwoju Czytelnictwa 2.0 na lata 2021—2025*）也是提升文化资源可及性的重要体现[4]。该计划投资11亿兹罗提，加强公共图书馆、学校图书馆等机构在弘扬社会文化方面的作用，并构建当地文化知识中心，提高公共文化资源的可及性，改善波兰公民阅

---

[1] 参见波兰政府官网，2022年6月3日，https://www.gov.pl/web/kultura/projekt-kultura-bez-barier。
[2] 参见波兰政府官网，2022年6月3日，https://www.gov.pl/web/kultura/projekt-kultura-bez-barier。
[3] 参见残疾人事务政府全权代表办事处官网，2022年6月1日，https://niepelnosprawni.gov.pl/p,170,strategia-na-rzecz-osob-z-niepelnosprawnosciami-2021-2030。
[4] 1,1 mld zł na Narodowy Program Rozwoju Czytelnictwa 2.0-ruszają konsultacje publiczne，参见波兰文化部官网，2022年6月1日，https://www.gov.pl/web/kultura/11-mld-zl-na-narodowy-program-rozwoju-czytelnictwa-20--ruszaja-konsultacje-publiczne。

读现状①。例如，波兰文化部要求 IBUK Libra Light 阅读平台、VOD 电视平台等为视力障碍者提供至少 30%的特殊影视资源，保证其对视听媒体服务的可获取性②。

二 2021年波兰国内文化发展表征

从 2021 年 2 月起，按照疫情防控要求，波兰各艺术文化场所可有序开放③，尽管之后几个月的疫情有所反复④，但从波兰中央统计局 2021 年调查数据分析来看，波兰文化发展逐步恢复正常，公众参与度逐步提升，并带来了一定的经济效益⑤。如，文化活动方面，波兰共有 3944 个文化中心（包括文化宫、文化活动中心、俱乐部等），全年开展了 15.66 万场次文化艺术活动，数量同比增长了 29.5%，吸引了 1830 万人次参与。古董和艺术品市场方面，2021 年，波兰艺术品和古董销售额达 5.912 亿兹罗提，与 2020 年相比增加了 1.728 亿兹罗提。群众活动方面，2021 年波兰共举办了 3000 次大众活动（包括休闲艺术类、运动类活动），比 2020 年增加了 89.5%，吸引了 1100 万名参与者，与 2020 年相比增加了 600 万名。波兰 4693 家文化机构（包括 70

---

① 参见波兰政府官网，2022 年 6 月 1 日，https：//www.gov.pl/web/kultura/narodowy-program-rozwoju-czytelnictwa。
② Radosław Dubisz, PROJEKT „KULTURA BEZ BARIER" 1-NOWE PODEJŚCIE DO DOSTĘPNOŚCI KULTURY, *Rocznik kultury polskiej 2021*, Warszawa, 2021, s. 15.
③ Otwarcie kin, teatrów, filharmonii i oper warunkowo w rygorze sanitarnym od 12 lutego, 波兰文化部官网，2022 年 6 月 8 日，https：//www.gov.pl/web/kultura/otwarcie-kin-teatrow-filharmonii-i-oper-warunkowo-w-rygorze-sanitarnym-od-12-lutego。
④ Zaostrzone zasady bezpieczeństwa w czterech województwach, 波兰文化部官网，2021 年 6 月 8 日，https：//www.gov.pl/web/kultura/zaostrzone-zasady-bezpieczenstwa-w-czterech-wojewodztwach；Ograniczenia w działalności instytucji kultury i obiektów sportowych od 20 marca do 9 kwietnia, 波兰文化部官网，2021 年 6 月 8 日，https：//www.gov.pl/web/kultura/ograniczenia-w-dzialalnosci-instytucji-kultury-i-obiektow-sportowych-od-20-marca-do-9-kwietnia；Od 20 marca zaostrzone zasady bezpieczeństwa w całym kraju, 波兰文化部官网，2021 年 6 月 8 日，https：//www.gov.pl/web/kultura/od-20-marca-zaostrzone-zasady-bezpieczenstwa-w-calym-kraju。
⑤ 参见波兰中央统计局官网，2022 年 7 月 2 日，https：//stat.gov.pl/obszary-tematyczne/kultura-turystyka-sport/kultura/。

个国家文化机构和4623个地方文化机构）年度收入比2020年提升了9.5%，可见2021年各大文化机构经营卓有成效。而从波兰国家文化中心的数据研究、波兰文化部及各地文化机构推行的文化发展项目和活动来看，2021年波兰文化发展在数字化转型、信息和通信技术升级、建筑设施现代化、特殊群体服务提升等层面都取得较大的成果。

（一）国家档案网络的更新提高了用户对档案资源的查询量

根据《国家档案战略计划（2010—2020）》（*Strategia Archiwów Państwowych na lata 2010—2020*），波兰公民有权利随时随地安全地访问和使用档案资源。波兰国家档案网络由36个机构组成，其中包括3个中央档案馆和33个地方档案馆。截至2020年底，该网络共收藏记录了历史、政治、经济、科研等过去几个世纪人类活动所有领域的档案超过4300万件，文件总长度达360公里，其中包含电子文件共231128个，总量达42450.88GB。

由于新冠肺炎疫情的影响，2020年和2021年上半年，波兰国家档案馆阅览室或一度关闭，或限时限流对外开放，因而阅览室访者总数从2019年的71599人次减少到了2020年的10739人次。档案搜索趋向也发生了变化，国家档案馆也经历了用户结构和搜索主题等的改变[1]。但与此同时，线上档案搜索功能得到了高度重视和发展，国家档案馆对官网进行了升级更新，用户数量从2019年的304000名上涨至2020年786756名，页面浏览量从2020年16495090人次上涨至2021年上半年的21526945人次。国家档案馆对档案的数字化赋能持续进行，并举办了数百场线上线下展览，通过社会力量收集疫情期间的档案材料，充实数据库，放宽用户对档案资源的访问权限[2]。

---

[1] 涉及题材从2019年的38%家谱、24%财产、17%社会、3%科研、18%其他，转变为43%家谱、21%财产、14%社会、4%科研、18%其他。

[2] Konrad Szuba, ARCHIWA PAŃSTWOWE W POLSCE I ICH DZIAŁANIA NA RZECZ DOSTĘPU DO ŹRÓDEŁ ARCHIWALNYCH, *Rocznik kultury polskiej 2021*, Warszawa, 2021, s. 82-88.

（二）复合图书馆的现代化建设提升了全民阅读的安全性和便捷性

新冠肺炎疫情暴发后，波兰国家图书馆（Biblioteka Narodowa）果断采取措施，关闭阅览室或限制进馆人流量，保持读者间的物理距离，对阅览室进行了空间现代化改造，同时也加快了现代化复合图书馆的建设。

在传统图书馆方面，通过改造图书馆格局，采用现代信息与通信技术、视觉或触觉信息系统、新型供暖和通风装置、特殊紧急逃生通道等，不断升级图书馆基础设施，确保各读者群体，特别是有特殊需求的读者群体能安全且便捷地使用传统图书馆资源。此外，针对由于疫情或身体残疾原因而无法现场借阅的人群，图书馆提供"电话借阅"（Książka na telefon）[1]、"借还书蜜蜂箱"（Wrzutnie i książkomaty）[2]、"线上书单"（Katalog online）和"特殊馆藏"（Zbiory specjalne）等服务[3]。

在数字图书馆方面，图书资源数字化进程也在不断推进。与2019年数据相比，2020年波兰数字图书馆官网（polona.pl）的用户数量提升了51.5%，页面浏览量增加了47%。截至2021年7月底，国家图书馆阅览室可向读者提供11011本有声读物、645册配音配乐故事、496个音频和584部广播剧。而随着《国家阅读发展计划》的修订，波兰数字图书馆官网除了加大数字资源共享的规模，还大批量收购文学作品版权，以电子书的形式供读者借阅。此外，波兰数字图书馆还与免费阅读平台（Wolne Lektury）合作录制经典读物的有声书。2020年，波兰数字图书馆终端网络向读者提供来自1252家图书馆的前沿科学文献，而到2021年6月，在电子学术文献借阅系统上登记的图书馆数量已超过3000家，线上读者阅读量也不断增加[4]。

---

[1] 即致电图书馆，请图书管理员或志愿者将图书送到指定地点。
[2] 用类似于寄取快递的储物柜方式来进行书籍借还。
[3] Izabela Koryś, DOSTĘPNOŚĆ BIBLIOTEK DLA RÓŻNYCH GRUP UŻYTKOWNIKÓW, W TYM OSÓB ZE SZCZEGÓLNYMI POTRZEBAMI, *Rocznik kultury polskiej 2021*, Warszawa, 2021, s.111-115.
[4] Michał Żejmis, Tomasz Gruszkowski, BIBLIOTEKA NARODOWA ONLINE I W CZYTELNIACH. CORAZ WIĘKSZA DOSTĘPNOŚĆ ZBIORÓW, *Rocznik kultury polskiej 2021*, Warszawa, 2021, s.90-104.

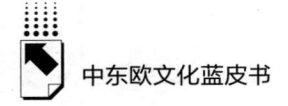

根据波兰中央统计局2021年的调查数据，波兰全国共有7693家公共图书馆，并为儿童和青少年专设了873个分馆。图书馆提供的远程借阅图书数量比2020年增加了20.5%，在这一年里，共有480万名读者借出了8910万册藏书，且在图书馆590万份特殊藏品中，视听资源占比最大（55.8%）。此外，图书馆还作为文化教育场所，组织了13.39万场线下活动和2.15万场线上活动，参与人数分别为350万人次和200万人次[1]。

（三）在博物馆全方位推进无障碍建设

近10年来，波兰文化部国家博物馆和藏品保护研究所（Narodowy Instytut Muzealnictwa i Ochrony Zbiorów）致力于博物馆藏品保护事业，并通过出版学术、培训及科普期刊，完善建筑设施设备等途径，促进博物馆藏品可及性建设。国家博物馆和藏品保护研究所为博物馆员工组织了264期培训班，参与者共达8201人，其中开展了30场涉及无障碍博物馆服务、6场涉及音频资源开发服务、9场针对有感官障碍的人群服务、7场针对有智力障碍或患有自闭症的群体服务、4场关于线上博物馆无障碍服务、4场关于保障有特殊需求人群访问博物馆的法律条款等培训。其中，法律培训是2021年上半年博物馆无障碍建设的重要体现，该培训进一步确保民众对实体博物馆和数字博物馆的可访问性或资源可及性。基于"可及性+（2018~2025年）"政府计划，波兰文化部国家博物馆和藏品保护研究所在建筑空间改造、展览布局设计、信息通信技术等层面进行无障碍建设，确保各公民群体对博物馆资源的安全获取和使用[2]。

2021年，波兰共有939家博物馆及其分支机构正常运营。与2020年数据相比，2021年博物馆参观人数增加了51.9%，达2530万人次。全年共举办了2500个常设展览、3600个临时展览（包括33个外国展览）。值得一提的是，

---

[1] 参见波兰中央统计局官网，2022年7月2日，https://stat.gov.pl/obszary-tematyczne/kultura-turystyka-sport/kultura/。

[2] Joanna Grzonkowska, DOSTĘPNOŚĆ MUZEÓW DLA OSÓB ZE SZCZEGÓLNYMI POTRZEBAMI Z PERSPEKTYWY NARODOWEGO INSTYTUTU MUZEALNICTWA I OCHRONY ZBIORÓW, *Rocznik kultury polskiej 2021*, Warszawa, 2021, s. 131-135.

在"博物馆之夜"（Noc Muzeów）免费参观博物馆的活动中，参观者达16.05万人（2020年仅1.84万人），其中被参观最多的是历史博物馆，达8.03万人（2020年仅1.61万人）[①]。此外，为确保民众参与博物馆文化活动的便捷性，博物馆及其分支机构还借助网站、社交门户和视频渠道在线提供了502个展览，观众达120万人次，组织线上活动7200场，参与者达390万人次。

（四）舞蹈、音乐、戏剧、美术、电影等艺术文化得到了长足发展

舞蹈、音乐、戏剧、美术、电影等艺术活动是公民文化生活的重要部分。2021年，波兰185家音乐厅和剧院共举办了3万场演出，其中包括717场首演和3.8万个剧目，观众达470万人次，同比上涨了5.4%；313家美术馆积极组织活动，在国内共举办了3.1万场展览，数量同比上涨了28.5%，共计340万人次参观；523家电影院放映了共140万场电影，观众数量达2750万人次，同比上涨了40.9%。此外，2021年波兰共制作了302部电影，可在电影院或电视上观看[②]。2021年，波兰被《纽约时报》评为"疫情期间最慷慨支持艺术家发展的八大国家之一"[③]，这一年里，波兰文化部采取各种措施进一步确保民众参与各艺术领域的文化生活。

舞蹈方面，国家音乐舞蹈研究所（Narodowy Instytut Muzyki i Tańca）则通过网络和社交媒体，发布相关文化活动的音频视频等资源，并通过现场直播或视频存档等手段，以及提供部分同声传译或波兰语手语翻译服务，让国内外的观众和艺术家们有机会观看节目或参与线上研讨会。例如，在由波兰文化部举办的2021年奥斯卡·科尔贝格"民间文化功勋奖"（Nagrody im. Oskara Kolberga „Za zasługi dla kultury ludowej"）颁奖典礼中，观众可在线上观看

[①] 参见波兰中央统计局官网，2022年7月2日，https://stat.gov.pl/obszary-tematyczne/kultura-turystyka-sport/kultura/。

[②] 参见波兰中央统计局官网，2022年7月2日，https://stat.gov.pl/obszary-tematyczne/kultura-turystyka-sport/kultura/。

[③] „New York Times": Polska wśród krajów, które najhojniej wsparły artystów w czasie pandemii, 波兰文化部官网，2022年6月8日，https://www.gov.pl/web/kultura/new-york-times-polska-wsrod-krajow-ktore-najhojniej-wsparly-artystow-w-czasie-pandemii.

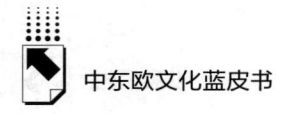

现场直播，也可通过国家音乐舞蹈研究所在社交媒体上发布的录像、照片回顾这场盛事，欣赏优秀获奖作品。此外，国家音乐舞蹈研究所还联合各地舞蹈学校撰写《传统舞蹈教程》《现代舞蹈教程》等教科书，并录制"慕课"，供公众学习舞蹈。2021年，国家音乐舞蹈研究所不仅主办了第14届什切青"金点"舞蹈大赛（XIV edycja konkursu Złote Pointy w Szczecinie），启动了"随爵士乐穿越波兰"（Z jazzem przez Polskę）系列活动项目，延续了已实施11年的"舞蹈家舞台"（Scena dla tańca）计划，在比得哥什、科沙林、皮瓦、斯乌普思克、什切青、托伦等7个中小城市表演新创舞蹈，还与全球唯一能提供该领域认证课程的纽约玛莎·格雷厄姆舞蹈学校（Martha Graham Dance School）合作组织了一场当代舞蹈培训，波兰共有16名芭蕾舞教育学家和44名师生参与了本次培训[1]。

音乐方面，波兰音乐出版社（Polskie Wydawnictwo Muzyczne）开发了一种特殊的乐谱数字保护、储存和更正模型，对音乐数据质量进行了实质性和技术性的改善。2017~2021年，波兰音乐出版社共对12646个音乐资源进行了数字化赋能，其中10720个可供访问，并计划于2021~2023年完成13300个音乐资源数字化建设任务，预计其中8850个可供访问[2]。此外，波兰还举办了多场全国或国际音乐节或赛事，如第60届万楚特音乐节[3]、第17届"肖邦和他的欧洲"国际音乐节[4]、第18届肖邦国际钢琴比赛[5]、第3届中

---

[1] Narodowy Instytut Muzyki i Tańca, MUZYKA I TANIEC DOSTĘPNE DLA WSZYSTKICH, *Rocznik kultury polskiej 2021*, Warszawa, 2021, s. 138-145.

[2] Paulina Celińska, Daniel Cichy, Rafał Jewdokimow, DOSTĘPNOŚĆ W PAŃSTWOWYCH INSTYTUCJACH KULTURY – WYBRANE PRZYKŁADY, *Rocznik kultury polskiej 2021*, Warszawa, 2021, s. 19-25.

[3] Jubileuszowa 60. edycja Muzycznego Festiwalu w Łańcucie, 波兰文化部官网，2022年6月8日，https://www.gov.pl/web/kultura/jubileuszowa-60-edycja-muzycznego-festiwalu-w-lancucie。

[4] Trwa XVII Międzynarodowy Festiwal Muzyczny „Chopin i jego Europa", 波兰文化部官网，2022年6月8日，https://www.gov.pl/web/kultura/trwa-xvii-miedzynarodowy-festiwal-muzyczny-chopin-i-jego-europa。

[5] Koncert inaugurujący XVIII Międzynarodowy Konkurs Pianistyczny im. Fryderyka Chopina, 波兰文化部官网，2022年6月8日，https://www.gov.pl/web/kultura/koncert-inaugurujacy-xviii-miedzynarodowy-konkurs-pianistyczny-im-fryderyka-chopina。

东欧国际音乐节（III Międzynarodowy Festiwal Muzyki Europy Środkowo-Wschodniej Eufonie）[1]等，吸引了不少观众和媒体的关注。

戏剧方面，得益于波兰文化部"网络文化"（Kultura w sieci）计划和文化支持基金会的协助，受到疫情影响的戏剧逐渐走上了互联网，线上戏剧表演资源数量逐年上涨，兹比格涅夫·拉舍夫斯基戏剧研究所（Instytut Teatralny im. Zbigniewa Raszewskiego）更加关注残疾人等特殊群体的戏剧文化生活。2021年，"戏剧之夏"（Lato w teatrze）计划进展顺利，其中与二十一剧院基金会（Fundacja Teatr 21）共同创作的家庭剧《我是如何不再完美的》（Jak przestałem być idealny）于2021年9月4日上演，并计划在接下来几年里进行全国巡演，同时为残疾人士配备了所需的助听器和字幕。2021年，"瓦扎什—扎根传统"协会（Stowarzyszenie „Łazarz-Zakorzenieni w Tradycji"）在波兹南开设了"戏剧视唱练耳"（Solfeć teatralny）工作坊，主持人扮成盲人引导儿童参观"看不见的街道"（Niewidzialna Ulica）展览，而后带领孩子参加音乐工作坊，活动的目的是唤醒年轻人对听觉的保护意识[2]。值得一提的是，为纪念2021年波兰著名科幻作家斯坦尼斯瓦夫·莱姆（Stanisław Lem）诞辰100周年，国家音乐舞蹈研究所和明日歌剧基金会（Fundacja Jutropera）通过"新声"（Nowy głos）计划面向残疾人群体，创作了歌剧《新声：莱姆》（Nowy głos：L. E. M.）[3]。此外，在华沙国家剧院（Teatr Narodowy w Warszawie）、克拉科夫老剧院（Stary Teatr w Krakowie）等地还首演了包括《三姐妹》（Trzy siostry）《秋季奏鸣曲》（Sonata jesienna）《萨瓦纳湾》（Savannah Bay）《溺水女孩》（Tonąca dziewczyna）在内的多部戏

---

[1] III Festiwal Eufonie 2021-Warszawa stolicą muzyki wielu kultur，波兰文化部官网，2022年6月8日，https://www.gov.pl/web/kultura/iii-festiwal-eufonie-2021---warszawa-stolica-muzyki-wielu-kultur。

[2] Justyna Czarnota, Olga Sobkowicz, Jarosław Cymerman, Łukasz Orłowski, CZY KAŻDY MOŻE UCZESTNICZYĆ W KULTURZE? ŻYCIE TEATRALNE W PANDEMII ORAZ ANALIZA PROJEKTÓW IT Z UDZIAŁEM OSÓB Z NIEPEŁNOSPRAWNOŚCIĄ, Rocznik kultury polskiej 2021, Warszawa, 2021, s. 146-157.

[3] 参见米哈乌·兹纳耶茨基官网，2022年6月9日，https://znaniecki.net/portfolio/nowy-glos-l-e-m/。

剧作品①。

　　美术方面，扎切塔国家美术馆（Narodowa Galeria Sztuki）在"开放的扎切塔"（Otwarta Zachęta）计划中，不断提升艺术资源的开放性，并进一步加强可访问性的数字化建设，2020年和2021年上半年已在线上或线下开展93场提供手语、音频等特殊服务的文化活动。其中，波兰各博物馆和艺术馆从2021年2月1日起②，在严格遵循疫情卫生管控的情况下，重新对外开放③。同月2日，"寻找地方的雕塑"（Rzeźba w poszukiwaniu miejsca）展览在华沙扎切塔国家美术馆开幕④。11月，在扎切塔还展出了20世纪日本前卫艺术作品。此外，国家美术馆还于2021年初联合英国文化协会举办了高水平艺术赛事，秋季举办了无障碍文化节和艺术展览，探讨了特殊人群的身份认同等重要议题⑤。

　　电影方面，波兰电影艺术研究所（Polski Instytut Sztuki Filmowej）于2021年1月换届⑥，次月，文化部宣布将"金融盾牌2.0"（Tarcza Finansowa 2.0）计划范围扩大到电影业，保证中小型电影公司正常运营⑦。依照《电影

---

① Teatry, opery i filharmonie zapraszają na koncerty i przedstawienia, 波兰文化部官网, 2022年6月9日, https://www.gov.pl/web/kultura/teatry-opery-i-filharmonie-zapraszaja-na-koncerty-i-przedstawienia。

② Muzea i galerie sztuki otwierają się dla publiczności, 波兰文化部官网, 2022年6月9日, https://www.gov.pl/web/kultura/muzea-i-galerie-sztuki-otwieraja-sie-dla-publicznosci。

③ Otwarcie muzeów i galerii sztuki w rygorze sanitarnym od 1 lutego, 波兰文化部官网, 2022年6月9日, https://www.gov.pl/web/kultura/otwarcie-muzeow-i-galerii-sztuki-w-rygorze-sanitarnym-od-1-lutego。

④ Otwarcie Zachęty. Wystawa „Rzeźba w poszukiwaniu miejsca", 波兰文化部官网, 2022年6月9日, https://www.gov.pl/web/kultura/otwarcie-zachety-wystawa-rzezba-w-poszukiwaniu-miejsca。

⑤ Paulina Celińska, Daniel Cichy, Rafał Jewdokimow, DOSTĘPNOŚĆ W PAŃSTWOWYCH INSTYTUCJACH KULTURY-WYBRANE PRZYKŁADY, *Rocznik kultury polskiej 2021*, Warszawa, 2021, s. 19.

⑥ Minister kultury przewodniczył pierwszemu posiedzeniu Rady PISF nowej kadencji, 波兰文化部官网, 2022年6月9日, https://www.gov.pl/web/kultura/minister-kultury-przewodniczyl-pierwszemu-posiedzeniu-rady-pisf-nowej-kadencji。

⑦ Komunikat MKiDN nt. rozszerzenia Tarczy Finansowej 2.0 o branżę filmową, 波兰文化部官网, 2022年6月9日, https://www.gov.pl/web/kultura/komunikat-mkidn-nt-rozszerzenia-tarczy-finansowej-20-o-branze-filmowa。

法》《视听制品财政支持法》《文化部条例》三项法律法规，波兰电影艺术研究所（Polski Instytut Sztuki Filmowej）资助和促进波兰视听创作已达16年之久。2021年，波兰电影艺术研究所资助创作家和机构2.52亿兹罗提，这笔资金不仅包括影视创作的经费，还增加了对有特殊需要人群获取视听文化资源的支出，其中300万兹罗提投入无障碍环境现代化改造中[1]。此外，全国各地还放映了多部优秀电影作品，举办了相关的电影节和展览，例如，超过30部电影于寒假在文化部和皇家宫殿官网上向公众播放[2]，纪录片《波兰的埃尔·格列柯》（Polski El Greco）[3]、《世界为我而生》（Świat został stworzony dla mnie），电影《助产士》（Położna）[4] 等优秀作品在国内各地首次上映，影片《阿依达》（Aida）和电影摄影师达柳什·沃尔斯基（Dariusz Wolski）获奥斯卡提名[5]。2021年10月，第17届以"旅行"为主题的无声电影节（17. Święto Niemego Kina）在华沙的伊鲁兹容电影院（Kino Iluzjon）举行[6]，12月，电影博物馆的"电影罗兹"（Łódź filmowa）展览开幕[7]。

---

[1] Polski Instytut Sztuki Filmowej, KINO W OBLICZU SZCZEGÓLNYCH POTRZEB-DZIAŁANIA POLSKIEGO INSTYTUTU SZTUKI FILMOWEJ, *Rocznik kultury polskiej 2021*, Warszawa, 2021, s. 225-230；根据2019年4月4日发布的关于公共实体网站和移动应用程序数字无障碍的法案，2020年3月，波兰电影艺术研究所更新了网页版本，增添了对比视图功能和字体大小调整功能，2021年4月，申请提交页面也进行了同步更新。

[2] Ferie po królewsku online w Rezydencjach Królewskich – podsumowanie akcji，波兰文化部官网，2022年6月9日，https：//www.gov.pl/web/kultura/ferie-po-krolewsku-online-w-rezydencjach-krolewskich---podsumowanie-akcji。

[3] Polski El Greco-premiera niezwykłej filmowej opowieści，波兰文化部官网，2022年6月9日，https：//www.gov.pl/web/kultura/polski-el-greco--premiera-niezwyklej-filmowej-opowiesci。

[4] Wicepremier prof. Piotr Gliński wziął udział w premierze filmu „Położna"，波兰文化部官网，2022年6月9日，https：//www.gov.pl/web/kultura/wicepremier-prof-piotr-glinski-wzial-udzial-w-premierze-filmu-polozna。

[5] Nominacje do Oscara dla koprodukcji „Aida" i Dariusza Wolskiego，波兰文化部官网，2022年6月9日，https：//www.gov.pl/web/kultura/nominacje-do-oscara-dla-koprodukcji-aida-i-dariusza-wolskiego。

[6] „Voyages" –17.Święto Niemego Kina，波兰文化部官网，2022年6月9日，https：//www.gov.pl/web/kultura/voyages---17-swieto-niemego-kina。

[7] Wicepremier Piotr Gliński zwiedził wystawę „Łódź filmowa" w Muzeum Kinematografii，波兰文化部官网，2022年6月9日，https：//www.gov.pl/web/kultura/wicepremier-piotr-glinski-zwiedzil-wystawe-lodz-filmowa-w-muzeum-kinematografii。

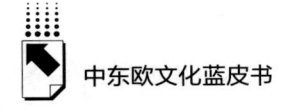

（五）文化遗产和古迹保护事业得到进一步发展

根据波兰法律，文化遗产和古迹具有历史、艺术、科研价值，保护文化遗产和古迹是国家使命和公民责任。2021 年，波兰文化部不仅进一步完善了对国家遗产研究机构的管理，推进非物质文化遗产名录的更新，还关注文物古迹无障碍环境的建设。例如，国际古迹遗址保护理事会（ICOMOS）考察格但斯克造船厂作为联合国教科文组织世界文化和自然遗产名录候选地已进入评估程序中的最后一个环节[1]；格但斯克的卡里昂音乐、库亚维的与羊同行以及乌尔泽茨的维斯图拉河地区的刺绣被列入国家非物质文化遗产名录的最新条目[2]；文化部在什切青设立了团结遗产研究所分支机构[3]；文化部投资 1.06 亿兹罗提用于"遗迹保护"计划（Program „Ochrona zabytków"）第一阶段的 444 个项目实施[4]；莱赫山（Wzgórze Lecha）以及格涅兹诺大教堂（Katedra Gnieźnieńska）被推荐为 2021 年欧洲遗产候选地[5]；波兰签署了欧洲理事会《文化遗产社会价值框架公约》（Konwencja ramowa Rady Europy o wartości dziedzictwa kulturowego dla społeczeństwa），并成为该公约的 28 个成

---

[1] Misja oceniająca ICOMOS-ostatni etap procedury wpisu Stoczni Gdańskiej na listę UNESCO，波兰文化部官网，2022 年 6 月 9 日，https：//www.gov.pl/web/kultura/misja-oceniajaca-icomos--ostatni-etap-procedury-wpisu-stoczni-gdanskiej-na-liste-unesco。

[2] Nowe wpisy na Krajowej Liście Niematerialnego Dziedzictwa Kulturowego，波兰文化部官网，2022 年 6 月 9 日，https：//www.gov.pl/web/kultura/nowe-wpisy-na-krajowej-liscie-niematerialnego-dziedzictwa-kulturowego。

[3] Komunikat Ministerstwa Kultury i Dziedzictwa Narodowego w sprawie utworzenia w Szczecinie oddziału Instytutu Dziedzictwa Solidarności，波兰文化部官网，2022 年 6 月 12 日，https：//www.gov.pl/web/kultura/komunikat-ministerstwa-kultury-i-dziedzictwa-narodowego-w-sprawie-utworzenia-w-szczecinie-oddzialu-instytutu-dziedzictwa-solidarnosci。

[4] 106 mln zł na ochronę zabytków w I etapie Programu Ministra，波兰文化部官网，2022 年 6 月 12 日，https：//www.gov.pl/web/kultura/106-mln-zl-na-ochrone-zabytkow-w-i-etapie-programu-ministra。

[5] Orędzie biskupów polskich oraz Wzgórze Lecha wraz z Katedrą Gnieźnieńską polskimi kandydatami do Znaku Dziedzictwa Europejskiego 2021，波兰文化部官网，2022 年 6 月 12 日，https：//www.gov.pl/web/kultura/oredzie-biskupow-polskich-oraz-wzgorze-lecha-wraz-z-katedra-gnieznienska-polskimi-kandydatami-do-znaku-dziedzictwa-europejskiego-2021。

员国之一①。

根据"可及性+（2018~2025年）"政府计划，文化部门应围绕文化古迹无障碍问题设立针对性解决方案，通过应用现代科技，提升信息技术标准，完善服务流程，调整升级文化建筑的布局和设施，加装楼层标识，放置展览装置等，保障有特殊需要群体的权益。根据波兰国家文化遗产局（Narodowy Instytut Dziedzictwa）2021年进行的一项关于部分古迹可及性的调研结果，行动不便者或有视力、听力障碍的人群可借助特殊设施设备参观文化遗产和古迹。然而数据表明，只有73%的历史古迹为行动不便者提供了便利，且由于楼层、塔楼、墙壁、路堤等建筑结构限制，尚有33%的人群参观受限，只能参观局部古建筑（最多为整体的30%）。针对有视听障碍人群的无障碍环境建设情况更加不理想。但在大多数古迹官网上，都有可供残障人士使用的数字资源，包括虚拟游览、音频解析等材料。根据"2019~2022年文物古迹保护和维护"国家计划（Krajowy program ochrony zabytków i opieki nad zabytkami na lata 2019—2022）以及"可及性+（2018~2025年）"政府计划，相关文化遗产管理部门都加强了对实务人员的培训，并于2022年开展了一项关于文物古迹维护以及无障碍环境主题的社会教育运动②。此外，文化部通过"2014~2021年欧洲经济区机制文化计划"（Program KULTURA Mechanizmu Europejskiego Obszaru Gospodarczego 2014—2021）资助瓦维尔皇家城堡（Zamek Królewski na Wawelu）1800万兹罗提，对其分支皮斯科瓦·斯卡拉城堡（Zamek Pieskowa Skała）进行了大规模的现代化改造③。

---

① Polska podpisała Konwencję ramową Rady Europy o warto ści dziedzictwa kulturowego dla społeczeństwa，波兰文化部官网，2022年6月12日，https://www.gov.pl/web/kultura/polska-podpisala-konwencje-ramowa-rady-europy-o-wartosci-dziedzictwa-kulturowego-dla-spoleczenstwa。
② Andrzej Siwek, Aleksandra Szczepańska, OCHRONA ZABYTKÓW A OBOWIĄZEK ZAPEWNIENIA DOSTĘPNOŚCI DLA OSÓB ZE SZCZEGÓLNYMI POTRZEBAMI, Rocznik kultury polskiej 2021, Warszawa, 2021, s. 158-177.
③ Nowe oblicze Zamk Pieskowa Skała，波兰文化部官网，2022年6月4日，https://www.gov.pl/web/kultura/nowe-oblicze-zamku-pieskowa-skala。

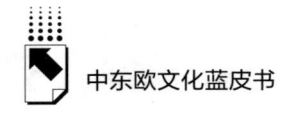

（六）波兰政府深切关心全民运动状况和体育赛事

2021年，波兰文化部推行"全民儿童运动"计划（Program„Sport Wszystkich Dzieci")①、"全民运动"计划（Program „Sport dla Wszystkich")②、"2021运动波兰"计划（Program „Sportowa Polska 2021")③、"运动俱乐部"校园计划的"改善体形！"教育行动（„Wracamy do formy！"-akcja edukacyjna Programu Szkolny Klub Sportowy)④ 等，呼吁波兰全体公民坚持锻炼，参加体育运动，保持身心健康。波兰政府除了关心普通民众的运动状况，还特别关注运动员的健康和备赛情况。2021年4月，波兰政府发布的《关于疫情期间的限制、命令和禁令条例》明确表示，游泳池、健身房、俱乐部和健身中心只提供给备战奥运会、残奥会或聋人奥运会的国家队运动员使用⑤，并为前往参加东京奥运会和欧洲足球锦标赛的运动员做好疫苗接种⑥。最终，

---

① Przedłużenie terminu rozstrzygnięcia zadań w Programie Sport Wszystkich Dzieci，波兰文化部官网，2022年6月4日，https：//www.gov.pl/web/kultura/przedluzenie-terminu-rozstrzygniecia-zadan-w-programie-sport-wszystkich-dzieci2；Rozstrzygnięcie zadań w Programie „Sport Wszystkich Dzieci"，波兰文化部官网，2022年6月4日，https：//www.gov.pl/web/kultura/rozstrzygniecie-zadan-w-programie-sport-wszystkich-dzieci。

② Rozstrzygnięcie Programu „Sport dla Wszystkich"-edycja 2021，波兰文化部官网，2022年6月4日，https：//www.gov.pl/web/kultura/rozstrzygniecie-programu-sport-dla-wszystkich---edycja-2021。

③ Program„ Sportowa Polska 2021" rozstrzygnięty，波兰文化部官网，2022年6月4日，https：//www.gov.pl/web/kultura/program-sportowa-polska-2021-rozstrzygniety。

④ „Wracamy do formy！"-akcja edukacyjna Programu Szkolny Klub Sportowy，波兰文化部官网，2022年6月12日，https：//www.gov.pl/web/kultura/wracamy-do-formy-akcja-edukacyjna-programu-szkolny-klub-sportowy。

⑤ Baseny, siłownie, kluby i centra fitness tylko dla członków kadr narodowych w sportach olimpijskich，波兰文化部官网，2022年6月4日，https：//www.gov.pl/web/kultura/baseny-silownie-kluby-i-centra-fitness-tylko-dla-czlonkow-kadr-narodowych-w-sportach-olimpijskich；Zawodnicy przygotowujący się do igrzysk skorzystają z infrastruktury sportowej，波兰文化部官网，2022年6月4日，https：//www.gov.pl/web/kultura/zawodnicy-przygotowujacy-sie-do-igrzysk-skorzystaja-z-infrastruktury-sportowej。

⑥ Polscy olimpijczycy i piłkarze reprezentacji będą zaszczepieni przed igrzyskami w Tokio i Mistrzostwami Europy w piłce nożnej，波兰文化部官网，2022年6月4日，https：//www.gov.pl/web/kultura/polscy-olimpijczycy-i-pilkarze-reprezentacji-beda-zaszczepieni-przed-igrzyskami-w-tokio-i-mistrzostwami-europy-w-pilce-noznej。

波兰210名运动员在东京奥运会上共取得了4金、5银、5铜的成绩①。在欧洲田径团体锦标赛中，波兰卫冕欧洲团体冠军的称号②。

（七）媒体在文化生活的角色得到了高度重视

2021年初，国家媒体研究所（Krajowy Instytut Mediów）正式成立，并致力于电视观众、网络用户、广播听众行为的知识融合，创造用于测评电子媒体的创新技术，确保受众研究可以得到良好的实践。疫情对文化生活的冲击巨大，让文化机构面临着全新挑战，加速数字化转型已成为必经之路，而电子媒体已成为广泛传播文化内容的重要渠道、远程工作和与外界建立关系的关键工具。根据 Gemius 技术研究公司的媒体调研结果，从2020年1月至2021年1月，波兰互联网页面浏览量提升了15%，其中移动设备上的浏览量提升了10%，固定设备上的浏览量增长了23%。关注文化类网页的用户数量增加了3%，80万人可通过互联网搜索替代线下接触艺术文化的传统参与形式。此外，电视观众、广播听众等数量也在逐步提升，这意味着电子媒体的广泛应用使文化资源的获取更加民主化，但同时也暴露了媒体的发展受到技术条件限制的问题。2021年7月，国家媒体研究所对3万个家庭里的7万人进行了大规模基础调研，旨在发现民众使用互联网、广播和电视的习惯，确定数字化技术和能力障碍，以寻求解决办法③。例如，波兰电视台根据对观众需求、受众栏目、黄金时段等方面的调研数据，合理地为视觉障碍人群提供音频辅助，为听觉障碍人群提供手语翻译或字幕服务等④。

---

① Zakończyły się Igrzyska XXXII Letniej Olimpiady w Tokio，波兰文化部官网，2022年6月4日，https：//www.gov.pl/web/kultura/zakonczyly-sie-igrzyska-xxxii-letniej-olimpiady-w-tokio。
② Polacy obronili tytuł Drużynowych Mistrzów Europy!，波兰文化部官网，2022年6月4日，https：//www.gov.pl/web/kultura/polacy-obronili-tytul-druzynowych-mistrzow-europy。
③ Mirosław Kalinowsk, O（NIE）DOSTĘPNOŚCI CYFROWYCH TREŚCI KULTURY, *Rocznik kultury polskiej 2021*, Warszawa, 2021, s. 212-216.
④ Agnieszka Wąsowska, Monika Trochimczuk, UDOGODNIENIA W PROGRAMACH TELEWIZYJNYCH DLA OSÓB Z NIEPEŁNOSPRAWNOŚCIAMI Z POWODU DYSFUNKCJI NARZĄDU WZROKU LUB SŁUCHU. PRZEPISY, PRAKTYKA, TENDENCJE, *Rocznik kultury polskiej 2021*, Warszawa, 2021, s. 238-267.

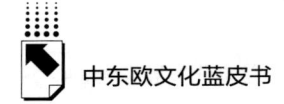

此外，媒体行业十分重视技术升级，关注文化活动的传播范围，以更好地服务观众或听众。以广播电台为例，波兰广播电台公司（Polskie Radio S. A.）不仅为波兰创作家提供与观众接触的机会，还通过发布波兰音乐作品、广播剧、戏剧、儿童读物等，支持本土艺术家在艺术之路上的进一步发展。作为波兰唯一的全国性广播电台，波兰广播电台公司根据《2020~2025年波兰广播电台发展战略》（Strategia Rozwoju Polskiego Radia na lata 2020—2025），提供在多媒体上收听节目的服务。值得一提的是，除了采用模拟调频技术之外，波兰广播电台公司还使用了DAB+新技术，在2021年前达到了44%的电台信号覆盖率，全国67%的居民（超过2500万居民）可收听广播节目。截至2021年底，"DAB+互联网"按计划在全国各省份继续延伸。在DAB+数字信号广播逐渐完善的基础上，波兰广播电台公司目前可收听的频道共9个，且计划于2023年新增一个广播电台节目。此外，波兰广播电台委员会（Zarząd Polskiego Radia）考虑到员工的健康和安全状况，允许远程或轮岗办公，同时对深受听众喜爱的广播节目"夏日广播"（Lato z Radiem）做出了适当的调整——该新闻节目于1971年在壹号文化电台（Jedynka）首播，而2021年恰逢壹号电台成立50周年，电台举办了音乐会、有奖竞赛、互动广播剧等活动，国内外听众可以通过波兰广播电台公司官网、壹号文化电台、YouTube等社交媒体参加庆典音乐会①。

（八）高校等科研机构在解决文化发展问题中发挥了重要的作用

国家研究与发展中心（Narodowe Centrum Badań i Rozwoju）是波兰科学和高等教育部的执行机构，成立于2007年，不仅作为中间机构辅助推行"智力发展"（Inteligentny Rozwój）、"知识—教育—发展"（Wiedza Edukacja Rozwój）运营计划，还获2021~2027年欧洲现代经济基金（2021—2027 Fundusze Europejskie dla Nowoczesnej Gospodarki）和欧洲社会发展基金（Fundusze Europejskie dla Rozwoju Społecznego）的资助，致力于落实国家科

---

① Monika Kuś, POLSKIE RADIO S. A. - DOSTĘPNOŚĆI ROZWÓJ NOWYCH TECHNOLOGII, *Rocznik kultury polskiej 2021*, Warszawa, 2021, s. 231-237.

技创新政策。国家研究与发展中心的年度科研发展预算为10亿欧元，是目前支持国家和地区科学和经济发展的最大机构。近年来，作为"可及性+（2018~2025）"政府计划的一部分，国家研究与发展中心举办了"万物皆为人"大赛（Konkurs „Rzeczy są dla ludzi"），项目主题包括数字化、建筑、信息和教育可及性等，其中，89%的申请项目属于技术和工程科学类，侧重于解决行动障碍者参与文化活动中遇到的问题，包括建筑结构、室内设计、展览模型、旅游文化服务等。此外，国家研究与发展中心还举办了2021年第三届"高校可及性"大赛（Konkurs „Uczelnia dostępna"），围绕高校网页管理、信息技术工具、教育程序更新、建筑无障碍环境等主题，呼吁高校和其他非政府组织，解决高等教育中残疾人遇到的障碍问题。前两届大赛中，共有151所高校获得资助，总金额超过5.7亿兹罗提，而第三届大赛中则收到了69份提案，资助金额达1.72亿兹罗提[1]。

（九）中波文化交流稳健地步入了新舞台[2]

2021年，中波文化交流进入了新阶段。1月27日，波兰文化部部长彼得·格林斯基和中国驻波兰大使刘光源在华沙签署了《2021—2024年文化合作议定书》[3]。该文件深化了波兰文化部和中华人民共和国文化和旅游部在2021~2024年的文化合作，其中涉及文化资产、档案保护和文学作品翻译等[4]。2021年5月29日，波兰外交部部长兹比格涅夫·拉乌（Zbigniew Rau）履新后首度访问中国，同中国国务委员兼外交部部长王毅就中波关系议程、中国—中东欧国家合作前景等问题进行了双边磋商[5]。波兰外交部部

---

[1] Michał Baranowski, Anna Marciniak, WSPARCIE PRAC B+R I UCZELNI W ZAKRESIE POPRAWY DOSTĘPNOŚCI, *Rocznik kultury polskiej 2021*, Warszawa, 2021, s. 178-183.
[2] 参见"一带一路"数据库，2022年6月1日，https://www.ydylcn.com/gjgk/284199.shtml。
[3] Kontynuacja i rozwój współpracy kulturalnej z Chinami, 波兰文化部官网，2022年6月1日，https://www.gov.pl/web/kultura/kontynuacja-i-rozwoj-wspolpracy-kulturalnej-z-chinami。
[4] 参见波兰政府官网，2022年6月1日，https://www.gov.pl/web/zhongguo/pl-cn-cultural-cooperation-21-24。
[5] 参见波兰政府官网，2022年6月1日，https://www.gov.pl/web/zhongguo/ministers-rau-visit-to-china。

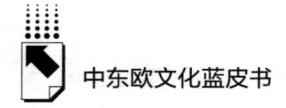

长表示，愿同中方尽快启动"快捷通道"，为急需的人员往来创造条件，并以灵活方式恢复和加强教育、文化、旅游、体育、青年等领域的合作[①]。2021年，中波在音乐、书画、电影、文学、教育等多个领域都进行了深度交流。

音乐方面，2021年10月波兰举办了第18届肖邦国际钢琴比赛[②]。与此同时，为庆祝肖邦诞辰210周年，2020~2021年波兰旅游局主推的旅游产品是沿着作曲家的足迹在波兰旅游，并于2021年1月28日至2月3日在北京地铁上展出华沙瓦金基公园肖邦纪念碑的设计图和宣传视频，活动名为"不止旅行"[③]。3月，致力于在中国宣传肖邦作品的SAE艺术教育平台和波兰共和国驻广州总领事馆在广州大剧院举办了一场招待会。[④] 10~11月，第三届上海长宁国际钢琴音乐节在上海中山公园肖邦纪念碑前举办，包括2场线上以及7场线下音乐会[⑤]；米哈尔·切谢尔斯基三重奏在中国多地巡演，波兰民间音乐和欧洲当代爵士音乐融合所创的钢琴曲也同步演出。

书画方面，2021年5月，波兰驻华大使馆举行了"《五三宪法》通过230周年"庆祝活动，并展示了以波兰作家维斯瓦娃·辛波斯卡（Wisława Szymborska）和切斯瓦夫·米沃什（Czesław Miłosz）的诗歌选段为题材的中国书法作品[⑥]。该书法家为吉狄马加，中国当代最重要的诗人之一，曾获得过2017年度波兰雅尼茨基文学奖[⑦]。同月，波兰共和国驻华大使馆举办了"波兰初印象"展览，展品皆出自与波兹南艺术大学签订了教育合作项目的

[①] 参见中国外交部官网，2022年6月5日，https：//www.fmprc.gov.cn/web/wjbzhd/202105/t20210529_9137390.shtml。
[②] 2020年第18届肖邦国际钢琴比赛推迟到了2021年举行。
[③] 参见波兰政府官网，2022年6月1日，https：//www.gov.pl/web/zhongguo/ditie-to-poland。
[④] 参见波兰政府官网，2022年6月1日，https：//www.gov.pl/web/zhongguo/chopins-spring-in-guangzhou-opera。
[⑤] 参见波兰政府官网，2022年6月1日，https：//www.gov.pl/web/zhongguo/-trzecia-edycja-festiwalu-muzyki-klasycznej-w-szanghaju-cn。
[⑥] 参见波兰政府官网，2022年6月1日，https：//www.gov.pl/web/zhongguo/230th-anniversary-of-the-may-3rd-constitution。
[⑦] 参见波兰驻华大使馆文化处官网，2022年6月5日，https：//instytutpolski.pl/beijing/12-6/。

西北师范大学学生之手①。6月，宁波理工学院、地方当局和波兰共和国驻上海总领事馆围绕"波兰周"文化宣传活动，共举办了四场画展，其中包括白伟（Wiesław Borkowski）的作品展②。10月，"城市飞翔者——波热奥佐夫斯基画笔下的波兰城市"艺术展于成都诗婢家美术馆举行③。12月，中国·波兰科幻插花艺术展在四川科技馆展出。

电影方面，2021年3月，波兰共和国驻广州总领事馆举办了波兰电影交流会活动，向广东外语外贸大学波兰语系师生推广波兰电影艺术④。7月，在"海边银幕：沉醉的夜晚"影片放映会上，波兰驻华大使馆文化处为观众播放了波兰电影《生命如此美好》。9月，波兰导演克日什托夫·基耶斯洛夫斯基大师回顾展在第11届北京国际电影节中展出。11月，波兰驻华大使馆举办了《最后的冰峰》VIP观影交流会。12月，苏州"波兰电影大师基耶斯洛夫斯基作品展"中共有8部经典影片放映。

文学方面，2021年10月，清华大学文学创作与研究中心举办了"莱姆作品研讨会"。11月，在由上海图书馆及各国驻上海总领事馆主办的欧盟儿童绘本展览中，波兰领事馆展出书籍《幸福在哪里》《妈妈看》《弗洛格的微笑》等⑤。12月，"苦中作乐的翻译生活"波兰语翻译大赛中，共有130位参赛者参与了乔安娜·巴托（Joanna Bator）的作品《虫儿不知苦滋味》（Gorzko, gorzko）中文翻译比赛⑥，与此同时，作家乔安娜·巴托还参加了第六届中欧国际文学节，并围绕"家园，创伤，幽默与真相：写作之于作

---

① 参见波兰政府官网，2022年6月1日，https://www.gov.pl/web/zhongguo/poland---my-first-impression。
② 参见波兰政府官网，2022年6月1日，https://www.gov.pl/web/zhongguo/inauguracja-iii-edycji-tygodnia-polskiego-w-ningbo-cn。
③ 参见波兰政府官网，2022年6月1日，https://www.gov.pl/web/zhongguo/miastonauci-w-chengdu.cn。
④ 参见波兰政府官网，2022年6月1日，https://www.gov.pl/web/zhongguo/tatarak-movie-screening-for-students。
⑤ 参见波兰政府官网，2022年6月1日，https://www.gov.pl/web/zhongguo/targi-ksiazki-w-szanghaju。
⑥ 参见波兰政府官网，2022年6月1日，https://www.gov.pl/web/zhongguo/wyniki-konkursu-translatorskiego-slodko-gorzki-los-tlumacza-cn。

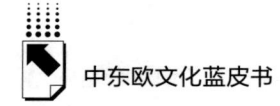

家"主题与读者交流。此外,《玩偶与珍珠》《世界上最丑的女人》《世界坟墓中的安娜·尹》《机器人大师》《糜骨之壤》等多部优秀的波兰文学译著正式出版。

教育方面,2021年10月,波兰驻华大使馆文化处和广东外语外贸大学联合策划举办了"第四届波兰语教学工作坊",来自全国各地的波兰语专家和教师分享了他们在波兰语教学领域的经验和学术研究成果[1]。此外,为了加强国际学术交流,传播有关波兰高等教育和科学体系等信息,波兰国家学术交流局(NAWA)推出了"学术研究在波兰"的新平台[2]。

三 总结与展望

2021年,波兰在文化发展中有条不紊地推进各项政策的落实和活动的开展。一方面,在新冠肺炎疫情反复期间,波兰政府能将公民身心健康放在第一位,继续采取严格的防疫措施,并在疫情严重时选择了暂时关闭文化场所,保障了文化机构员工和普通公民在参与文化生活时的安全和健康。另一方面,波兰文化部能提出和把握文化发展重点,其中以"可及性"为切入点,建立和完善了相关法律政策,推进了各大文化发展项目的实施。同时,波兰文化部持续加快文化资源的数字化转型、先进技术研发、建筑现代化构建、文化媒体运营等发展,关注有特殊需求的群体参与文化生活的问题和解决方案,大力营造无障碍环境,为全民参与文化生活提供安全和便利,促进波兰文化发展的复苏。2022年5月16日起,波兰政府取消防疫状态,转为疫情威胁状态。波兰减少大多数疫情限制措施,包括无须戴口罩、入境旅客无须隔离等。若疫情持续稳定,波兰文化事业将可能得到进一步的发展。

---

[1] 参见波兰政府官网,2022年6月1日,https://www.gov.pl/web/zhongguo/warsztaty-glotto.cn。

[2] 参见波兰政府官网,2022年6月1日,https://www.gov.pl/web/zhongguo/research-in-poland-nawa。

B.3
2021年罗马尼亚文化发展报告

蒋涌 刘小枭*

摘 要： 2021年是罗马尼亚文化领域在遭受新冠肺炎疫情的沉重打击后开始复苏的一年，罗马尼亚文化部采取了一系列恢复文化活动与交流的政策措施，包括加强文化遗产保护及遗产保护教育、激发文化领域创造力、保护和发扬少数民族文化、完善文化管理体系等。在新冠肺炎疫情防控的背景下，罗马尼亚开展了丰富的线上线下文化活动，在提高国民文化资源可及性的同时，也促进了和其他国家的文化合作与交流。未来在改革和完善文化管理机构的基础上，罗马尼亚还将继续坚持推进文化遗产保护和激发文化创造力等主要工作方向，以促进文化领域发挥更大的经济和社会价值，并不断提高罗马尼亚文化的国际影响力。

关键词： 罗马尼亚 文化发展 文化遗产 文化交流

一 罗马尼亚文化发展方向和任务

近年来罗马尼亚的主要文化发展方向和任务包括加强文化遗产保护、鼓励当代文艺创作和促进文化多样性、保护和传播少数民族文化、改进和完善文化管理机构。

---

* 蒋涌，教授，经济学博士，外国语言文学博士后，广东外语外贸大学中东欧研究中心副主任，主要研究方向为中东欧研究、语言经济学；刘小枭，广东外语外贸大学和美国马里兰大学硕士研究生，主要研究方向为公共管理、区域国别研究。

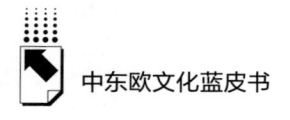

（一）加强文化遗产保护

罗马尼亚高度重视文化遗产保护工作，实施了"国家系统性考古研究资助计划"，通过系统性的考古研究和对罗马尼亚考古重点地区遗址的初步保护，促进考古方法在考古遗迹研究和保护中的应用，同时加大对系统性考古研究成果的普及推广力度。[1] 罗马尼亚文化部也加强了对文化遗址的修复工作，呼吁修复和振兴历史古迹。[2] 罗马尼亚政府通过修订和补充考古相关法令，为考古研究提供了不同阶段和不同类型的授权，提高了考古工作的效率。[3]

与此同时，罗马尼亚还积极开展与国家考古遗产相关的教育活动，提高民众，尤其是青少年对文化遗产的保护意识，近年来举办了"Bucium 夏季大学"[4]、"雅西县暑期学校"[5]、遗产教育活动、"文化、历史和自然遗产——地方社区的嫁妆"全国竞赛等。[6] 罗马尼亚的文化机构和协会为青少年学生提供了文化遗产保护领域的多学科培训计划，鼓励识别、研究、恢复、振兴和推广文化遗产。通过此类培训，学生和研究人员加深了对考古遗址及其历史和潜力的理解，并探索正确可行的解决方案来加强对历史古迹的保护。

---

[1] 参见罗马尼亚文化部官网，http://www.cultura.ro/programul-national-de-finantare-cercetarii-arheologice-sistematice。

[2] 参见罗马尼亚文化部官网，http://www.cultura.ro/actualizare-lista-proiectelor-selectate-pentru-finantare-cadrul-apelului-restaurarea-si。

[3] 参见罗马尼亚文化部官网，http://www.cultura.ro/guvernul-romaniei-adoptat-ordonanta-pentru-modificarea-si-completarea-ordonantei-guvernului-nr。

[4] INP susține și în acest an Universitatea de Vară Bucium (Alba)，罗马尼亚国家遗产研究所官网，https://patrimoniu.ro/noutati/item/1011-inp-sustine-si-in-acest-an-universitatea-de-vara-bucium-alba。

[5] A început școala de vară de la Conacul Cantacuzino-Pașcanu, Cuplenița, Iași (9-22 august 2021)，罗马尼亚国家遗产研究所官网，https://patrimoniu.ro/noutati/item/1078-a-inceput-scoala-de-vara-de-la-conacul-cantacuzino-pascanu-ceplenita-iasi-9-22-august-2021。

[6] Documentează patrimoniul cultural din comunitatea ta ca un adevărat cercetător，罗马尼亚国家遗产研究所官网，https://patrimoniu.ro/noutati/item/948-documenteaza-patrimoniul-cultural-din-comunitatea-ta-ca-un-adevarat-cercetator。

（二）鼓励当代文艺创作，促进文化多样性

罗马尼亚通过"加强文化创业精神，发展观众和听众"（Consolidarea Antreprenoriatului Cultural şi Dezvoltarea Audienței şi a Publicului）①、"创意欧洲 2021—2027 计划"（Europa Creativă 2021—2027）等项目，创造就业机会，组织当代艺术活动，增加文化活动的参与者数量，支持文化领域的中小企业，鼓励文化遗产的创新方法，以及创造和推广与社会、民族和文化少数群体有关的产品。这些项目资助的重点是创新和欧洲艺术合作，以及应对文化和创意领域（图书、音乐、建筑和文化遗产）的新挑战。② 此类项目增加了公众对文化资源的可及性，促进了文化多样性，而且还加强了罗马尼亚和捐助国组织之间的文化交流。

（三）保护和传播少数民族文化

罗马尼亚文化部高度重视少数民族文化，将其作为塑造罗马尼亚国家文化的重要辅助手段。对于罗马尼亚来说，文化多样性是艺术创作的凝聚力和创造力的源泉，因此必须强调少数民族文化对一个国家的重要性。罗马尼亚文化部项目管理部门（Unitatea de Management a Proiectului din cadrul Ministerului Culturii）提出了"支持罗姆少数民族文化的倡议"，分配给项目征集的总预算资金额度为 200 万欧元，为增强罗姆族人巩固其文化身份的能力，该项目倡议促进罗姆族文化并利用其优势融入当代文化，例如在当代艺术和文化中推广罗姆族文化，以及提高社会对罗姆族文化的认识和改善其接受程度。③ 2021 年 12 月，罗马尼亚文化部项目管理部门宣布签署"ROM（a）NOR 干预"项目融资合同，该项目由国家乡村博物馆"迪米特里—古斯蒂"与挪

---

① 参见罗马尼亚文化部官网，http：//www.cultura.ro/s-lansat-apelul-de-finantare-consolidarea-antreprenoriatului-cultural-si-dezvoltarea-audientei-si。
② 参见罗马尼亚文化部官网，http：//www.cultura.ro/s-au-lansat-primele-apeluri-de-proiecte-ale-programului-europa-creativa-2021-2027。
③ 参见罗马尼亚文化部网站，http：//www.cultura.ro/anunt-prealabil-privind-lansarea-apelului-sprijinirea-initiativelor-culturale-despre-minoritatea。

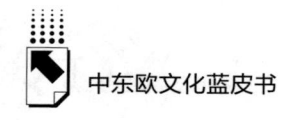

威安诺博物馆合作实施，总预算超过130万欧元，旨在通过博物馆学来促进、利用和振兴罗姆族人特有的文化遗产。①

（四）改进和完善文化管理机构

罗马尼亚在2021年通过改进和完善文化管理机构，加强文化治理。首先，罗马尼亚建立了国家文化遗产信息和促进中心，通过遗产教育，文化遗产相关的知识信息易于被民众获取，且使文化遗产促进社区发展。同时，组建了2021~2023年国家博物馆和收藏委员会（Comisia Naționale a Muzeelor și Colecțiilor），其主要任务之一是批准可移动文化遗产的分类。② 罗马尼亚文化部组建了国家图书馆委员会（Comisiei Naționale a Bibliotecilor，CNB），为国家图书馆系统制定战略、计划并发布指令和方法规则。此外，罗马尼亚政府改善了国家文化基金管理局（Administraţia Fondului Cultural Național，AFCN）的资金提供系统，增加专门用于文化组织的资金，以及为非政府组织作为项目负责人或合作伙伴实施的至少20%的欧洲项目提供共同资助。为了实现这些目标，罗马尼亚文化部将组建一个由活跃在文化领域的非政府组织代表组成的工作组，以促进图书文化和出版制作以及物质和非物质遗产保护，并确立改革文化项目资金的最佳解决方案。③

二 2021年罗马尼亚文化发展表征

2021年罗马尼亚文化发展的主要方向是在新冠肺炎疫情防控中促进文化产业的复苏；提高民众对文化资源的可及性；加大对文化项目的资助；促进文化遗产保护，提高公民的文化遗产保护意识和能力，同时积极促进文化

---

① 参见罗马尼亚文化部官网，http：//www.cultura.ro/mesajul-ministrului-culturii-cu-ocazia-zilei-minoritatilor-nationale。
② 参见罗马尼亚文化部官网，http：//www.cultura.ro/solicitare-de-candidaturi-pentru-formarea-comisia-nationale-muzeelor-si-colectiilor-2021-2023。
③ 参见罗马尼亚文化部官网，http：//www.cultura.ro/propuneri-pentru-grupul-de-lucru-privind-imbunatatirea-sistemului-de-finantare-al-afcn。

遗产申遗；打造特色文化品牌活动等。

在图书馆活动方面，罗马尼亚2021年运行的图书馆网络由8458个单位组成，与2020年相比减少了371家。罗马尼亚2021年的图书馆藏书量为15573.3万册，比上年减少262.6万册。截至2021年底，各类型图书馆的藏书分布情况如下：学校图书馆占37.6%，公共图书馆占27.5%，大学教育机构图书馆占17.0%，国家图书馆和国家重要图书馆占13.9%，专业图书馆占4.0%。截至2021年底，国家图书馆或国家重要图书馆共收藏了399.2万册纸质图书、2.6万册电子图书和215.8万册纸质图书和期刊，2021年的电子收藏品数量为5.5万件。大学图书馆收藏了9349000种纸质书籍，148000种电子书籍和26539000卷纸质书籍和期刊。大学图书馆的藏书还包括25.71万件电子藏书，其中24.15万件为可在线查阅的文献。

在博物馆和公共收藏品的工作方面，罗马尼亚2021年的博物馆和公共收藏品网络由435个基本单位构成，包括383家博物馆、8家纪念馆、20个植物园和动物园、水族馆和24个自然保护区。受新冠肺炎疫情影响，2021年只有4家考古和历史博物馆和1家普通博物馆、1座纪念碑和1个自然保护区恢复运营。2021年参观博物馆和公共收藏品的人数为1140.5万人次，比2020年增长43.7%。2021年，罗马尼亚共举办了2906个基本展览和2861个临时展览，与2020年相比，基本展览的数量增加了540个，临时展览的数量增加了731个。

在表演和音乐活动方面，罗马尼亚2021年的表演和音乐会机构和公司共有167家，共有194万名观众观看了由各机构和表演艺术及音乐公司举办的演出，比上一年增长了28.8%。在2021年，剧院观众人数最多，约有86.4万人次观看演出，有40.5万人次观看歌剧。在电影、广播和电视活动方面，罗马尼亚在2021年制作了55部电影，包括36部艺术电影、11部纪录片和科学片和8部动画片。电影院网络有442家电影院，共有78206个座位。2021年的电影放映包括356720场演出，有4685000名观众观看，与2020年相比增加了41.9%。罗马尼亚2021年中央和地区公共广播电台播出的节目共计162651个小时，比2020年减少2.9%。罗马尼亚2021年的儿童

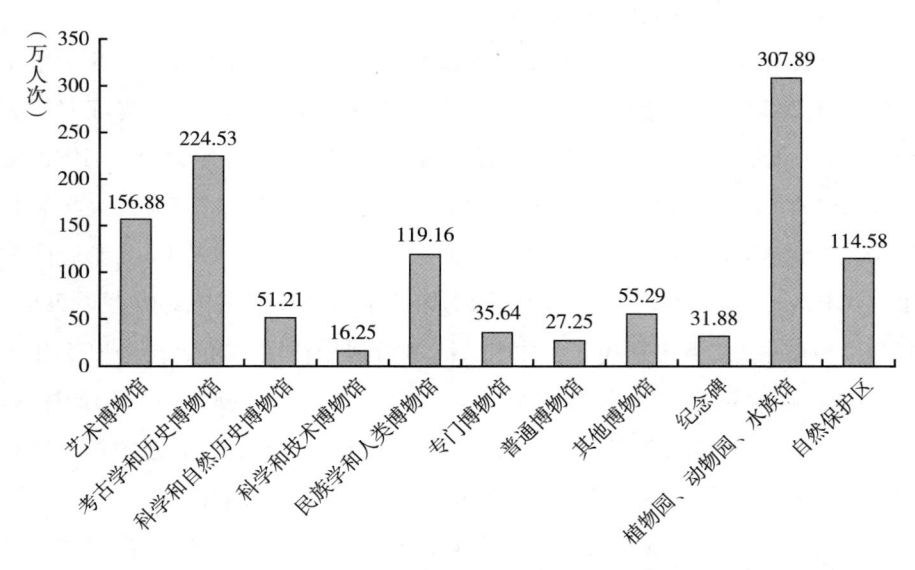

图 1　罗马尼亚 2021 年按参观方式划分的博物馆和公共收藏品参观人次

资料来源：罗马尼亚国家统计局官网，https：//insse.ro/cms/ro/publicatii-statistice-in-format-electronic？created=All&field_ cuvinte_ cheie_ value=&field_ cod_ publicatie_ value=ACult_ 2022&items_ per_ page=10。

节目和宗教节目播出时长有显著增加。与 2020 年相比，2021 年体育节目的播出时长增加 82.7%，艺术和文化活动的播出时长增加 9.8%，而纪录片（-48.4%）、新闻节目（-14.5%）和动画片（-13.1%）的节目时长出现了明显的下降。

（一）新冠肺炎疫情下促进文化领域的复苏

由于新冠肺炎疫情给罗马尼亚的经济和文化造成了严重影响，整个文化领域，包括书店、出版商、文化活动组织者、音乐产业、电影院，是国民经济中受影响最大的分支，罗马尼亚政府于 2021 年 1 月 26 日公布了关于公共行政决策透明度的第 52/2003 号决议，罗马尼亚文化部向公众发布了《关于重启国家文化领域的小额援助计划的紧急法令草案》。该计划的目的是在新冠肺炎疫情的防控中为那些受到新冠病毒传播影响，或在紧急状态下被禁止或限制的文化活动经营者提供支持。罗马尼亚文化部希望通过该计划减轻新冠肺炎疫情对文化产业造成的打击，促进国家文化产业的复苏。分配给支持文化领域的最低限度援助的总金额为21275万列伊，其中19340万列伊是分配给国家援助计划的预算，其余部分为文化部门的管理和项目实施的费用。该计划主要为组织文化节和文化活动以及书店和出版商提供资助。①

（二）提高民众对文化资源的可及性

罗马尼亚文化部2021年在线上线下开展了丰富的文化活动，如第28届锡比乌国际戏剧节（Festivalul Internațional de Teatru de la Sibiu）、布扎乌国际艺术节（Buzău International Arts Festival）、世界艺术日、欧洲日等。罗马尼亚文化部定期在其网站上进行活动通报，鼓励民众积极参与文化活动，很大程度上丰富了民众的文化生活，增加了民众获取文化资源和服务的机会，促进了文化资源的合理分配。

第28届锡比乌国际戏剧节以"共筑希望"为主题，其中的表演在户外、剧院和电影院多个场所进行，通过线下活动和现场直播，吸引到了来自世界各地的观众。

2021年8月25日至9月25日，布扎乌国际艺术节成功举办，该活动汇集了第六届布泽乌国际电影节和国际喜剧独立戏剧节，旨在为公众带来与罗马尼亚文化人物交流的机会，以及开展电影、戏剧、展览、音乐会等众多活动。

2021年4月15日，罗马尼亚文化部下属的表演和音乐会机构以及博物馆机构都通过一系列的活动来庆祝世界艺术日，在当时的背景下，强调艺术在生活中的重要性。文化部下属机构举办的一系列活动包括罗马尼亚国家青年艺术中心举办的音乐独奏会、国家博物馆举办的绘画研讨会、布加勒斯特国家歌剧院在YouTube频道和该机构的网站播放的当代舞蹈表演等。

---

① 参见罗马尼亚文化部官网，http://www.cultura.ro/proiect-de-ordonanta-de-urgenta-0。

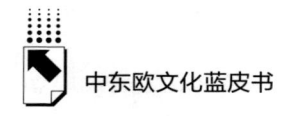

2021年5月7日，罗马尼亚在和平与团结的主题下庆祝欧洲日。罗马尼亚通过在全国范围内组织各种活动来庆祝欧洲日，文化部下属的几个机构以演出、音乐会或展览等活动来纪念这一天。国家艺术中心的罗马尼亚青年乐团在欧盟的Privesc.eu平台上举办了特别音乐会，罗马尼亚国家歌剧院与蒂米什瓦拉国家艺术博物馆合作举办了独唱音乐会，罗马尼亚学院与布加勒斯特的乔治—埃内斯库国家博物馆等机构共同举办了欧洲音乐会。

（三）加大对文化项目的投入力度

ACCES计划是罗马尼亚政府的资助工程项目之一，旨在支持以下领域的文化行动和项目：视觉艺术/建筑、书面文化、电影/视听、表演艺术、跨文化对话、非物质文化遗产/移动文化遗产。ACCES计划由罗马尼亚文化部于2016年发起，旨在利用国家层面现有的文化和创意潜力，将其融入具有普遍文化价值的流通领域。其主要目标是：在罗马尼亚推广当代文化价值，并通过视觉艺术或建筑、书面文化、电影/视听、表演艺术、跨文化对话、非物质遗产等各个领域的文化行动和项目来发挥文化遗产的经济价值；支持民族社区在上述领域的国家层面进行跨文化对话和文化合作行动；利用年轻一代的创造潜力，突出其对国家文化遗产的创造性和创新性贡献；支持当代罗马尼亚文化价值观及其在世界文化遗产中的融合。罗马尼亚文化部于2021年7月启动该年度ACCES计划，共资助23个项目，资助金额达997550列伊。

"文化优先项目"（Proiecte Culturale Prioritare）是罗马尼亚文化部为符合既定标准的文化项目或活动提供的年度财政支持。其选拔标准包括：原创性和创新性或潜力、是否属于新的文化活动形式和文化艺术表现形式、项目在国家和国际层面产生的影响力、是否能促进国家和国际层面的艺术交流等。2021年"文化优先项目"共资助了48个项目，资助金额共计746万列伊。[①]

---

① 参见罗马尼亚文化部官网，http://www.cultura.ro/proiecte-culturale-prioritare。

罗马尼亚国家文化基金管理局于 2021 年 4 月 1 日宣布拨款 1500 万列伊，用于资助 2021 年的文化项目和计划。文化项目可包含视觉艺术、剧院、音乐、数字艺术与新媒体、文化教育等 11 个主题领域。国家文化基金管理局理事会拨出了 1300 万列伊用于资助一年期文化项目，200 万列伊用于 2021 年 7 月至 2023 年 6 月 15 日期间开展的多年期计划。

2021 年 10 月 28 日罗马尼亚政府会议批准了罗马尼亚与欧洲委员会开发银行之间价值 2.16 亿欧元的贷款协议的框架协议的授权备忘录，以支持罗马尼亚的文化修复项目和一些文化建筑的现代化改造。政府决定继续支持拯救罗马尼亚一些最有价值的历史遗迹，确保罗马尼亚国家历史博物馆修复所需的资金，该博物馆将成为罗马尼亚第二大（占地 32000 平方米）的综合历史古迹展览馆。未来的项目还将包括其他五个历史遗迹和两个属于文化部下属机构的文化建筑，项目管理部门计划于 2022 年投入使用后的 7 年内执行这些总价值为 2.7 亿欧元的新项目。

（四）加强文化遗产保护，积极申遗

2020~2021 年，罗马尼亚和摩尔多瓦的专家对来自多个领域的文化遗产技能进行了持续的记录、研究和拍摄，因此，在两国当前的城市社区和农村中，"带帽衬衫制作工艺"的演变及其传承能力得到了关注。2021 年 3 月，罗马尼亚与摩尔多瓦共同向联合国教科文组织提交了《带帽衬衫的艺术——罗马尼亚和摩尔多瓦共和国的文化认同元素》文件，申请将该项目列入联合国教科文组织《非物质文化遗产名录》。该文件由罗马尼亚文化部协调，罗马尼亚和摩尔多瓦共和国的专家组参与编制，提名文件将在 2022 年 11 月或 12 月的保护非物质文化遗产政府间委员会第十七届会议期间进行评估。①

在 2021 年 7 月举办的第 44 届世界遗产大会上，世界遗产委员会一致决

---

① 参见罗马尼亚文化部官网，http://www.cultura.ro/dosarul-multinational-arta-camasii-cu-altita-element-de-identitate-culturala-romania-si-republica。

定将罗马尼亚申报的罗西亚蒙大拿（Roşia Montană）矿业景观列入联合国教科文组织《世界遗产名录》。但是该遗址已被列入《世界濒危遗产名录》，凸显其脆弱性和采取紧急保护措施的必要性。因此，罗马尼亚呼吁国际合作，确定最佳保护状态和保护措施方案，致力于将该遗址从《世界濒危遗产名录》中剔除。联合国教科文组织通过此举动承认了罗西亚蒙大拿遗址的特殊价值，罗马尼亚以及全球的专家和遗产界也对该遗址近20年的科研和保护工作表示认同。[①]

2021年8月，罗马尼亚文化部与苏恰瓦和拉多蒂总教区（Arhiepiscopia Sucevei şi Rădăuţilor）签署了一项合作议定书，以保护、保存、修复和利用布科维纳的文化遗产和历史古迹。布科维纳地区以其教堂和修道院而闻名，其中8个古迹被列入联合国教科文组织的《世界遗产名录》，这些历史文化古迹现在已经闻名世界。罗马尼亚文化部及其下属机构的使命是保护、保存和利用物质和非物质文化遗产，这一使命与苏恰瓦和拉多蒂总教区的活动相契合。因此，双方都承诺支持和促进对方的项目，罗马尼亚文化部将通过国家遗产研究所，通过国家紧急修复计划资助修复项目，而苏恰瓦和拉多蒂总教区将作为所有正在进行的项目的共同出资人对这些项目给予资助。双方通过签订合作议定书，奠定合作的基础，同时也证明了支持并促进文化部与其他参与保护文化遗产的主体之间建立伙伴关系的必要性。

（五）全力打造特色文化品牌

1985年在希腊文化大臣梅丽娜·默库里（Melina Mercouri）的倡议下发起的"欧洲文化之都"项目已发展为欧洲最受瞩目的文化项目之一，该活动促进了欧洲及周边许多城市和地区的文化、社会和经济发展，2021年负责评估"欧洲文化之都"候选资格的独立专家评审团建议将其授予罗马尼亚的蒂米什瓦拉市。罗马尼亚文化部于2021年正式指定蒂米什瓦拉市为欧

[①] 参见罗马尼亚文化部官网，http://www.cultura.ro/peisajul-cultural-minier-rosia-montana-fost-inscris-lista-patrimoniului-mondial-unesco。

洲文化之都。通过文化传承和传播，该项目将促进罗马尼亚文化、社会和经济领域的多方面发展。

罗马尼亚文化部将高效组织2023年蒂米什瓦拉——欧洲文化之都项目作为未来两年内工作的重点事项，致力于将蒂米什瓦拉市打造为支持艺术推广和文化社区发展的典范。2021年3月18日，"2023年欧洲文化之都——蒂米什瓦拉"双边倡议征集重新启动，同时，双边倡议的预算增加到200万欧元。2021年7月，罗马尼亚文化部为该项目签署首批3份投资融资合同，融资总额为22503267列伊，旨在确保2023年蒂米什瓦拉——欧洲文化之都项目发展所需的文化基础设施能顺利完成。将蒂米什瓦拉打造为2023年欧洲文化之都充满了挑战，这一进程将迅速提高该城市及其行政部门文化运营管理现代化的水平。①

2021年8月8日至9月5日，国家剧院举办了第26届欧洲表演节，即蒂米什瓦拉——罗马尼亚戏剧节。当地政府对这一全国性乃至国际性的活动全力支持。因此，国家剧院在蒂米什瓦拉市政厅的大力支持下，通过市政府文化馆组织了该戏剧节。罗马尼亚戏剧节是罗马尼亚传统戏剧艺术与新形式的戏剧艺术对话的平台，是一场精彩绝伦的戏剧盛典，是致力于推广罗马尼亚戏剧文本和当代罗马尼亚戏剧表演的重要活动，同时也展现了罗马尼亚戏剧在欧洲的地位。

三 2021年罗马尼亚对外文化交流及特点

2021年罗马尼亚对外文化交流的特点为：积极参加欧盟框架下的文化项目，深入开展与欧盟的政策与技术合作；拓展双边文化交流，保持与土耳其、西班牙、日本等国家的友好外交关系，通过文化外交促进罗马尼亚文化的国际化；积极与中国开展文化交流合作，推动中罗两国的文化互鉴与民心相通。

---

① 参见罗马尼亚文化部官网，http：//www.cultura.ro/apelul-pentru-initiative-bilaterale-timisoara-capitala-europeana-culturii-2023-este-relansat-cu-o。

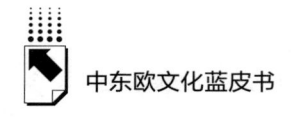

（一）积极与欧盟开展技术和政策合作

2021年1月1日，罗马尼亚国家遗产研究所与欧洲其他18个合作伙伴共同启动了"4CH—文化遗产保护能力中心"（4CH—Competence Centre for the Conservation of Cultural Heritage）项目。该项目是为了响应欧盟委员会的倡议，利用最先进的ICT技术保护欧洲的文化遗产。该中心的工作包括清点以前和正在进行的文化遗产研究，收集、分析和推广欧洲及其他地区的最佳实践案例，在跨国和跨学科网络的文化遗产保护工作中起到示范作用。该中心将链接到整个欧洲的文化机构网络，提供有关古迹和遗址保护等主题的支持和服务。4CH项目将为文化遗产领域的机构和专业人员定制培训和发展计划，并对制定有关IT使用技术，尤其为制定3D技术的建议、指南和协议提供帮助。因此，该项目的预期成果包括：汇编并定期更新与保护和可持续推广古迹和遗址相关的最新研究和技术目录；政策和战略指导；数据采集、管理和存储指南；专业人士和管理人员的培训和教育计划；咨询开发等。①

2021年11月30日，罗马尼亚文化部部长卢西安·罗马什卡努（Lucian Romașcanu）参加了在布鲁塞尔举行的欧盟"教育、青年、文化、体育理事会——文化和视听领域"的会议。为了减轻新冠肺炎疫情对文化和创意领域的影响，并确定在这些领域实施的新措施，每个国家都通过自己的特色方案和渠道处理艺术和文化创作中出现的危急情况，因此，卢西安·罗马什卡努建议将2023年指定为"欧洲文化恢复年"，以便共同确定新的措施，为文化和创意领域提供支持，发挥它们在绿色和数字转型方面的潜力。罗马尼亚的提议受到了一些国家的欢迎，它们都支持这一倡议。②

（二）促进与各国的双边文化交流

2021年是罗马尼亚和土耳其建立战略伙伴关系的10周年，罗马尼亚和

---

① 参见罗马尼亚国家遗产研究所官网，https://patrimoniu.ro/proiecte/proiecte/item/952-4ch-centru-european-de-competente-in-domeniul-conservarii-patrimoniului。
② 参见罗马尼亚文化部官网，http://www.cultura.ro/reconstruim-europa-prin-cultura-participarea-ministrului-lucian-romascanu-la-consiliul-educatie。

土耳其之间的文化对话是社会生活中的一个常态。通过外交合作，两国计划修复位于图尔恰和康斯坦察的两座代表穆罕默德宗教的重要国家遗产建筑，这两座遗产建筑的修复项目管理将由土耳其与协调机构合作负责。为了纪念两个友好国家建立战略伙伴关系10周年，土耳其大使馆在罗马尼亚文化部的支持下，在巴尔奇克的罗马尼亚学校举办了一场突出东方主义的古典音乐会和专题画展。[1]

2021年2月，为纪念罗马尼亚和西班牙建立外交关系140周年，罗马尼亚文化部通过罗马尼亚国家历史博物馆，制订涉及公共和文化等领域的外交计划。罗马尼亚和西班牙在2021年制订涉及政治、经济和文化活动等方面的计划，为双边关系提供了新动力。罗马尼亚与西班牙的公共和文化外交计划突出了罗马尼亚的优秀文化产品，以及两国共同的目标和价值观，并促进两国在合作层面取得新的成果。罗马尼亚驻西班牙王国大使馆作为协调方，制定了列入罗马尼亚—西班牙2021年周年计划的系列活动日程，其中核心的文化活动是在马德里国家考古博物馆举办的"达契亚——罗马主义的最后疆域"罗马尼亚考古展览，该展览是迄今罗马尼亚向西班牙公众开放的最重要的考古展览。鉴于西班牙在文化遗产领域拥有丰富的经验，双方决定加强文化发展方面的经验交流，特别是在促进遗产修复和立法保护等领域加强合作。[2]

2021年是罗马尼亚和日本建立外交关系100周年，12月7日，罗马尼亚文化部部长卢西安·罗马什卡努与日本驻罗马尼亚大使上田弘（Hiroshi Ueda）进行了会谈，其间他们讨论了在文化领域组织纪念活动或加强交流合作的可能性，并回顾了多年来在双边层面开展的众多项目。由于新冠肺炎疫情的影响，许多周年纪念项目被推迟到2022年，但尽管如此，"环境建设——日本特别指南"巡回展览在罗马尼亚国家图书馆正式开幕，该展览

---

[1] 参见罗马尼亚文化部官网，http：//www.cultura.ro/10-ani-de-parteneriat-strategic-romania-turcia。

[2] 参见罗马尼亚文化部官网，http：//www.cultura.ro/10-ani-de-parteneriat-strategic-romania-turcia。

汇集了日本建筑、土木工程和景观设计中的代表性项目。在展览开幕式上，罗马尼亚文化部部长重申，需要根据新冠肺炎疫情的演变重新调整文化发展的优先事项，目前各方合作要适应新常态，使文化交流具有创造性和活力，并探索和实施新的合作方式。①

（三）注重与中国的文化交流合作②

在2021年春节期间，中国驻罗马尼亚大使馆在其官方网站和脸书（Facebook）平台上推出了一系列"云上欢春"活动，邀请罗马尼亚人民共同庆祝中国新年。中国驻罗马尼亚大使馆同时转播了中国文化和旅游部"欢乐春节"全球启动仪式暨开幕音乐会，以及"美丽中国——微春晚"的视频。"美丽中国——微春晚"短视频系列选取了福建、四川、浙江等地沿袭多年的传统民俗、春节美食和农村春晚的精彩内容，以真实朴素的方式展现出中国人民的美好生活，在祈福迎新、欢聚团圆的活动中传递中国人民的美好祝愿。短视频系列中的"中国味道——春节美食工作坊"介绍了中国四大菜系发源地的春节美食，展示了其背后的历史底蕴、文化故事和传统习俗，充分体现了中国饮食文化的精髓，彰显出中国春节的文化内涵和魅力。同时，罗马尼亚网络名人玛丽亚（Maria）与在中国的罗马尼亚人卡林（Calin）连线，现场直播南京秦淮灯会的盛况，介绍南京、中国春节和秦淮灯会的历史和文化内涵，传递中国春节祥和温馨的氛围，使罗马尼亚人民对中国的春节文化有了更生动直观的认识。

2021年8月20~28日，以"共筑希望"为主题的第28届锡比乌国际戏剧节在线上线下联合举办，共有38个国家参与其中，共举办600余场线下活动和100余场线上演出。中国驻罗马尼亚大使馆在该戏剧节中推出了线上"中国季"主题单元，为这"欧洲三大戏剧节"之一的国际艺术盛事增添了丰富的中国元素。锡比乌国际戏剧节线上"中国季"节目繁多、精彩纷呈，

---

① 参见罗马尼亚文化部官网，http：//www.cultura.ro/anul-2021-marcheaza-100-de-ani-de-la-stabilirea-relatiilor-diplomatice-dintre-romania-si-japonia。
② 参见中华人民共和国驻罗马尼亚大使馆官网，http：//ro.china-embassy.gov.cn/chn/whjy/。

包括古典舞剧《粉墨》、话剧《驯悍记》，以及现代舞剧《田园》等。来自中国的多名专家学者还在线上积极参与了戏剧节国际博士平台、表演艺术市场及艺术主题论坛等活动。锡比乌国际戏剧节"中国季"主题单元经过精心打造和策划，充分展现了中国文化的魅力，促进了中罗两国民心相知相通，在"云端"为罗马尼亚乃至全球观众深入了解中国文化艺术创造了宝贵的机会。

为庆祝中华人民共和国成立及中罗建交72周年，中国中央广播电视总台罗马尼亚语部与中国驻罗马尼亚大使馆共同策划推出云端音乐会，为祖国母亲庆生，向两国建交72周年献礼，与中罗民众共庆佳节。该音乐会选曲兼顾传统和现代曲风，囊括中罗两国经典曲目，既有罗马尼亚著名作曲家、小提琴家乔治·埃内斯库创作的交响乐《罗马尼亚狂想曲》，也有叙述中国古代民间爱情故事的经典作品《梁祝》，罗马尼亚黑土地蓬勃的生命力和中国五千年文化孕育出的艺术表达跨越国界在音乐中完美交融演绎。

中国和罗马尼亚都是有着悠久历史和灿烂文明的国家，两国友谊源远流长，建交72年来，两国一直相互尊重、平等相待。新冠肺炎疫情暴发以来，中罗两国人民同舟共济，守望相助，携手呵护两国人民生命安全和身体健康，同时以线下线上相结合的形式促进了两国之间的文化交流与合作，共同书写了中罗友好的特殊篇章。

四 罗马尼亚未来文化发展趋势

结合罗马尼亚《2021—2024年政府计划》[①] 文化部分以及罗马尼亚文化部《2021—2024年机构战略计划》[②] 来看，未来几年罗马尼亚文化领域的工作将主要围绕五个方面展开：第一，加强国家文化遗产保护；第二，激

---

① 《2021—2024年政府计划》，罗马尼亚政府官网，https://www.gov.ro/obiective/programul-de-guvernare-2021-2024。
② 《2021—2024年机构战略计划》，罗马尼亚文化部官网，http://www.cultura.ro/sites/default/files/inline-files/PSI%20MC%202021%202024_livrabil%20SIPOCA612.pdf。

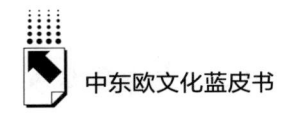

发当代文化创造力和保护文化多样性；第三，促进双边文化交流；第四，提高全国范围内的文化资源可及性；第五，通过加强立法和完善组织框架提高文化治理能力。

（一）加强国家文化遗产保护

罗马尼亚将通过完善文化遗产保护和记录的法律体系，提高公众参与文化遗产保护的意识和能力。对于物质文化遗产，罗马尼亚将更加有效地增加对国家历史遗迹修复计划（NRP）项目的投入，使其资金与实际需求相匹配；同时，将制定和实施振兴博物馆和加强遗产保护的战略，以创造对公众有吸引力并适应当代博物馆学原则的展览；保护被列入联合国教科文组织《世界遗产名录》或《世界濒危遗产名录》的遗址；加强与罗马尼亚公认的宗教教派的伙伴关系，以便通过必要的立法框架，保护、保存、恢复和巩固可移动和不可移动文化遗产；提高城市和农村地区的吸引力，将私人拥有的历史建筑的修复纳入国家计划；通过保护文化档案资金的计划，提高罗马尼亚保存和维护档案遗产的能力；继续实施国家文化基础设施投资计划，通过"纪念馆"国家计划保护罗马尼亚纪念馆；为保护少数民族文化专门设立项目，提供无偿的财政支持，估计预算为2.5亿列伊，从而减少该国各地区之间的文化不平衡现象。

对于非物质文化遗产的主要保护计划包括：确保罗马尼亚文化政策与国际文化政策的方向一致，为连贯和可持续的改革提供资金；实施平衡地方预算的机制，为公共演出和音乐会机构提供资金，以完善文化基础设施；改善音乐机构和公司的运作框架和绩效，促进其创造被国家和国际认可的成果；增加对文化组织的专用资金分配，以及对非政府组织作为项目负责人或合作伙伴实施的欧洲项目加大资助力度，以激励罗马尼亚非政府组织和文化机构参与欧洲资助计划。

（二）激发当代文化创造力和保护文化多样性

罗马尼亚文化部将通过支持罗马尼亚举办和参与国内外文化活动，提高罗马尼亚文化艺术的国际知名度。同时促进罗马尼亚少数民族文化的发展，促进民众对外国文化的了解，并提高本国文化遗产的管理效率。罗马尼亚在这方面的预算方案包括一系列干预措施，涉及公共政策、文化方案的融资以及表演艺术和电影领域的行动。罗马尼亚将支持视觉艺术/建筑、节日文化、电影/视听、表演等领域的项目，促进不同民族社区之间的文化合作，目的是弘扬罗马尼亚当代文化价值并将其纳入国家文化遗产。资金预算倾向于支持特定艺术形式的创作和表演、罗马尼亚电影创作以及重要的音乐作品。就出版业而言，根据第136/2015号法律，罗马尼亚文化部将继续支持罗马尼亚创作者联盟的杂志和其他文化类出版物，同时将继续支持其参加国际书展，以及与第186/2003号法律规定的图书馆购书计划有关的活动。此外，还将为罗马尼亚国内或国外的一些文化项目和活动提供资金支持，为纪念国家文化日（1月15日），以及为"蒂米什瓦拉——欧洲文化之都"项目的方案实施和文化基础设施投资提供资金和技术支持。

（三）促进双边文化交流

在欧洲一体化和全球化的背景下，罗马尼亚需要在国际上有更好的定位，并促进包括文化领域在内的所有领域全方位发展。文化外交是国际关系中的一个重要因素，它不仅使国家的文化价值和传统为人所知，而且是与各国拉近关系的一种方式，为促进一国多领域的发展铺平道路。在此方面，罗马尼亚文化部将与其他部门共同致力于加强与他国的双边文化交流、促进区域和国际文化合作，以及在国外推广罗马尼亚文化，如少数民族的语言、文化、传统等，旨在实现以下成果：提高罗马尼亚文化的国际知名度；支持促进、保护和保存少数民族的语言和文化。罗马尼亚将实施双边和多边文化合作计划、项目和行动，旨在加强和提高罗马尼亚和罗马尼亚文化在世界上的知名度。为此，罗马尼亚将组织或参与一系列国际活动，如国际艺术与建筑展——威尼斯双年展、2022年迪拜世博会，以及法语国家运动会。同时，罗马尼亚将为在国外组织庆祝双边外交纪念日的活动提供财政和后勤支持，

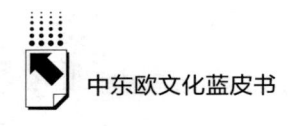

优先考虑巩固重要的战略性双边关系，以及在与其他国家签署协议、条约和双边文件后执行的文化项目。

（四）提高全国范围内的文化资源可及性

罗马尼亚将致力于确保全国范围内民众获得文化资源以及文化领域经营者获得资助的机会。罗马尼亚将改善文化部下属机构内关于保存、保护和提高可移动和不可移动的文化资产、物质和非物质文化遗产以及当代创作和文化多样性领域的公共政策制定和执法过程。该项工作的重点是为文化项目提供一个稳定的资助机制。重点是缩小农村或小城镇与大城市之间在获取文化资源方面的差距，支持文化多样性和社会包容及性别平等，支持创意产业，发掘文化领域的经济潜力。具体计划包括实施与地方当局合作的试点资助计划，以支持在地方一级实施的年度或多年度的文化计划，以及实行文化教育项目的试点资助计划。同时，罗马尼亚将鼓励文化经营者和公共资助机构之间签署合同，以建立法律框架，通过文化项目为农村地区和小城镇等文化资源匮乏的地区获取文化服务提供资金支持。

（五）通过加强立法和完善组织框架提高文化治理能力

罗马尼亚将通过加强立法和组织框架，精简活动，从而获取、协调和有效管理用于文化领域发展的资金，加强文化部有效履行其公共政策制定和监管职能的能力。罗马尼亚预计对文化主管部门和相关机构进行改革，以明确文化领域的发展方向和任务，包括完成和实施文化领域的部门战略；使文化领域适应社会的动态变化；保护和积极促进罗马尼亚人民的身份价值认同和民族社区建设；发挥所有行为者在保护物质和非物质文化遗产中的作用；利用现有资源，确定具体工作目标和可衡量的绩效指标；将中央和地方政府的政策与社会实践联系起来；将文化工作与国家教育计划联系起来，在教育过程中反映积极保护国家文化遗产的重要性。

五　结语

2021年，罗马尼亚通过一系列措施重启文化领域的各类项目和活动，总体上提高了人民对文化资源的可及性，也使受新冠肺炎疫情冲击的文化产业得到复苏。罗马尼亚2021年的文化工作的重心落在文化遗产保护和教育、激发文化产业创造力、打造文化品牌，以及加强国际交流和合作方面。未来罗马尼亚还将通过改革和完善法律框架提高其文化治理能力，继续全方位推进文化遗产保护和传承，以及加强国际交流与合作，以提高罗马尼亚文化的国际影响力。

B.4
2021年保加利亚文化发展报告

左 筱*

摘 要： 《2019—2029年保加利亚文化发展战略草案》为保加利亚文化领域的长期发展规划了原则、目标及在各具体行业的优先发展事项。保加利亚积极应对新冠肺炎疫情，竭力推进完善文化领域法律法规建设，重视提升民众文化生活的参与度，促进本民族文化及相关创意项目的发展，重视保护文化遗产，推动电影业发展以及文化领域的数字化转型。对外文化交流也是国家文化政策的重点，保加利亚参与了各类欧盟层面的文化项目，注重维护与美国、英国和欧盟国家的文化联系，同时也强调在欧盟框架下加强与其他东南欧国家的人文合作。在"一带一路"倡议和中国—中东欧合作机制的背景下，中保人文交流得到更进一步发展。

关键词： 保加利亚 文化发展 文化交流

一 保加利亚基本情况介绍

保加利亚共和国（Република България，The Republic of Bulgaria）是位于黑海沿岸的东南欧国家，2007年加入欧盟。保加利亚国土面积为11.1万平方公里，北部与罗马尼亚隔多瑙河相望，西部与塞尔维亚、北马其顿相邻，

---

* 左筱，中国社会科学院大学俄罗斯东欧中亚研究系博士研究生，主要研究方向为中东欧区域与国别研究。

南部与希腊、土耳其接壤，东部临接黑海。人口695万人（2019年统计数据）。保加利亚族占84%、土耳其族占9%，罗姆族占5%，其他少数民族占2%。保加利亚语为其官方的通用语言，土耳其语为主要少数民族语言。居民中85%信奉东正教，13%信奉伊斯兰教，也有居民信奉天主教和新教等。①

保加利亚的图书馆、剧院、博物馆等文化场所众多。国家文化宫（Национален дворец на културата，National Palace of Culture）、国家图书馆、国家考古博物馆、国家历史博物馆等是首都索非亚的地标性建筑。保加利亚还开设有超过三千个的社区文化中心"Chitalishte"（читалище），遍布全国各地的城市与乡村，是保加利亚国内的特色文化机构。

保加利亚旅游业较为发达，著名景点有位于索非亚（София，Sofia）的涅夫斯基大教堂（катедралата"Св. Александър Невски"，Alexander Nevsky Cathedral），位于古城普罗夫迪夫（Пловдив，Plovdiv）的古罗马露天剧场，位于古城大特尔诺沃（Велико Търново，Veliko Tarnovo）的古城堡，位于布尔加斯（Бургас，Burgas）大区的内塞伯尔（Несебър，Nesebar）小镇，卡赞勒克（Казанлък，Kazanlak）玫瑰谷，里拉修道院（Рилски манастир，Rila Monastery）等，这些景点都代表了保加利亚的人文历史和自然地理。

除圣诞节、复活节等传统节日外，作为黑海沿岸的传统旅游国家，保加利亚的旅游节众多，每年7月在沿海城市瓦尔纳（Варна，Varna）举办的国际夏季节，以其音乐节最为著名，每年8月初在沿海城市布尔加斯也会举行国际民俗节。而最为国际游客所熟知的保加利亚特色节日当属卡赞勒克玫瑰节，保加利亚以"玫瑰之国"著称，玫瑰精油出口到世界各地，每年6月在"玫瑰之乡"卡赞勒克都会举办玫瑰节活动，吸引大量国内外游客前来参观。

二 保加利亚文化发展的原则、目标和优先发展事项

在国家层面，国民议会（Народното събрание，National Assembly）和

---

① 参见中华人民共和国外交部官网，https：//www.mfa.gov.cn/web/gjhdq_676201/gj_676203/oz_678770/1206_678916/1206x0_678918/。

部长会议（Министерски съвет，Council of Ministers）负责制定和实施文化政策，文化部（Министерство на културата，Ministry of Culture）为最高中央执行机构，有权发起文化领域的立法和制定国家文化政策的主要原则。《2019—2029年保加利亚文化发展战略草案》①于2019年3月由文化部颁布，此前二十多年在国家层面没有一个明确的战略文件，以指导保加利亚文化的全局发展，这给保加利亚和欧洲文化政策的实施带来了困难，文化保护和可持续发展缺乏保障。该战略草案提出了政府管理文化领域的基本原则：文化管理和财政支持的去中心化；以市场化为导向，促进文化机构和文化工作者的自由发展；进行文化领域立法改革以应对新的社会经济挑战；在欧盟框架下，营造保加利亚文化发展的良好环境；保证国家、地方和私人文化机构的平等；积极了解非政府文化部门的各个方面；在各利益相关方的参与下管理工作，确保职责明确。

《2019—2029年保加利亚文化发展战略草案》中描述的目标与欧洲文化发展原则一致：符合欧洲和世界的发展趋势，维护保加利亚传统和保加利亚民族认同，创造更好的条件支持文化发展、创意创新产业；让艺术家积极参与创造当代文化；创造每个人都可以进入的新文化空间，以满足他们的文化需求；将保加利亚文化发展为欧洲和世界文化的一部分；将文化转变为可持续发展经济和社会的战略资源。

该战略草案认为，民族文化是由一组相对独立的文化领域构成的，每个领域各自发展并构成一个共同的整体，因此在总体战略框架的基础上，该草案详细分析了文化遗产、视觉艺术及电影、表演艺术、书刊出版和公共图书馆、媒体、版权保护、社区文化中心和业余文化艺术、文化与教育、国际文化合作、国家文化基金10个文化领域的发展现状及发展环境，另外，加上数字化转型和创业产业，共计11个文化领域被列为优先发展领域，每个领域下都涉及若干个次级优先议题、具体目标及相应行动，保加利亚文化发展

---

① Стратегия за развитие на българската култура 2019-2029 година（предложение），保加利亚文化部官网，https：//mc.government.bg/files/5495_ Strategy_ culture_ .pdf。

的具体目标可以归纳如下。

第一,将保加利亚文化确立为国家层面、地方层面和社会层面的优先发展事项。

第二,为各文化领域的发展和繁荣创造条件,促进可持续发展。提供必要的法律、财政、教育和社会资源;保护不同民族和宗教的文化,确保保加利亚公民能够平等地参与文化生活,提升社会民众的文化认识和审美能力;为保加利亚艺术家及全体文化领域从业者创造稳定发展环境,促进更多发展和创新的机会,促进文化领域可持续发展;为保加利亚媒体创造更自由、开放的条件,从而更好实现媒体在社会公共领域的使命;不论是国家、地方还是私人的文化机构或组织,都能获得平等机会融资或申请财政支持。

第三,保护文化记忆和历史遗产。在全社会营造出良好氛围,培养大众在保护文化遗产方面的认识;维护并发展保加利亚民族认同,保存民族文化记忆;在文化遗产保护领域的立法和政策批准实施等方面进一步提升,增强相关保护工作的专业性。

第四,促进文化教育。

第五,促进国际文化交流,在全球范围内推广保加利亚文化,提升保加利亚国际形象。

三 保加利亚文化发展表征

(一)积极应对新冠肺炎疫情带来的挑战

2020年3月8日保加利亚出现首例新冠病毒感染者,3月13日全国进入紧急状态,5月14日后进入卫生紧急状态,直到2022年3月底,在其他欧洲国家政策影响下,保加利亚政府宣布不再延长卫生紧急状态。新冠肺炎疫情暴发以来各类线下文化活动都受到了巨大冲击,当疫情形势较为严峻时,保加利亚的博物馆、剧院、电影院等文化机构停止营业,

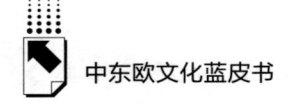

所有线下聚集活动取消，而即使防疫政策较宽松的时期，一些机构也会采取限制营业时间、限制客流量至30%或50%等措施。随着新冠疫苗接种工作和各类防疫措施的推进，保加利亚文化领域各项工作也在逐步回到原先的轨道。

根据保加利亚国家统计局2021年最新统计数据，全国拥有184家博物馆和专题展览馆（厅），2020年参观人次为223.6万，2021年参观人次达291.5万，较2020年提升30.4%，但在新冠肺炎疫情暴发前三年，参观人次均超过500万。71家剧院和音乐厅演出共计9970次，观众达88.5万人次，比2020年上涨15.2%，而在2019年，74家剧院和音乐厅演出场次达15955场，观众251.6万人次。图书馆47家，藏书超20万册，注册读者数为22.1万人，访问图书馆人次达到306.8万，相比2019年读者访问人次达475.1万，降幅为35.4%。电影院76家，共计221个电影放映厅，2021年观众为240万人次，2020年为131.6万人次，相较于疫情前大幅度降低，疫情前三年的影院观众数可达450万~550万人次。①

在新冠肺炎疫情防控中，保加利亚许多文化机构都开展了在线文化活动。许多图书馆开放了线上资源，博物馆、画廊等提供线上虚拟散步的途径，很多歌剧团和乐团也向群众提供了在屏幕前免费观看表演的机会。劳动和社会政策部呼吁老年人的亲属、社会服务人员和专业机构在技术可行的情况下，帮助老年人参与在线文化活动。2020年5月24日保加利亚文化部主办了一场在线音乐会，在保加利亚国家广播电台网页及国外的11个保加利亚文化中心网页上同步播出，世界各地的保加利亚人共同庆祝斯拉夫语言文化节。2020年6月底的卡赞勒克玫瑰节也首次以线上形式举办。

2021年1月，在持续近一年的新冠肺炎疫情防控之后，保加利亚文化部部长博伊尔·巴诺夫（Боил Банов，Boil Banov）接受采访时表示，"文化和艺术总是比任何危机都更强大"。文化从业者的工资和社会福利都得到

---

① Основни данни за културата в Република България през 2021 година，保加利亚国家统计局官网，https://nsi.bg/sites/default/files/files/pressreleases/Culture2021_SNXTI8Y.pdf.

了保障，而面向私人文化组织和自由艺术家，2020年文化部在各种保障项目之外对其额外提供了2250万列弗①，实施了共计2758个项目。② 2021年文化领域的预算为2.45亿列弗，比2020年增加了近13%。③

（二）重视提升民众文化生活的参与度

在新冠肺炎疫情严峻威胁社会生活的2020~2021年，保加利亚政府仍保持着对民众历史文化教育的高度重视，举行了一系列相关活动，鼓励民众参与文化生活。2020年是保加利亚民族解放运动杰出人物、文学文化先驱伊万·瓦佐夫（Иван Вазов，Ivan Vazov）诞辰170周年，保加利亚国家图书馆开设了两个大型主题展览，保加利亚国家剧院也奉上了专场演出，7月9日索非亚市还举行了纪念游行和献花活动。2021年为格奥尔基·拉科夫斯基（Георги Раковски，Georgi Rakovski）诞辰200周年，拉科夫斯基也是著名的19世纪保加利亚革命家，国家图书馆举办了题为"智慧与勇气合一"的展览，并制作了专题电子书。

2021年3月，恰逢保加利亚国家文化宫开馆40周年之际，国家文化宫独家放映了保加利亚历史电影三部曲《汗与帝国》（*Ханът и империята*，*Khan and Empire*）。该三部曲系列电影最初创作于1981年——保加利亚建国1300周年之际，讲述了可汗阿斯帕鲁（Хан Аспарух，Khan Asparuh）与保加利亚人民在681年建立保加利亚国家的史诗故事。国家文化宫希望通过这一活动，强化尊重保加利亚传统的氛围、保护保加利亚的文化身份，同时推

---

① 列弗（Лев，Lev）为保加利亚国家银行发行货币，与欧元实行固定汇率，1欧元兑换 1.9559 列弗。
② Министър Банов：културата и изкуството винаги са излизали по-силни от всяка криза, а държавата се погрижи изключително за сектора，2021年1月30日，保加利亚文化部官网 https：//mc.government.bg/newsn.php？n=7590&ny=2021&nm=1。
③ Парламентът прие бюджета за култура от 245 млн. лева за 2021 Г.，2020年11月25日，保加利亚文化部官网，https：//mc.government.bg/newsn.php？n=7497&ny=2020&nm=11。

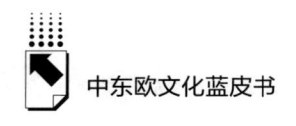

进现代科技在艺术领域的应用，继续激励年轻一代①。

2020年和2021年9月保加利亚都参与了庆祝欧洲遗产日（European Heritage Days）活动，该活动倡议由欧洲委员会和欧盟委员会联合提出，保加利亚有关当局组织了超过300场活动，包括户外和城市节日、音乐会、展览、比赛、公共讨论、儿童互动游戏等，许多博物馆、画廊、文化自然景点在遵循防疫措施的条件下，在2021年9月特定时期免费向游客开放。

2020年11月第25届保加利亚纪录片和动画电影"金雷顿"节（Златен Ритон，Golden Rhyton）举办，评选出了由国家电影中心支持、民间出资制作的12部动画电影和24部纪录片，在活动期间，电影制作组与影评人参与线上交流，并免费为观众放映电影。

（三）促进本民族文化及相关创意项目的发展

除了各类面向公众的活动，保加利亚文化部也在本民族文化发展上大力投入，制定了各种各样的资助项目。根据《文化保护和发展法》，国家文化基金会（Национален фонд "Култура"，National Culture Fund）于2000年11月开始运营，在国家层面支持保加利亚文化和艺术在国内外的创作、发展和传播②。2021年3月国家文化基金会开放的申请项目包括出版、评论、翻译、传统和当代马戏艺术领域民间专业机构一年期支持项目，以及面向音乐领域的青年和杰出艺术家的资助项目，该项目包括古典音乐和民族音乐两个模块。

国家人才基金"13个世纪以来的保加利亚"（Национален дарителски фонд "13 Века България"，National Endowment Fund "13 Centuries of Bulgaria"）在2021年开启了第十届评选，2020年出版的保加利亚小说均可参评。

---

① НДК отбелязва 40-годишнината си с ексклузивна прожекция на ,, Ханът и империята",保加利亚文化部官网，2021年3月11日，https：//mc. government. bg/newsn. php？n＝7627&ny＝2021&nm＝3。

② Национален фонд "Култура"，保加利亚文化部官网，https：//mc. government. bg/page. php？p＝88&s＝89&sp＝0&t＝0&z＝0。

2020年保加利亚文化部还通过了一项支持自由作家的新项目，这是文化部首次制定的一项专门直接面向文学领域从业者的资助项目，此前文化部也通过了支持表演和视觉艺术领域的自由艺术家的资助项目。2020年5月，在保加利亚首轮新冠肺炎疫情仍较为严峻之时，文化部依然邀请了90人参加信息日活动，讨论在戏剧、音乐和舞蹈领域设立新的创意项目。

（四）重视保护文化历史古迹及各类文化遗产

保加利亚拥有丰富的历史文化遗产，目前受保护的不可移动文化遗产近4万处，其中7处被联合国教科文组织列入《世界遗产名录》，分别是：内塞伯尔古镇、博亚纳教堂（Боянска църква，Boyana Church）、里拉修道院、马达拉骑士浮雕（мадарски конник，Madara Rider）、伊凡诺沃岩洞教堂群（Ивановски скални църкви，Rock-Hewn Churches of Ivanovo）、卡赞勒克色雷斯古墓（Казанлъшка Тракийска гробница，Thracian Tomb of Kazanlak）、斯韦什塔里色雷斯古墓（Свещарска гробница，Thracian Tomb of Sveshtari）。截至2021年，被联合国教科文组织列入《人类非物质文化遗产代表作名录》的有6项，分别是："Bistritsa Babi"（Бистрица Баби），保加利亚西南部Shoplouk（Шоплук）地区的一种歌唱舞蹈仪式；"Nestinarstvo"（"Нестинарство"）火舞表演；"Chiprovtsi"（Чипровци）地区的地毯制作技法；佩尔尼克（Перник，Pernik）地区的原始民俗节（фестивал "Сурва"，Surova folk feast）；保加利亚有关每年三月的文化习俗，这是自古以来为庆祝春天到来而衍生的一系列民俗活动，又称"三月节"；保加利亚西南部Dolen（долен）和Satovch（Сатовч）地区的多声部演唱技法"Visoko"（Високо）。此外，科普里夫什蒂察镇（Копривщица，Koprivshtitsa）的民族节日活动，以及遍布保加利亚全国各地的社区文化中心"Chitalishte"也被列入了联合国教科文组织非物质文化遗产"保护良好实例登记"的名录（Register of good safeguarding practice）。

2021年11月联合国教科文组织第23届《保护世界文化和自然遗产公约》成员国大会上，保加利亚被选为联合国教科文组织世界遗产委员会

(UNESCO World Heritage Committee) 2021~2025年度成员国。保加利亚文化部部长韦利斯拉夫·米涅科夫（Велислав Минеков，Velislav Minekov）表示，作为世界遗产委员会的成员，保加利亚将致力于让《世界遗产名录》更具平衡性和代表性，并加强保护和治理制度①。2021年保加利亚与联合国教科文组织也举行了多次会议，商议签署一份关于在索佐波尔（Созопол，Sozopol）附近"圣基里克和朱丽塔"岛（Остров "Св. Св. Кирик и Юлита"，Island of "St. St. Kirik and Julita"）建立世界文化中心（World Cultural Center）的备忘录，保加利亚将与法国合作共同修复和保护岛上的所有建筑和遗址。

2021年8月保加利亚临时内阁总理斯特凡·扬涅夫（Стефан Янев，Stefan Yanev）和文化部部长米涅科夫共同参观了佩特里奇市（Петрич，Petrich）的赫拉克利亚·辛蒂卡古城（Хераклея Синтика，Heraclea Sintica），这里当时正在进行遗址考古工作，计划建立现代化的露天博物馆。扬涅夫总理指出，"我们的职责和首要任务应该是保护我们拥有的大量文化和历史遗产"，"保加利亚旅游业在此基础上成功发展的潜力巨大，但遗憾的是这些资源尚未得到充分利用"。②

2020年6月的会议上，文化部部长博伊尔·巴诺夫介绍了与文化遗产领域数字化和创新相关的国家政策，巴诺夫部长表示，文化遗产的推广和融资不仅是"创意欧洲"项目下的优先发展事项，也是其他欧盟财政机制下的一个重要内容。目前已有一系列文化机构和大学参与了文化遗产数字化中心建设，这些成果都属于欧洲经济区（European Economic Area）资助下的BG 08"文化遗产和当代艺术"项目（Programme BG 08 "Cultural Heritage and Contemporary Arts"）。

---

① Министър Минеков：като член на Комитета за световно наследство страната ни ще се ангажира за постигане на по-балансиран и представителен списък на световното наследство，2021年12月26日，保加利亚文化部官网，https：//mc.government.bg/newsn.php？n＝8065&ny＝2021&nm＝11。

② Министър-председателят Стефан Янев и министърът на културата Велислав Минеков посетиха античния град "Хераклея Синтика" в местността "Рупите"，2021年8月17日，保加利亚文化部官网，https：//mc.government.bg/newsn.php？n＝7871&ny＝2021&nm＝8。

（五）推动电影业发展

2021年，保加利亚拍摄各类影视作品共计74部，其中剧情长片电影20部，包括12部故事片和8部纪录片；短片54部（其中9部为系列剧，共计256集），包括故事片13部，纪录片30部，动画电影11部。[1] 相比之下，2020年制作长片26部，短片60部，共计86部[2]；2019年制作长片37部，短片67部，共计104部[3]，近三年来保加利亚拍摄电影的数量逐年下降。

面对电影制作业的衰退趋势，2021年7月保加利亚文化部决定，保加利亚电影制作成本的25%可申请由政府报销。此举意在吸引更多知名电影商，帮助保加利亚电影业发展，也将有助于保加利亚中小型影视公司作为分包商参与电影制作的相关活动，为保加利亚创新产业集群式发展提供机会。在2021年7月29日的发布会上，经济部副部长卡琳娜·康斯坦丁诺娃（Калина Константинова，Kalina Konstantinova）表示，迪士尼公司已经决定在保加利亚启动它们的项目，希望以此能吸引更多的龙头企业来到保加利亚，让电影产业充分发挥潜力。[4] 新冠肺炎疫情以来，保加利亚电影业可谓遭受重创，2021年11月，部长会议批准了额外的1800万列弗投入电影业，其中1000万列弗用于电影的创作、发行和推广，800万列弗用于补贴在保加利亚的外国电影生产商的相关成本。

保加利亚文化部也积极鼓励保加利亚演员和电影走向国际舞台。2020年2月保加利亚文化部支持女演员玛蒂娜·阿波斯托洛娃（Martina Apostolova，

---

[1] Основни данни за културата в Република България през 2021 година，保加利亚国家统计局官网，https://nsi.bg/sites/default/files/files/pressreleases/Culture2021_SNXTI8Y.pdf.

[2] Основни данни за културата в Република България през 2020 година，保加利亚国家统计局官网，https://nsi.bg/sites/default/files/files/pressreleases/Culture2020_KLR5V14.pdf.

[3] Основни данни за културата в Република България през 2019 година，保加利亚国家统计局官网，https://nsi.bg/sites/default/files/files/pressreleases/Culture2019_VAF9WR9_0.pdf.

[4] Държавата привлича големи филмови продукции с възстановяване на до 25% от разходите за направен у нас филм，2021年7月29日，保加利亚文化部官网，https://mc.government.bg/newsn.php?n=7860&ny=2021&nm=7.

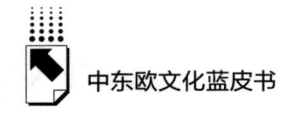

Мартина Апостолова）参加第70届柏林国际电影节流星奖的评选。2021年10月，导演伊瓦伊洛·赫里斯托夫（Ivaylo Hristov，Ивайло Христов）的电影 Fear（Страх）参与奥斯卡金像奖评选。2021年10月华沙国际电影节闭幕式上播放了保加利亚与法国合作拍摄的电影 Women Do Cry（Жените наистина плачат）。

（六）促进文化领域的数字化发展

2021年8月在索非亚举办了"文化与商业——携手共进数字世界"高级别国际论坛，论坛为索非亚市、布尔加斯市和佩特里奇市颁发了创新城市奖项。索非亚市将文化历史遗产数字化项目与生态、城市规划、服务和教育等领域的项目相结合；布尔加斯市实行了文化遗产数字化项目"DigiCult"，设立了新创新开放空间以吸引众多IT公司，设立了新景点项目"Tchengene Skele"以促进旅游业发展；在佩特里奇市，赫拉克利亚·辛蒂卡古城还在发掘之中，建设新的旅游基础设施与推广现代技术齐头并进，遗址将被建设成一个现代化的露天博物馆并以此打造新型旅行目的地。此外，文化、数学、人工智能、生物信息学等领域的多位人才也在论坛上获得了奖项。

2020年保加利亚国家电影档案馆（Bulgarian National Film Archive，"Българската национална филмотека"）成为欧洲电影门户平台的最新合作伙伴。欧洲电影门户（European Film Gateway）拥有38个电影档案库，可免费访问超过53000部电影和超过600000张图像。

在数字化革命的背景下，图书和档案电子化也成为趋势。国家学术图书馆信息系统（the National Academic Library Information System）于2009年创立，由美国—保加利亚基金会（the America for Bulgaria Foundation）资助，积极致力于图书馆、档案馆和博物馆资料的数字化，并帮助提高科研机构、高等教育机构和大型图书馆之间的信息交流水平。目前已建立了可免费访问的网页，一键搜索就可以触及40个保加利亚的图书馆中的近360万项书目数据[1]。

---

[1] 参见国家学术图书馆信息系统官网，http：//www.nalis.bg/。

2006年保加利亚成立了作为独立国家机构的专门委员会，负责保存、使用和公布保加利亚国家军、国家安全和情报局的档案文件[1]，截至2022年，该委员会已出版57卷专题档案集，每个档案集都包括数百至上千页档案文件，其中53卷可在其官方网站直接下载阅读[2]。各类档案集涉及保加利亚政治、经济、军事、外交、社会等诸多话题，已成为进行保加利亚研究不可多得的文献研究资料。

（七）关注社区文化中心的发展

保加利亚的第一个社区文化中心"Chitalishte"（Читалище）成立于1856年，从那时起该中心就被公认为保加利亚社会的重要组织。根据1996年的相关法律，社区文化中心是非政府的、进行自我管理的组织。社区文化中心向所有人开放，组织开展文化教育活动，维护保加利亚民族习俗和传统，使民众熟悉科学、艺术和文化的相关成就。由于在保护和传承非物质文化遗产方面发挥了重要作用，保加利亚的社区文化中心"Chitalishte"作为重要的文化机构，2017年被联合国教科文组织列入了非物质文化遗产"保护良好实例登记"的名录[3]。

根据2017年的统计数据，在保加利亚全国各地分布的社区文化中心共计3321个，全年各中心举办节日庆祝、读书会、社区聚会、展览等活动共计21267次[4]。社区文化中心的活动资金主要来源于国家财政，近年来相关

---

[1] 委员会的全称为 Комисия за разкриване на документите и за обявяване на принадлежност на български граждани към Държавна сигурност и разузнавателните служби на Българската народна армия, The Committee for Disclosing the Documents and Announcing Affiliation of Bulgarian Citizens to the State Security and the Intelligence Services of the Bulgarian National Armed Forces.

[2] 参见该官方网站，https://www.comdos.bg/。

[3] 参见联合国教科文组织官网，Bulgarian Chitalishte（Community Cultural Centre）: practical experience in safeguarding the vitality of the Intangible Cultural Heritage, https://ich.unesco.org/en/BSP/bulgarian-chitalishte-community-cultural-centre-practical-experience-in-safeguarding-the-vitality-of-the-intangible-cultural-heritage-00969。

[4] 参见保加利亚国家统计局官网，https://nsi.bg/bg/content/3699/%D1%87%D0%B8%D1%82%D0%B0%D0%BB%D0%B8%D1%89%D0%B0。

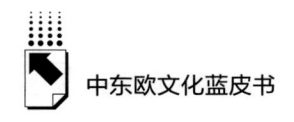

资金补贴涨幅近50%，2019年以来，政府每年还专门补贴200万列弗用于社区文化中心购买图书①。

（八）竭力推进完善文化领域法律法规建设

2021年5月的新闻发布会上，保加利亚文化部部长米涅科夫提及当时文化部工作的重点之一就是颁布《文化遗产法》《电影业法》《文化保护和发展法》《版权及相关权利法》《广播电视法》《赞助法》等法律的修正案，为此已经创建了相关工作小组负责筹备。总理基里尔·佩特科夫（Кирил Петков，Kiril Petkov）领导的新任政府在2021年11月执政后，一致同意需要改变监管框架和法律框架，特别是要修改赞助、版权、广播和电视、社区文化中心等领域相关的法律，以及涉及文化工作者最低工资及其养老金的相关规定②。

虽然在多次会议和媒体会晤上，文化部部长等政府高级官员都提及制定保加利亚文化发展国家战略的意义、进行多项立法框架的改革、增加文化领域的资金预算，这些事宜也被公认是当前文化政策工作的重中之重，但截至2022年初，《2019—2029年保加利亚文化发展战略草案》尚未正式通过，计划中的法律改革和增加预算计划也未确定具体的实现日期。

四　保加利亚对外文化交流情况

促进国际文化合作是《2019—2029年保加利亚文化发展战略草案》规定的11个优先发展项之一。保加利亚政府支持推广保加利亚艺术家及文化创意产业的成果，支持他们参与国际活动，推动在国外的各保加利亚文化中

---

① Министърът на културата Боил Банов поздрави читалищните дейци и цялата самодейна общност по повод 1 март, 2021年3月1日，保加利亚文化部官网，https://mc.government.bg/newsn.php？n=7620&ny=2021&nm=3。

② Преговорите за кабинет: много общи идеи, малко конкретика демонстрираха партиите в разговорите за култура, 2021年12月25日，保加利亚《日志报》，https://www.dnevnik.bg/izbori_2021/2021/11/25/4285665_pregovorite_za_kabinet_mnogo_obshti_idei_malko/。

心的工作，努力提高保加利亚文化在国际领域的知名度[1]。

保加利亚文化部与许多在该国开设的外国文化机构建立了积极的合作关系，其中交流最为活跃的有英国文化协会（British Council）、法国文化学院（Institut culturel Français et de cooperation）、歌德学院（Goethe Institut）、塞万提斯学院（Instituto Cervantes）等机构。这些文化机构推动了公众参与人文交流，也使保加利亚文化部门更认同欧洲价值观[2]。在柏林、布拉迪斯发、布达佩斯、布拉格、莫斯科、斯科普里、华沙、维也纳、巴黎、伦敦和罗马这11个欧洲国家的首都也都开设了保加利亚文化中心，由保加利亚文化部进行管理。保加利亚外交部下属的国家文化研究所（The State Institute for Culture，Държавен културен институт）成立于2006年，参与制定在科学、文化和教育合作领域的国际合作政策，维护当代保加利亚积极的国际形象，也积极促进保加利亚与各国的人文对话交流。

（一）积极参与欧盟层面的各类文化项目

保加利亚于1999年参与了欧盟伊拉斯谟（Erasmus）计划。在战略合作项目方面，2020年伊拉斯谟计划提供了2025万欧元，实施了123个项目，639所涉及青年、高等教育、职业教育培训、学校教育和成人教育领域的机构参与了合作、交流与学习活动。在教育流动项目方面，2020年在伊拉斯谟计划支持下保加利亚实行了448个项目，共计15937人获得了资助前往国外学习，总资助金额为2903万欧元。此外，伊拉斯谟计划还支持了29个教育和青年领域的能力建设项目，12个高校和企业、职业教育培训机构和企业的合作项目，49个体育领域的合作项目，12个教育、培训和青年社会包容项目。[3]

---

[1] Стратегия за развитие на българската култура 2019-2029 година（предложение），保加利亚文化部官网，https：//mc.government.bg/files/5495_ Strategy_ culture_ .pdf。
[2] 同上。
[3] 参见欧盟委员会官网，https：//ec.europa.eu/assets/eac/factsheets/factsheet - bg - 2020_en.html。

欧盟创意欧洲（Creative Europe）计划从 2014 年起也为保加利亚提供了大量资助。在文化领域的欧洲合作方面，2018 年该计划支持了 9 个项目，提供经费资助总计 33.8 万欧元，在文学翻译方面，2018 年该计划支持了 6 个项目，资助额达 43 万欧元。在媒体领域，2020 年该计划支持了 16 个项目，涉及教育培训、活动举办、电影院/电影中心建设、公司资助等诸多方面，金额总计达 81.2 万欧元。①

保加利亚参与了欧洲文化之都项目，最终普罗夫迪夫市和意大利的马泰拉市（Matera）被评为 2019 年欧洲文化之都，普罗夫迪夫成为保加利亚首个获此殊荣的城市。保加利亚政府对此给予了大力支持，2019 年普罗夫迪夫举办了 900 多场文化活动，其间有 4600 名艺术家访问了该市，线上观看各类活动现场直播的观众达到 20 亿人次②。

2021 年 6 月保加利亚外交部下属的国家文化研究所成为欧盟国家文化协会（European Union National Institutes for Culture）的正式成员，这是保加利亚文化外交领域工作中迈出的重要一步，能够为保加利亚文化部门提供更多与欧盟和第三国进行合作的机会，并增加其参与国际文化交流的机会。

（二）与美国、英国及欧盟成员国保持密切文化联系

保加利亚与美国文化教育合作联系稳固，美方为保加利亚开展项目提供了资金支持和专家建议。2021 年两国联合项目有：由保护文化遗产专项大使基金（Ambassadorial Fund for the Preservation of Cultural Heritage）资助的斯韦什塔里的色雷斯古墓保护项目，《电影业法》修正案，与美国 J. 保罗·盖蒂博物馆（J. Paul Getty Museum）的合作项目，以及在美国—保加利亚基金会（the America for Bulgaria Foundation）资助下，普罗夫迪夫的教堂申请加入联合国教科文组织《世界遗产名录》。

---

① 参见创意欧洲计划保加利亚办事处官网，https：//creativeeurope.bg/razultati-ot-konkursi。
② Министър Банов：Пловдив постави само началото на един устойчив проект-"Европейска столица на културата"，2020 年 1 月 13 日，保加利亚文化部官网，https：//mc.government.bg/newsn.php? n=7041&ny=2020&nm=1。

保加利亚与英国有着悠久的文化交往历史，1939年英国文化协会就开始在保加利亚开展工作，是保加利亚历史最悠久的外国文化机构之一。英国有大量艺术和其他专业领域的保加利亚学生，同时大量来自英国的居民选择来到保加利亚工作或学习，这是保英两国人文交往的基础。英国在2020年1月正式"脱欧"之后，保加利亚学生对英国高等教育的兴趣不减，保英两国政府努力促进双方大学开展合作项目。上一次签署的保英两国文化、教育和科学领域合作的协议期限为2003~2006年，其后保加利亚于2007年加入欧盟，两国开始在欧盟框架下进行文化合作，而考虑到目前英国已经脱欧，2021年10月与英国驻保大使会面时，保方文化部部长米涅科夫建议双方考虑在文化领域提出新的合作计划。

保加利亚与法国在保护文化遗产方面的合作最为突出。2021年11月双方文化部部长会面，表示将准备一份备忘录的最终版本，以共同开展在"圣基里克和朱丽塔"岛上建立世界文化中心的项目，这也将促进双方文化艺术领域的人员交流，促进旅游业发展。在保护文化遗产领域对保加利亚建筑师的培训项目也是双方合作的重点之一，法兰西建筑遗产博物馆（Cité de l'architecture et du patrimoine，又名"巴黎建筑与遗产城"）下设的科研部门"Chaillot School"（Ecole de Chaillot）负责提供培训。这将提高保加利亚该领域专家的水平，是保加利亚文化遗产政策的一个重要组成部分。[1] 此外，在文化遗产、赞助、版权等领域的法律改革方面，法国都为保加利亚提供专家层面援助。

保加利亚与希腊在2020年4月签署了一份备忘录，为两国文化遗产领域机构和专家加强联系提供了保障，也为展示当代艺术提供了更多机会。在考古发掘工作、打击非法贩卖文物、气候变化对历史遗迹的负面影响等方面，希腊也都向保加利亚提供了支持。在保希两国建交140周年的背景下，两国相互展示彼此丰富的文化遗产，举办了文化论坛、音乐会、表演等一系列交流

---

[1] Министър Вилислав Минеков се срещна в Париж с френскака министърка на културата Розлин Башло，2021年11月25日，保加利亚文化部官网，https：//mc.government.bg/newsn.php? n=8031&ny=2021&nm=11。

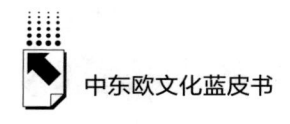

活动。

此外，2021年保加利亚与欧盟其他成员国的文化部高级官员也举行过不少双边会晤并签署合作计划，尤其与罗马尼亚、波兰、捷克、斯洛伐克等中东欧国家交往密切，共同组织参与的文化活动、人文会议论坛等丰富多彩；威尼斯双年展等重要艺术节活动，以及在巴黎举行的联合国教科文组织会议等官方活动，也是重要的多边交流场合，极大地促进了保加利亚文化外交的发展。

（三）在东南欧地区深化人文交流对话

与美国、英国和欧盟各国保持密切关系的同时，保加利亚重视开拓发展与包括土耳其在内的东南欧各国的友好关系，这也是欧盟框架下的发展要求。各类人文合作项目中较为成功的多集中在文化遗产保护、传统艺术及创作和青年交流领域。

东南欧文化部长理事会（Council of Ministers of Culture of South East Europe）有12个成员国①，以"加强文化，实现可持续发展"（"Enhancing Culture for Sustainable Development"）为口号，各成员国一直致力于在理事会的框架下建立东南欧国家文化合作基金，而保加利亚在此方面表现积极，初步阶段筹备基金创立的文件就由保方负责。

2021年9月国民会议正式批准保加利亚加入东南欧地区的翻译项目"Traduki"。该项目成立于2008年，旨在支持和协调奥地利、德国、瑞士等德语国家与东南欧国家的翻译工作。保加利亚文化部每年对Traduki项目资助1万欧元，而在2019年至2021年初的五次项目评估中，41个保加利亚语翻译项目获批，获得的资金支持总额达13万欧元，远超保加利亚对该项目的财政贡献。

2021年6月，《2021—2023年保加利亚共和国文化部和黑山教育、科

---

① 12个成员国分别为阿尔巴尼亚、波斯尼亚和黑塞哥维那、保加利亚、克罗地亚、摩尔多瓦、黑山、罗马尼亚、塞尔维亚、斯洛文尼亚、希腊、北马其顿、土耳其。

学、文化和体育部文化合作计划》签署，该计划旨在加强两国音乐、戏剧、美术、电影摄影以及图书出版和发行领域的合作，还涉及非物质文化遗产、民间音乐和舞蹈等领域，不可移动文化遗产的保护，以及对创意产业的支持。保加利亚文化部部长米涅科夫表示："是时候转向保加利亚的邻国以及距离很近的那些国家了，因为近年来与他们的交流并不那么活跃，注意力主要集中在中欧和西欧。"①

保加利亚与北马其顿共和国政府都致力于寻求友好对话、深化国家间关系，让共同的历史和相似的语言成为合作纽带。例如在2021年两国为庆祝近代民族解放时期的革命家戈茨·德尔切夫（Гоце Делчев，Gotse Delchev）诞辰150周年，共同举办了"奥赫里德的保加利亚文化、民俗和传统日"庆祝活动。2022年初两国签署了《2022—2025年保加利亚文化部和北马其顿共和国文化部合作计划》。

保加利亚与土耳其关系良好，在文化遗产及其保护领域开展了重要的合作，双方也商议在保加利亚和土耳其相互建立文化中心。与阿尔巴尼亚方面双方也商议在地拉那开设保加利亚文化中心的事宜。

（四）中保两国人文交流丰富多彩

保加利亚是最早与新中国建交的国家之一，两国在文化、教育、农业、研究、贸易等领域合作密切。2019年7月，保加利亚总统鲁门·拉德夫（Румен Радев，Rumen Radev）在中保建交70周年之际访华，将中保关系进一步提升为战略伙伴关系。两国在"一带一路"和"中国—中东欧国家合作"框架下的交流与合作密切。

在保加利亚开设的两国人文交流机构颇具规模，每年举办各类展览、演出、会议交流等文化活动。索非亚孔子学院成立于2006年，是全球首批"示范孔子学院"之一，在中东欧地区颇具影响力。索非亚中国文化中心由原中

---

① Министър Минеков и министърът на образованието, науката, културата и спорта на Черна Гора Весна Братич подписаха програма за културно сътрудничество，2021年7月27日，保加利亚文化部网官网，https：//mc.government.bg/newsn.php?n=7850&ny=2021&nm=7.

国文化部和宁波市人民政府合作共建，2017年11月正式揭牌，是中国在中东欧国家建立的首家文化中心，也是我国开展文化外交的国家级平台。在这些机构的组织下，"汉语桥"中文比赛，"欢乐春节"等典型对外人文交流"品牌"活动每年都在保加利亚举办得有声有色。外语教学与研究出版社（以下简称外研社）与保加利亚东西方出版社联合成立的"中国主题编辑部"在短短几年内，已顺利出版一系列具有鲜明中国文化特色的保语版图书，如《中华思想文化术语》《中国文化读本》《红楼梦》等。保加利亚语图书出版带来的示范效应已辐射至周边国家，顺利推动外研社与波兰、匈牙利合作伙伴共建"中国主题编辑部"[①]。每年举行的索非亚国际图书展已经成为两国文化交往的重要名片。此外，中国驻保加利亚使馆等机构也积极推动两国人文交流，举办例如"我身边的中国符号"短视频大赛等活动。

中保人文合作由来已久，两国政府于1987年就签订了文化合作协定。2021年初两国签署了《保加利亚共和国文化部与中华人民共和国文化和旅游部2021—2024年文化合作计划》，加强了两国在博物馆、音乐、美术、文物保护和修复、非物质文化遗产保护等领域的交流。

2021年保加利亚教育与科学部正式发布中小学教育阶段中文教学大纲，中文教育迎来了新的发展阶段。数所保加利亚中小学都开设有中文兴趣课程和学分课程，多所保加利亚高校开设中文专业多年，培养了一大批精通中国语言和文化的人才，成为中保人文交流的桥梁。

五　总结与展望

尽管新冠肺炎疫情给全社会带来的阴霾还未消散，资金不足、政策不完善等困难依然存在，文化行业发展总体呈现颓势，但保加利亚历史悠久、民族文化底蕴丰厚，并不缺乏文化行业人力资源，文化机构建设也有一定基础和规模，

[①]《庆祝中保建交70周年文化交流研讨会在索非亚举行》，2019年12月13日，中国—中东欧国家合作官网，http://www.china-ceec.org/chn/rwjl/201912/t20191225_6463398.htm。

因此文化行业发展潜力较大。保加利亚社会普遍有着弘扬本民族文化、保护文化遗产的基本认识，政府也对文化政策颇为重视，完善法律系统、新型文化数字创意产业是该国未来文化领域发展的大方向，这样才能保障文化领域的可持续发展。尤其是新冠肺炎疫情暴发以来，文化领域数字化建设得以空前发展，给国家文化机构和文化工作者都带来了新的发展机遇，也让民众拥有另一种全新形式参与文化生活。

在对外人文交流方面，保加利亚致力于在欧盟框架内发展与美国、英国及欧盟各国的关系，这将帮助保加利亚文化更好地走向欧洲和世界舞台。近年来保加利亚也逐步加强与邻国和其他西巴尔干地区国家的人文往来，这对于稳定东南欧局势有着重要意义，也受到了欧盟及其他国际组织的大力支持。中保人文交流合作由来已久，索非亚孔子学院、索非亚中国文化中心等机构每年举办丰富多样的文化活动，随着中国—中东欧国家合作以及"一带一路"倡议的推进，相信未来还能开创新局面、再结新硕果。

B.5
2021年阿尔巴尼亚文化发展报告

韩彤 冯越*

摘　要： 2021年是"恢复的一年",随着地震灾后重建、疫苗接种工作的稳步推进和疫苗接种凭证的使用,阿尔巴尼亚文化发展重回正轨,文化机构逐步开放,聚集性文化活动在线下有序开展。在《2019—2025年阿尔巴尼亚国家文化战略》的总体规划下,2021年阿尔巴尼亚政府高度重视物质和非物质文化遗产的修复和保护工作,积极探索数字化文化保护路径,文化遗产和民俗文化保护成果丰硕,文学创作领域扶持措施成效初显。对外交流方面,阿尔巴尼亚积极参与区域或多边文化合作,推广本土文化。在"一带一路"倡议和中国—中东欧国家合作框架下,中阿两国保持高层对话,在体育、教育、旅游等多领域深化人文交流。后疫情时代,阿尔巴尼亚政府充分意识到了文化在弥合疫情创伤和凝聚社会共识上所扮演的重要角色,计划给予文化发展更多重视和支持,新政府施政方案的落定也为未来文化发展指明了具体方向。

关键词： 阿尔巴尼亚　文化发展　文化遗产　对外文化交流

一　阿尔巴尼亚基本国情及文化发展情况

阿尔巴尼亚共和国,简称阿尔巴尼亚,又被称为"山鹰之国",位于欧洲

---

* 韩彤,北京外国语大学欧洲语言文化学院欧洲语言文学专业硕士研究生,主要研究方向为阿尔巴尼亚语言文学;冯越,北京外国语大学欧洲语言文化学院欧洲语言文学专业硕士研究生,主要研究方向为阿尔巴尼亚语言文学。

东南部，巴尔干半岛西南部。国土总面积28748平方公里，陆地北部与黑山、塞尔维亚接壤，东部及南部分别与北马其顿、希腊相邻，西临亚得里亚海、爱奥尼亚海，隔奥特朗托海峡与意大利相望。其地理位置十分重要，历来是连接亚洲和欧洲的交通要道。首都为地拉那市。官方语言为阿尔巴尼亚语。

阿尔巴尼亚地势东高西低，境内山地、丘陵占国土总面积的77%，其余为平原和低地。属亚热带地中海气候，降雨量充沛，水力资源较为丰富。矿藏资源丰富，主要包括石油、铬、铜、镍、铁、煤等。①

阿尔巴尼亚自然和文化资源丰富，传统舞蹈、服饰、复调民歌等极具民族特色，现有4处联合国世界遗产，包括两处文化遗产——布特林特考古遗址、培拉特和吉诺卡斯特历史中心，一处自然遗产——喀尔巴阡山脉及欧洲其他地区的原始山毛榉林，以及一处混合遗产——奥赫里德地区自然与文化遗产。②

阿尔巴尼亚文化部成立于2013年，除下属管理部门外，另有国家剧院、国家图书馆、国家电影中心、国家历史博物馆等共计28个附属机构。近年来，阿尔巴尼亚文化部的预算较为有限。2019年，文化部预算约为216587万列克，在总预算中的占比为0.68%，是各部之中最低，但已是2013年的1.5倍。然而，2013~2018年，阿尔巴尼亚文化部在国内生产总值中的占比始终在0.11%左右。阿尔巴尼亚文化产业发展面临着法律、资金、人员、技术等多方面的问题和挑战。③

二 阿尔巴尼亚文化政策

2019年，阿尔巴尼亚文化部起草并公布了《2019—2025年阿尔巴尼亚

---

① 《阿尔巴尼亚概况》，中华人民共和国外交部官网，http：//al.china-embassy.gov.cn/chn/zagx/aerbnygk/。
② Albania，联合国教科文组织官网，https：//whc.unesco.org/en/statesparties/al。
③ Strategjia Kombëtare për Kulturën 2019-2025，阿尔巴尼亚文化部官网，https：//kultura.gov.al/wp-content/uploads/2020/01/finale-Strategjia-Komb%C3%ABtare-p%C3%ABr-Kultur%C3%ABn-2019-2025.pdf。

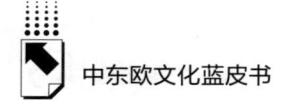

国家文化战略》，在参考国内从业者及国内外专家意见的同时，参照了欧洲标准，吸收了欧盟成员国在文化战略制定及执行方面的经验。该战略以"更多关注艺术和文化"为战略目标，提出了"使阿尔巴尼亚的艺术和文化遗产成为国家经济社会可持续发展的动力"的文化发展愿景，确立了"为公私部门文化创意服务和产品的增长及发展营造有利环境"的发展任务，并在此基础上，针对文化遗产、艺术生活和文化教育三大支柱，提出了五项政策及具体的目标和措施。[①]

（一）完善文化法律制度

该政策旨在通过立法优化和拓宽文化市场，使创作人员、文艺创作和文化遗产从中获益。具体目标是为艺术和文化发展创造稳定的法律和制度环境。主要措施包括：根据国家入盟计划，参照欧盟现行法（Acquis）更新法律框架，起草并出台《困难职业养老金法》，修订《艺术和文化法》《电影法》等；促进法律及战略框架落实，由各级机构直接合作制定战略行动计划，并根据各机构特点制定文化资产管理计划；提高文化遗产领域的人员和技术能力，满足文化产业的发展需求和发展趋势等。

（二）促进文化遗产保护

该政策旨在促进物质及非物质文化遗产保护。具体目标是提高古迹修复数量，促进建筑遗产和景观的修复。主要措施包括：根据风险程度、投资回报等标准，确定古迹修复的优先顺序，借助古迹发展当地旅游业，从而带动商业发展，促进就业；与各方合作，确保阿尔巴尼亚境内欧洲文化线路的发展，并参与申请新文化线路的地区倡议；规范文化资产市场，包括公共部门文化资产的登记和数字化，以及私有文化资产的流转制度等。

---

① *Strategjia Kombëtare për Kulturën 2019-2025*，阿尔巴尼亚文化部官网，https://kultura.gov. al/wp-content/uploads/2020/01/finale-Strategjia-Komb%C3%ABtare-p%C3%ABr-Kultur%C3%ABn-2019-2025.pdf。

（三）加强国际文化交流与合作

该政策旨在通过参与重大国际活动、借鉴国外优秀经验，提高和推广阿尔巴尼亚艺术和物质及非物质文化遗产的文化价值。具体目标是提高阿尔巴尼亚艺术和遗产的文化价值。主要措施包括：与侨民部、欧洲和外交事务部合作，在国内外定期组织年度活动；持续参与和举办国际性活动；通过国际资助项目，帮助公私文化机构筹措文化项目资金；尊重和保护少数民族文化遗产；建立非物质文化遗产传承人登记册，培养有失传风险的非物质文化遗产相关人才；为阿尔巴尼亚文化遗产申报联合国教科文组织的物质及非物质文化遗产。

（四）支持国内文化艺术创作

该政策旨在支持阿尔巴尼亚艺术家的创作，促进国内的文化艺术活动。具体目标是通过提高服务、产品和艺术质量，提高公众对文化项目的兴趣。主要措施包括：成立、重组新的艺术文化机构，包括成立文化创意产业研究中心、改造国家图书馆等，并更新文化部门的产品和服务；通过多种方式为创作者和文艺活动提供支持，提高独立从业者的产品、服务在国内外市场的质量和竞争力；促进文化服务和产品的数字化，进而推广艺术和文化遗产；通过培训提高公私文化部门从业人员能力。

（五）打造文化艺术教育平台

该政策旨在借助艺术和文化遗产机构、大学前教育系统，联合策划和打造文化教育平台。具体目标是推行"文化教育计划"（Edukimi Përmes Kulturës）。该计划主要面向青少年儿童，一方面，旨在帮助不同社会群体的青少年儿童建立自信，广泛发展兴趣，发掘潜能和创造力，同时，帮助残疾群体和少数民族群体融入社会，保护和发展少数民族文化。另一方面，旨在全国范围内普及推广文化遗产教育，通过中央与地方合作、吸引独立从业者等方式促进地方文化项目的开展，改善文化机构的地区分布不均的情况。

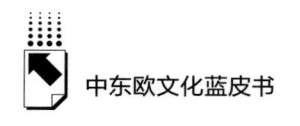

三　2021年阿尔巴尼亚文化发展表征

（一）大众文化活动有序在线下开展

受新冠肺炎疫情等不可抗力的影响，2020年阿尔巴尼亚文化事业发展受阻。为应对疫情，阿尔巴尼亚政府采取严格管控措施，取消大量的文化和体育活动，并将部分活动转至线上开展。随着疫苗接种工作的稳步推进和疫苗接种凭证的使用，2021年大众文化活动逐步在线下有序开展。

2021年阿尔巴尼亚国家文化机构和私人文化机构面向公众举办了多次画展，展出阿尔巴尼亚本土画家的精华之作。4月1日，画家海里登·哈利蒂（Helidon Haliti）在阿尔巴尼亚国家历史博物馆举办了题为"静物"的个人展览。5月11日，已故画家加兹门德·穆卡（Gazmend Muka）的家人和朋友在"Art On"空间为其举办名为"马车"的回顾展，展出了穆卡在探索混合技法期间创作的作品集。10月20日，画家伊斯梅尔·卢拉尼（Ismail Lulani）的回顾展在国家历史博物馆开幕，展出了卢拉尼职业生涯早期的一些优秀作品。

2021年9月，国家歌剧院和芭蕾舞剧院重新开放，一系列优质文化活动的推出丰富了民众的精神生活。2017年，阿尔巴尼亚国家歌剧院和芭蕾舞剧院开始基础设施改造，于2020年12月初落成，然而，受新冠肺炎疫情影响，这些场馆直至2021年9月才向公众开放。在遵守防疫要求的前提下，国家歌剧院和芭蕾舞剧院为民众带来了一系列优质演出，如法国阿尔巴尼亚裔芭蕾舞蹈家安杰林·普雷伊洛察伊（Angjelin Prejlocaj）编舞的作品《天使报喜》（Annonciation）首演，独立日特别音乐会《抓住黎明》（Rrok'e agimin）等。

因疫情暂停一年后，第24届地拉那书展于2021年11月17~21日在国会宫举行，吸引了众多读者前来参观。地拉那书展是阿尔巴尼亚每年最重要的文化活动之一。2021年阿尔巴尼亚出版商协会要求，参展商及机构代表需提供两剂次疫苗接种证明。为期五天的书展共吸引了95家出版商以及来自各个阿尔巴尼亚语地区的文化机构和代表参加，为阿尔巴尼亚读者带来多语种名著的译本，还举办了一系列图书推介活动。①

（二）考古挖掘工作逐步恢复

考古遗产是阿尔巴尼亚文化景观中的重要组成部分，它是民族记忆的承载和体现，以及阿尔巴尼亚民族认同感的重要来源。因此，考古工作具有重要性与特殊性。阿尔巴尼亚科学院考古研究所、阿尔巴尼亚学研究院考古研究所、地拉那大学考古和文化遗产系、吉诺卡斯特大学历史系等机构积极参与国际考古合作。2020年由马切拉塔大学牵头、欧盟资助的"Transfer"项目启动，阿尔巴尼亚、意大利、希腊、斯洛文尼亚、波黑、塞尔维亚等国参与其中。在机构交往层面，阿尔巴尼亚考古研究机构与意大利马切拉塔大学、意大利博洛尼亚大学、法国索邦大学、波兰华沙大学、美国辛辛那提大学等高校开展密切合作。然而受疫情影响，2020年阿尔巴尼亚的考古工作未能按计划开展。

2021年，阿尔巴尼亚考古工作进度逐渐恢复，在史前伊利里亚地区及与古罗马有关联的地区取得重要考古发现。4月17日，国家文化遗产研究所（Instituti Kombëtar i Trashëgimisë Kulturore）、地拉那文化遗产局（Drejtoria Rajonale e Trashëgimisë Kulturore Tiranë）和地拉那大学对罗马别墅（又称地拉那镶嵌画）进行联合考古勘探，揭示了该地区早期人类居住的事实。② 5月20日，考古学家在阿波罗尼亚（Apolonia）古城发现了罗马时期的古墓和窑炉。③ 6月，国家文化遗产研究所和地拉那文化遗产局在发罗拉

---

① *Ulje-ngritjet e kulturës gjatë vitit 2021，nga personalitetet që humbëm te rikthimi i publikut në salla*，全景报网，http：//www. panorama. com. al/ulje-ngritjet-e-kultures-gjate-vitit-2021-nga-personalitetet-qe-humbem-te-rikthimi-i-publikut-ne-salla/。

② *Ulje-ngritjet e kulturës gjatë vitit 2021，nga personalitetet që humbëm te rikthimi i publikut në salla*，全景报网，http：//www. panorama. com. al/ulje-ngritjet-e-kultures-gjate-vitit-2021-nga-personalitetet-qe-humbem-te-rikthimi-i-publikut-ne-salla/。

③ *Zbulohet një varrezë e kohës romake në Apolloni，ndërpriten punimet për ndërtimin e rrugës*，阿尔巴尼亚妇女报网，https：//shqiptarja. com/lajm/zbulohet-nje-varreze-e-kohes-romake-ne-apolloni-ndërpriten-punimet-per-ndertimin-e-rruges。

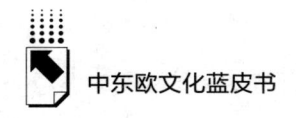

的阿曼蒂亚（Amantia）古城发现了一座保存完好的拱顶大型古墓，专家初步判定这座古墓的历史可以追溯到公元前3世纪。①

（三）重视文化史迹修复和保护工作

在欧盟、美国、土耳其和联合国教科文组织等国家和国际组织的支持下，2021年阿尔巴尼亚文化部积极推进文化史迹修复和保护工作。一方面，抢救修复在2019年大地震中受损的文化史迹；另一方面，优化史迹所在地的服务和基础设施，打造文化名片，发展文化旅游。

2021年，因地震受损的科尔察国家教育博物馆、地拉那国家木偶剧院、鲁比克修道院教堂、万纽什·米奥博物馆均完成修缮并重新开放。② 2月19日，由欧盟资助的"文化公园"项目正式启动。"文化公园"坐落在原"新阿尔巴尼亚"电影制片厂（Kinostudio "Shqipëria e Re"）所在地，旨在为市民和艺术家提供开展文化活动和展览作品的艺术空间，同时促进周边区域的文化发展。截至2021年12月，该项目第一阶段工程已完成70%，其中包括"绿地修复和改善"和"巴尔干电视电影的修复和改编"。③ 4月18日为国际古迹遗址日，阿尔巴尼亚国家历史博物馆组织举办了主题为"复杂的过去和多样化的未来"讨论会，旨在提高人们对文化史迹，尤其是对濒危遗产保护的关注和重视。④

（四）延续对民俗文化的传承和保护

民俗是人类遗产的重要组成部分，是将不同人和社会团体聚到一起并标

---

① *Zbulohet varri monumental I shek. III në Amantia*，阿尔巴尼亚文化部官网，https：//www.kultura.gov.al/zbulohet-varri-monumental-i-shek-iii-ne-amantia/。

② *Ulje-ngritjet e kulturës gjatë vitit 2021，nga personalitetet që humbëm te rikthimi i publikut në salla*，全景报网，http：//www.panorama.com.al/ulje-ngritjet-e-kultures-gjate-vitit-2021-nga-personalitetet-qe-humbem-te-rikthimi-i-publikut-ne-salla/。

③ "*Parku i Artit*" në ish-Kinostudio，realizohen mbi 70% e punimeve，阿尔巴尼亚通讯社官网，http：//ata.gov.al/2022/03/04/parku-i-artit-ne-ish-kinostudio-realizohen-mbi-70-e-punimeve/。

④ *18 prill/ "Monumentet janë bartës të prekshëm të kujtesës së përvojës njerëzore"*，阿尔巴尼亚侨务网，https：//diasporashqiptare.al/2021/04/20/18-prill-monumentet-jane-bartes-te-prekshem-te-kujteses-se-pervojes-njerezore/。

明其文化身份的一个强有力的载体。2021年阿尔巴尼亚政府致力于保护和传承传统文化，大力推进地方传统民俗文化的发展，挖掘其内在价值。

2020年起，阿尔巴尼亚文化部积极推进申遗工作，将"特洛波亚舞蹈"（K'cimi i bjeshkës me tupan i Tropojës）、"钟形裙"（Xhubleta）、"古老的牲畜迁徙仪式"（Rituali i lashtë i shtegtimit të bagëtive）和"英雄史诗"（Eposi i Kreshnikëve）列为重点申遗项目。① 同时与阿尔巴尼亚—美国发展基金会（Fondacioni Shqiptaro-Amerikan për Zhvillim）签署谅解备忘录，共同着手编写材料申请将上述传统艺术列入《人类非物质文化遗产代表作名录》。2021年3月，"特洛波亚舞蹈"和"钟形裙"的申遗文件由文化部正式提交给联合国教科文组织。②

除了申遗工作，阿尔巴尼亚还致力于丰富民俗活动的内容和形式。2021年7月22~25日举办地拉那国际民俗节，来自阿尔巴尼亚、希腊、波兰、北马其顿、黑山、塞尔维亚、波黑、保加利亚、喀麦隆和墨西哥10个国家的民间艺术团演员进行歌舞等节目表演，演出吸引了大批当地民众和国内外游客观赏，广受公众好评。③ 此外，阿尔巴尼亚还举办了吉诺卡斯特民俗节、民间音乐家演唱会等多种形式的民俗活动，鼓励公众了解并珍视本国传统文化。

（五）积极探索文化遗产数字化保护路径

数字化为文化遗产保护、开发与展现提供了新的发展契机，创新了传统

---

① *Ministria e Kulturës kërkon futjen e 4 trashëgimive kulturore në UNESCO! Mes tyre "Xhubleta" dhe "vallja e Tropojës"*，阿尔巴尼亚妇女报网，https：//shqiptarja.com/lajm/ministria-e-kultures-kerkon-futjen-e-4-trashegimive-kulturore-ne-unesco-mes-tyre-xhubleta-dhe-vallja-e-tropojes。

② *Nomination of "Xhubleta" and "K'cimi i Tropojës" at UNESCO Intangible Cultural Heritage List*，阿尔巴尼亚—美国发展基金会官网，http://aadf.org/nomination-of-xhubleta-and-kcimi-i-tropojes-at-unesco-intangible-cultural-heritage-list/。

③ "International Folk Festival Tirana"，*me 10 ansamble folklorike në skenë nga shtete të ndryshme*，今日报网，https：//sot.com.al/kultura/international-folk-festival-tirana-me-10-ansamble-folklorike-ne-skene-ng-i443114。

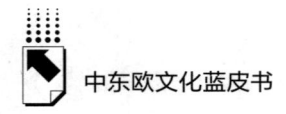

文化遗产的保护方式，对提高文化遗产保护的安全性、交流性、大众性和环保性有重要意义。近年来，阿尔巴尼亚文化部越来越重视通过数字化手段还原保护和传承利用文化遗产。2017年起，阿尔巴尼亚文化部开始与阿尔巴尼亚—美国发展基金会合作，运用科技手段改造培拉特国家肖像博物馆"ONUFRI"和科尔察国家中世纪艺术博物馆。2019年，阿尔巴尼亚文化部与阿尔巴尼亚—美国发展基金会共同建设隶属于阿文化部的阿尔巴尼亚国家文化遗产数字化中心。

2021年，阿尔巴尼亚继续探索文化遗产数字化保护路径。在瑞士政府和联合国教科文组织的支持下，国家文化遗产研究所完成共约4100份档案，4.77万张负片和微缩胶片，25.62万张彩色和黑白照片的档案数字化工作。[①] 全国非物质文化遗产委员会会议通过了非物质文化遗产清查与数字化项目，开始建设非物质文化遗产登记和保护网站。此外，阿尔巴尼亚文化部还致力于加强与部分巴尔干国家在非物质文化遗产的数字化、修复等领域的交流合作。

（六）学术交流与合作日益频繁

近年来，阿尔巴尼亚对外学术交流与合作日益频繁，合作领域不断拓展，鼓励国内外学者联合研究，进一步促进了良好学术氛围的形成。

自然科学领域，2021年10月4~8日，第21届"纳米技术趋势国际会议"在阿尔巴尼亚地拉那举行，来自21个不同国家的200多名科学家和研究人员参加了会议。[②] 该会议由阿尔巴尼亚科学院、阿尔巴尼亚纳米科学和纳米技术研究所（Nano Alb）、巴塞罗那三大纳米技术研究机构[③]和幻影基

---

① *Përfundon digjitalizimi i arkivës së Institutit Kombëtar të Trashëgimisë Kulturore*，阿尔巴尼亚通讯社官网，https://ata.gov.al/2021/03/06/perfundon-digjitalizimi-i-arkives-se-institutit-kombetar-te-trashegimise-kulturore/。

② *Konferenca Ndërkombëtare e Tendencave në Nanoteknologji*（TNT2021），阿尔巴尼亚科学院官网，http://www.akad.gov.al/ash/en/bashkepunime/kuadri-rajonal/regional-cooperation-council/info-rcc/2-uncategorised/813-konferenca-nderkombetare-e-tendencave-ne-nanoteknologji-tnt2021。

③ 参会的巴塞罗那三大纳米技术研究机构为加泰罗尼亚高等研究院（ICREA）、加泰罗尼亚纳米科学与纳米技术研究所（ICN2）和巴塞罗那理工学院（BIST）。

金会（Phantoms Foundation）共同组织。① 除了研讨会以外，还组织了"医生遇上纳米技术专家：纳米疗法的最新趋势"和"第二届21世纪纳米技术研讨会：阿尔巴尼亚、日本和西班牙之间的合作"专题工作坊、纳米生物传感器培训班，旨在展示并交流纳米科学和纳米技术研究领域的最新成果。② 大会不仅更新和拓宽了阿尔巴尼亚学者，尤其是年轻学者的科研视野，而且对于加强阿尔巴尼亚和其他国家在纳米科学和纳米技术领域的科研合作有重要意义。

社会科学领域，2021年11月25~28日，阿尔巴尼亚科学院与科索沃科学艺术学院共同举办了"阿尔巴尼亚学研究国际大会"。大会围绕历史、语言、人类学与文学四个主题展开，来自世界各地的182位阿尔巴尼亚学学者参加。③ 阿尔巴尼亚学研究国际大会是阿尔巴尼亚学研究领域规模最大的学术会议，有着悠久的历史。1972年，第一届"伊利里尔研究国际大会"在地拉那举办。五十年来，大会致力于通过历史学、考古学、语言学等领域的研究，考证阿尔巴尼亚民族、语言、文明的起源，同时通过世界范围内的学术交流与分享，进一步夯实各科研机构的合作，共同提升世界范围内阿尔巴尼亚学的研究水平。

（七）加大对文学创作的支持力度

2021年，阿尔巴尼亚政府继续加大对国内文学艺术创作的支持力度。国家图书阅读中心（Qendra Kombëtare e Librit dhe Leximit）于2020年初成立，该中心致力于在全国范围内宣传阅读文化，支持、鼓励和促进文学创作和翻译，并在欧洲和世界市场推广阿尔巴尼亚文学作品。④ 2021年，国家图书阅

---

① *U mbajt Konferenca Ndërkombëtare e Tendencave në Nanoteknologji në Tiranë prej 4 deri më 8 tetor 2021*，科索沃科学艺术学院官网，https://ashak.org/u-mbajt-konferenca-nderkombetare-e-tendencave-ne-nanoteknologji-ne-tirane-prej-4-deri-me-8-tetor-2021/。
② *Programi i Konferencës Ndërkombëtare të Tendencave në Nanoteknologji*，阿尔巴尼亚科学院官网，http://www.akad.gov.al/ash/images/Aaaapdf/TNT_programi.pdf。
③ *Tirana mbështillet me dijen albanologjike! 25 deri më 27 nëntor do të mbahet pas 50 vitesh konferenca për arritjet në shkencat albanologjike*，阿尔巴尼亚妇女报网，https://shqiptarja.com/lajm/tirana-mbeshtillet-me-dijen-albanologjike。
④ *Misioni*，国家图书阅读中心官网，https://qkll.gov.al/rreth-qkll/misioni/。

读中心设立了一系列基金，为优秀的作家、翻译家提供资金支持。3月1日，启动"阿尔巴尼亚语文学作品对外翻译"专项基金。4月6日，启动"2021年青年文学创作基金"，以鼓励和资助当代阿尔巴尼亚18~35岁青年文学作家进行创作。① 6月1日，启动"支持儿童文学创作基金"，旨在支持阿尔巴尼亚儿童作家持续创作更多优质儿童文学作品。②

基金的设立有助于挖掘当代文学创作人才并为他们提供广阔的出版和交流平台，对促进阿尔巴尼亚文学繁荣有重要意义。5月31日，国家图书阅读中心公布了"阿尔巴尼亚语文学作品对外翻译"专项基金六位获奖者及获奖作品，分别为阿尔扬·莱卡（Arjan Leka）、齐亚·切拉（Zija Çela）、鲁迪·埃雷巴拉（Rudi Erebara）、汤姆·库卡（Tom Kuka）、巴什基姆·谢胡（Bashkim Shehu）和娜塔莎·拉科（Natasha Lako），他们的作品将被翻译成希腊语、法语、西班牙语、意大利语多种语言。③ 6月24日，国家图书阅读中心宣布"青年文学创作基金"获奖者，涉及诗歌、散文、戏剧三大文学类别。诗歌领域，努里埃·埃姆鲁拉伊（Nurie Emrullai）凭借诗集《让爱随心飘扬》（*Lëre dashurinë të vijë si të dojë*）获奖，该作品的美学价值和当代价值受到主办方的肯定。散文领域，迪奥尼斯·普里弗蒂（Dionis Prifti）凭借散文集《撒哈拉之草》（*Bar Sahara*）获奖，该作品基于超现实主义原则创作，具有鲜明的个人风格。戏剧领域，莱迪昂·杰奇凭借黑色喜剧《逃离契约》（*Pak Pakt*）获奖，该作品主题尖锐，直指阿尔巴尼亚腐败的社会及其带来的青年外流问题，人物形象饱满，结构扎实，冲突和戏剧性强。④

---

① *QKLL SHPALL FONDIN E KRIJIMTARISË LETRARE PËR TË RINJ*，国家图书阅读中心官网，https：//qkll. gov. al/aktivitete/qkll-shpall-fondin-e-krijimtarise-letrare-per-te-rinj-2/。

② *QKLL SHPALL FONDIN PËR MBËSHTETJEN E KRIJIMTARISË LETRARE PËR FËMIJË*，国家图书阅读中心官网，https：//qkll. gov. al/aktivitete/qkll – shpall – fondin – per – mbeshtetjen – e – krijimtarise-letrare-per-femije/。

③ *Shpallja e fituesve të Fondit të Përkthimeve të veprave nga Gjuha Shqipe në Gjuhë të Huaj*，国家图书阅读中心官网，https：//qkll. gov. al/aktivitete/shpallja-e-fituesve-te-fondit-te-perkthimeve-te-veprave-nga-gjuha-shqipe-ne-gjuhe-te-huaj/。

④ *Ceremonia e shpalljes së fituesve të fondit mbështetës të krijimtarisë letrare për të rinj*，国家图书阅读中心官网，https：//qkll. gov. al/aktivitete/ceremonia – e – shpalljes – se – fituesve – te – fondit – mbeshtetes-te-krijimtarise-letrare-per-te-rinj/。

四　阿尔巴尼亚对外文化交流特点

近年来，阿尔巴尼亚在文化领域积极开展国际交流与合作，签署了一系列文化、旅游、教育等领域的合作协议。阿尔巴尼亚文化部网站的公开文件显示，截至2021年，阿尔巴尼亚已经与联合国、欧盟和欧美亚非四洲的多个国家与国际组织签署了相关领域的合作协议或谅解备忘录，包括黑山、北马其顿、奥地利、保加利亚、捷克、法国、希腊、匈牙利、意大利、土耳其等欧洲国家，中国、日本等亚洲国家，以及美国和埃及。[①] 在这些政策文件的引导和支持下，阿尔巴尼亚与各个国家和国际组织积极开展文化、教育、旅游领域的交流与合作，在借助国际合作发展本国文化的同时，进一步加强地区文化交流与合作，并积极拓展与中国的文化合作和人才交流。

（一）将文化合作纳入联合国可持续发展合作框架

2017年，基于联合国可持续发展合作框架，阿尔巴尼亚和联合国共同制订了《2017—2021年可持续发展合作计划》，旨在促进阿尔巴尼亚的可持续发展和入盟进程，其中涵盖了文化和教育领域的合作。[②]

在文化领域，一方面，提高相关机构检测、修复和保护文化遗产的能力，促使文化产业成为阿尔巴尼亚可持续发展和经济增长的动力。其中一项重要成果是，2019年，为已列入《世界遗产名录》的奥赫里德地区自然和文化遗产拓界，由原先的北马其顿奥赫里德湖区及其腹地，拓展至位于阿尔巴尼亚境内的奥赫里德湖区，以及位于该湖西北部的Lin半岛以及连接半岛与北马其顿边界的沿岸地区。[③] 另一方面，推进国家文化遗产研究所的档案数字化，包括古迹和遗址的技术档案、电影和胶片底片等，并制定档案紧急

[①] *Marreveshje kulturore*，阿尔巴尼亚文化部官网，https://kultura.gov.al/marreveshje-kulturore/。
[②] *UN Albania Annual Progress Report 2021*，联合国可持续发展集团官网，https://unsdg.un.org/zh/un-in-action/Albania。
[③] *Albania*，联合国教科文组织官网，https://whc.unesco.org/en/statesparties/al/。

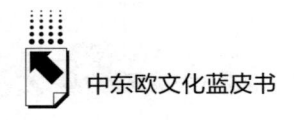

疏散协议，以更好地保护藏品。

在教育领域，阿尔巴尼亚在联合国的帮助和支持下，积极推广全纳教育，具体措施包括：计划和推行学前教育改革；为各教育阶段的教师提供培训，改进课堂教学实践；促进在线教育发展等。《2021年度进展报告》显示，2021年共开设20万节虚拟课程，其中包括专为视听障碍儿童提供的1000节视频课程，并新增了高质量的交互式学前课程。此外，通过阿尔巴尼亚广播电视台学校频道（RTSH Shkolla）为不具备设施和网络条件的1万名儿童提供在线课程。与此同时，为各个教育阶段的教师提供知识和技术培训，教授其如何运用技术手段提高学生的学习效果。

（二）加强地区文化交流与合作

自2014年成为欧盟候选国以来，阿尔巴尼亚积极开展与欧盟的文化合作。2015年，阿尔巴尼亚文化部与欧盟教育、视听和文化执行机构（EACEA）签署协议，参与"创意欧洲"计划，成立创意欧洲办公室（Creative Europe Desk）、文化办公室（Culture Desk）、媒体办公室（Media Desk）等机构，参与文化、媒体两个分支计划的活动，积极举办文化遗产、音乐、电影、图书等主题的文化活动。[1] 2021年，阿尔巴尼亚再次签署协议，在2021年至2027年继续参与"创意欧洲"计划，并新增参与跨部门分支计划的活动。[2] 2021年2月，阿尔巴尼亚文化部举办"创意欧洲的阿尔巴尼亚受益者，分享最佳实践和经验教训"主题会议，邀请2014~2020年"创意欧洲"计划的阿尔巴尼亚参与者分享经验，为后续活动提供参考。[3]

---

[1] *Creative Europe Marreveshja*，阿尔巴尼亚文化部官网，https：//kultura.gov.al/wp-content/uploads/2017/12/creative_europe_marreveshja.pdf。

[2] *Marreveshje Kulturore Evropa Krijuese*，阿尔巴尼亚文化部官网，https：//kultura.gov.al/wp-content/uploads/2022/09/Marreveshje-Kulturore-Evropa-Krijuese.pdf。

[3] "Albanian Beneficiaries in Creative Europe, sharing best practices and lessons learned"，阿尔巴尼亚文化部官网，https：//kultura.gov.al/albanian-beneficiaries-in-creative-europe-sharing-best-practices-and-lessons-learned/。

与此同时，阿尔巴尼亚致力于建设一个文化开放的巴尔干地区，包括：加强文化对话与交流；促进青年人才流动，提高国际竞争力；成立地区电影和戏剧共同制作基金；建立电影、戏剧、图书、文创等领域的巴尔干共同市场；保护著作权等。[1]

此外，阿尔巴尼亚还以欧洲地区为中心，积极举办和参与文化交流活动。2021年9月，第12届波格拉德茨国际艺术中心展（International Art Colony Pogradec）在阿尔巴尼亚文化名城波格拉德茨（Pogradec）举办，来自阿尔巴尼亚全国各地、科索沃地区和欧洲多个国家的画家作品参展。[2] 2021年10月，阿尔巴尼亚举办第19届地拉那国际电影节。尽管受到了疫情影响，但此次电影节仍有超3000部电影参与评选，较2020年有所增加。电影节共设置了最佳影片"金猫头鹰"奖、最佳短片、最佳导演等共计15个奖项，其中特别设置了最佳阿尔巴尼亚电影奖项，有12部影片参选，最终由贝纳尔特·拉泽（Benart Laze）导演的电影《迪斯科葬礼》（*Disco Funeral*）摘得。[3]

2021年5月，阿尔巴尼亚国家馆"在我们的家"（Në Shtëpinë Jonë）在威尼斯国际建筑双年展亮相，该馆由4位阿尔巴尼亚女性建筑师设计完成，围绕"我们将如何共居"这一主题，讲述阿尔巴尼亚与邻里的故事。几十年来，阿尔巴尼亚巨大的人口流动和城市结构变化，改变了街区面貌和邻里关系，而新冠肺炎疫情的暴发促使阿尔巴尼亚人开始反思与房屋、邻居之间的关系以及社区的重要性。[4] 2021年7月，阿尔巴尼亚民歌团体"夜莺"（Bilbili）参加了俄罗斯第六届世界民俗艺术节，展示了阿尔巴尼亚南部复调。富有魅力的阿尔巴尼亚民歌，以及具有鲜明民族特色的和弦曲

---

[1] *Fjala e Ministres së Kulturës, Elva Margariti*，阿尔巴尼亚文化部官网，https：//kultura.gov.al/fjala-e-ministres-se-kultures-elva-margariti/。

[2] *Hapet ekspozita "Pogradeci Art Colony 2021"*，kultplus，https：//www.kultplus.com/arti-pamor/hapet-ekspozita-pogradeci-art-colony-2021/。

[3] *Tirana International Film, risi dhe çmime*，国际在线阿尔巴尼亚语官网，http：//albanian.cri.cn/culture/more/3104/20211004/705900.html。

[4] *Bienalja e Venecias*，阿尔巴尼亚文化部官网，https：//kultura.gov.al/bienalja-e-venecias/。

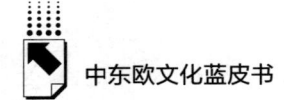

调、民间乐器、舞蹈和传统服饰，受到了广大观众的喜爱和高度赞扬。①
2021年11月，阿尔巴尼亚电影《两只前往威尼斯的狮子》（*Dy Luanë drejt Venecias*）参与角逐奥斯卡金像奖最佳国际影片。该影片由约尼德·约尔吉（Jonid Jorgji）担任导演和编剧，讲述两位阿尔巴尼亚电影制片人在前往威尼斯电影节的途中，偶遇两位意大利女演员，从而发生的一系列世界观碰撞的冒险经历。②

（三）拓展与中国的文化合作和人才交流

一直以来，文化交流是阿尔巴尼亚与中国的重点合作领域。20世纪六七十年代，两国在文化、教育、体育领域的合作与交流就非常密切，近年来，在"一带一路"倡议和中国—中东欧国家合作机制的背景下，阿尔巴尼亚进一步拓展与中国在教育、图书互译、旅游、体育等领域的文化合作和人才交流。

1. 教育

近年来，阿尔巴尼亚与中国高校之间的学术交流和人才合作不断加深。2017年4月，应北京外国语大学邀请，阿尔巴尼亚教育部副部长马拉伊率领阿教育代表团访华，其间，马拉伊与中国教育部就进一步推动两国教育合作交换意见。在访问北京外国语大学时，马拉伊表示，中阿两国友好交往源远流长，阿方希望以北外对口承办的地拉那大学孔子学院为纽带，开展更多教育交流项目。③ 2021年2月，阿尔巴尼亚开放与对话中心（COD）发起了"世界大学的阿尔巴尼亚语"系列推介项目，4月，该中心线上举办"世界大学的阿尔巴尼亚语——北京外国语大学"主题研讨会，来自阿尔巴尼亚

---

① *Perlat e polifonisë shqiptare në Folkloriadën VI Botërore në Rusi*，国际在线阿尔巴尼亚语官网，http：//albanian.cri.cn/news/region/3126/20210716/689097.html。
② *Shqipëria konkurron në "Oscar" me "Dy Luanë drejt Venecias"*，国际在线阿尔巴尼亚语官网，http：//albanian.cri.cn/news/region/3126/20210925/704221.html。
③ 《阿尔巴尼亚教育部副部长马拉伊率团访华》，中国驻阿尔巴尼亚大使馆官网，http：//al.china-embassy.gov.cn/chn/zagx/zajw/201704/t20170407_2532085.htm。

各地高校和北京外国语大学的阿语专业师生代表就教学、科研、学习等展开交流。① 中国大使奖学金是中国驻阿尔巴尼亚大使馆为有志到中国学习的阿尔巴尼亚学生设立的奖学金，2021年4月，使馆举行2020年度中国大使奖学金颁发仪式，此次获奖者共计30位，他们来自地拉那大学孔子学院、时代大学、地拉那理工大学等高校及开设汉语课程的中小学和语言学校，通过遴选，他们将在线上参与中国高校的课程学习。②

2. 图书互译

2015年4月，中国国家新闻出版广电总局与阿尔巴尼亚出版商协会签署了《中阿经典图书互译出版项目合作协议》。双方约定，自2015年起的五年内互译25部经典文学作品，促进两国的翻译出版交流。2017年，《中国历史十五讲》《红高粱家族》《中国经济改革发展之路》等书的阿尔巴尼亚文版译者伊利亚兹·斯巴修获得第11届中华图书特殊贡献奖。2018年，出版了阿尔巴尼亚文版《习近平经典引句解读》《中国经济改革发展之路》《丝路上的茶文化》等重要图书的奥努夫里出版社社长胡泽里获得第12届中华图书特殊贡献奖。截至2021年底，已有22部阿尔巴尼亚文书籍的中文版在中国出版发行，涵盖经济、历史、文化、文学等领域的知名作家作品，③ 项目成果丰硕，两国知识界、文化界和出版界建立了良好的双向合作机制。

3. 旅游

近年来，阿尔巴尼亚在旅游领域展现出积极的合作意愿。2017年5月，阿尔巴尼亚国家旅游局局长乔拉库表示，阿方愿与中方着力加强旅游领域的合作，联合周边国家重点开发中国市场，同时希望在中文旅游导引资料翻译

---

① *Qendra për Hapje dhe Dialog，webinar për Katedrën e Gjuhës Shqipe në Pekin*，国际在线阿尔巴尼亚语官网，http：//albanian.cri.cn/news/region/3126/20210414/649698.html。
② *Ambasadori Zhou Ding u jep studentëve të shkëlqyer shqiptarë Bursën e Ambasadorit*，国际在线阿尔巴尼亚语官网，http：//al.china-embassy.org/eng/zagx/zajw/202104/t20210428_9046516.htm。
③ 《中阿互译项目〈红楼梦〉〈道德经〉〈孙子兵法〉在阿尔巴尼亚成功发布》，外语教学与研究出版社官网，https：//www.fltrp.com/c/2022-01-07/509189.shtml。

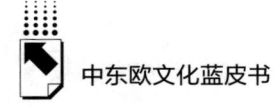

编辑，以及导游设施等方面得到中方的帮助。① 7月，阿尔巴尼亚旅游和环境部部长布兰迪·克洛西表示，阿方非常有兴趣吸引庞大的中国游客群体，愿加强两国政府和企业间的对接，推动包机游和旅游基础设施合作等具体项目的实施，进一步优化签证便利措施，力争将阿国打造成中国游客访欧的重要目的国之一。② 2018年，基于两国人力资源开发合作谅解备忘录，双方决定在华举办旅游管理及导游研修班、行政管理研修班。阿方表示，将与中方同行联手打造中阿特色旅游，促进两国旅游合作步入健康快速发展的新阶段。③ 2019年，阿尔巴尼亚决定对短期赴阿中国公民实施单方面免签政策，自3月1日至10月31日，中国公民赴阿旅游或短期访问，180天内累计停留期限不超过90天，可免办签证入境。④ 2021年10月，中国国务委员兼外长王毅访问阿尔巴尼亚，双方外长在会谈中谈及了中国对阿游客实行免签的问题，并表示愿意进一步扩大文化交流。⑤

4. 体育

2021年5月，阿尔巴尼亚国家奥林匹克委员会主席于利和滑雪联合会主席托齐与中国驻阿尔巴尼亚大使周鼎举行会面。于利表示，阿方愿与中方加强双边和多边框架下的体育交流合作，携手宣传冬奥会和奥运精神，共同推动两国体育事业发展。托齐也表示，阿尔巴尼亚滑雪联合会愿与中国滑雪协会等相关机构加强在冬季运动项目发展、运动员培训等方面的交流互鉴，

---

① 《驻阿尔巴尼亚大使姜瑜走访阿国家旅游局》，中国驻阿尔巴尼亚大使馆官网，http://al.china-embassy.gov.cn/chn/zagx/zajw/201705/t20170517_2532098.htm。
② 《驻阿尔巴尼亚大使姜瑜会见阿旅游和环境部部长》，中国驻阿尔巴尼亚大使馆官网，http://al.china-embassy.gov.cn/chn/zagx/zajw/201710/t20171011_2532135.htm。
③ 《人力资源培训助力中阿旅游合作》，中国驻阿尔巴尼亚大使馆官网，http://al.china-embassy.gov.cn/chn/zagx/zajw/201805/t20180505_2532201.htm。
④ 《关于2019年旅游旺季中国公民免签入境阿尔巴尼亚相关事项的重要提醒》，中国驻阿尔巴尼亚大使馆官网，http://al.china-embassy.gov.cn/chn/lsfw/lstx/201904/t20190403_2531520.htm。
⑤ *Ministrja për Evropën dhe punët e jashtme e Shqipërisë pret Këshilltarin e shtetit dhe ministrin e jashtëm të Kinës Wang Yi*，国际在线阿尔巴尼亚语官网，http://albanian.cri.cn/news/region/3126/20211029/711458.html。

助力提升两国冬季运动项目竞技水平。① 2021 年 12 月，阿尔巴尼亚教育和体育部部长库希与周鼎大使举行会面，库希表示，阿方愿与中方密切合作，通过科教机构交流、互派留学生、举办体育训练营等，共同把两国教育、体育等领域的巨大合作潜力转化为实实在在的合作成果。②

五　总结与展望

（一）回顾2021年：恢复的一年

新冠肺炎疫情和大地震对阿尔巴尼亚文化发展的影响不言而喻。2021年是"恢复的一年"，伴随着地震灾后重建、疫苗接种工作的稳步推进和疫苗接种凭证的运用，阿尔巴尼亚文化发展逐步重回正轨。

就文化活动形式而言，在遵守疫情防控要求的前提下，阿尔巴尼亚文化机构逐步开放，聚集性文化活动有序回归线下开展，举办了一系列歌剧、舞剧、画展、书展等大众喜闻乐见的活动。阿尔巴尼亚统计局数据显示，2021 年中央艺术机构③共举办展览和首映 512 场，较去年增加 56%，参与人数达 38091 名。④

就文化活动内容而言，物质和非物质文化遗产的传承和保护成为阿尔巴尼亚 2021 年文化工作的重点。在《2019—2025 年阿尔巴尼亚国家文化战略》的指导和美国、土耳其、欧盟、联合国教科文组织等国家和国际组织的支持下，阿尔巴尼亚积极恢复和推进考古挖掘工作；修复重建了多处建筑遗产，非物质文化申遗工作也取得重要进展；探索遗产和文化景观保护新路

---

① *Ambasadori kinez Zhou Ding takohet me presidentin e KOKSH-it dhe kreun e Federatës Shqiptare të Skive*，国际在线阿尔巴尼亚语官网，http：//albanian.cri.cn/news/region/3126/20210513/662577.html。

② *Ambasadori kinez Zhou Ding dhe ministrja Evis Kushi zhvilllojnë takim*，国际在线阿尔巴尼亚语官网，http：//albanian.cri.cn/news/region/3126/20211213/721558.html。

③ 包含国家人民剧院、国家实验剧院、国家歌剧院和芭蕾舞剧院、国家儿童文化中心、国家马戏团。

④ *Statistikat e Kulturës 2021*，阿尔巴尼亚统计局官网，http：//www.instat.gov.al/al/temat/treguesit-demografik%C3%AB-dhe-social%C3%AB/kultura/。

径，通过数字化手段优化遗产档案的保存；优化史迹所在地及周边的服务和基础设施，推进城市文旅融合发展。2021年，博物馆、城堡和考古公园的游客人数达423565人，较2020年翻了两倍多；其中39.8%是外国人①，较2020年增加了约13.7万人②。此外，2021年阿尔巴尼亚政府加大对文学创作的支持力度，为优秀的作家和翻译家提供资金支持；学术交流与合作的领域不断拓展，进一步促进了良好学术氛围的形成。

（二）2022年关键词：文化遗产、数字化和对外交流

文化遗产、数字化和对外交流将成为2022年阿尔巴尼亚文化发展的三大关键词。2021年议会大选中埃迪·拉马（Edi Rama）领导的社会党获胜，在议会的140个席位中赢得74席，获单独组阁权。9月17日，阿尔巴尼亚议会批准了总理候选人埃迪·拉马提名的新内阁成员名单和政府施政方案，阿尔巴尼亚文化部将继续在艾尔娃·马加里蒂（Elva Margariti）的带领下推进工作。文化方面，新施政方案着重强调两点：一是加大古迹保护资金投入，修建文化场所，保护传统文化；二是推进服务现代化和数字基础设施建设，计划到2030年在行政、生活等方面实现全数字化。③ 此外，文化部部长艾尔娃·马加里蒂宣布，2022年阿尔巴尼亚将推进国际文化周项目，该项目将为阿尔巴尼亚带来世界不同国家的文化、色彩和气味④。国际文化周活动贯穿全年，将在地拉那、发罗拉、斯库台、吉诺卡斯特、培拉特等多个重要城市举办，以展示不同国家的传统文化，凸显文化多样性，创造文化交流与合作的空间。

---

① *Statistikat e Kulturës 2021*，阿尔巴尼亚统计局官网，http：//www.instat.gov.al/al/temat/treguesit-demografik%C3%AB-dhe-social%C3%AB/kultura/。
② *Statistikat e Kulturës 2020*，阿尔巴尼亚统计局官网，http：//www.instat.gov.al/media/8573/statistika-te-kultures-2020.pdf。
③ *Programi i Qeverisës 2021-2025*，阿尔巴尼亚总理府官网，https：//www.kryeministria.al/wp-content/uploads/2021/10/Programi_Qeverises_2021-2025.pdf。
④ *Prezantohet projekti për Javët e Kulturës Europiane*，国际在线阿尔巴尼亚语官网，https：//albanian.cri.cn/news/region/3126/20220119/729676.html。

2022年阿尔巴尼亚政府将给予文化发展更多重视和支持，文化部年度预算较2021年增加46.6%[①]。通过公开征集与筛选，政府计划为185个艺术、遗产保护和文化数字化领域的重大项目提供资金支持[②]。

具体而言，在文化基础设施建设方面，2022年阿尔巴尼亚将推进新国家剧院、地拉那艺术大学音乐厅、国家美术馆的改造和重建。同时，支持"文化公园"项目建设和都拉斯圆形剧场的修复。文化遗产数字化相关项目最多，占2022年文化部所有支持项目的22.2%。[③]

在对外文化交流方面，国际文化周项目的提出和推进彰显了阿尔巴尼亚政府对促进文化交流与文明互鉴的积极态度。2021年2月9日，中国—中东欧国家领导人峰会以视频方式顺利召开。10月29日，中国国务委员兼外交部部长王毅访问阿尔巴尼亚，其间分别会见了时任阿总统梅塔、总理拉马和外长扎奇卡，双方就中国—中东欧国家合作机制进行谈话，表达了继续扩大和深化两国文化合作的愿望。[④] 阿尔巴尼亚汉学家、翻译家伊利亚兹·斯巴修（Iljaz Spahiu）表示，中东欧国家与中国之间的传统友谊，为相互间的文化交流与合作注入了丰富内涵。[⑤] 在"一带一路"倡议和中国—中东欧国家合作机制的助推下，中阿文化领域的合作将有巨大发展空间，日益丰富的人文交流也将成为中国—中东欧国家合作提质升级的积极推动力和维系两国人民友好感情的强劲纽带。

---

① *Buxheti 2022 për kulturën, prioritet Teatri i ri*, 阿尔巴尼亚通讯社官网，https://ata.gov.al/2021/11/06/buxhetin-2022-per-kulturen-prioritet-teatri-i-ri/。
② *Mbështetje financiare 185 projekteve në art, trashëgimi e digjitalizim*, 阿尔巴尼亚通讯社官网，https://ata.gov.al/2022/02/16/mbeshtetje-financiare-185-projekteve-ne-art-trashegimi-e-digjitalizim/。
③ *Projektet e 2022, Agim Janina: Ministria e Kulturës mungesë transparence dhe neglizhente ndaj arteve*, 今日报网，https://sot.com.al/kultura/projektet-e-2022-agim-janina-ministria-e-kultures-mungese-transparence-d-i495093。
④ *Ministrja për Evropën dhe punët e jashtme e Shqipërisë pret Këshilltarin e shtetit dhe ministrin e jashtëm të Kinës Wang Yi*, 国际在线阿尔巴尼亚语官网，http://albanian.cri.cn/news/region/3126/20211029/711458.html。
⑤ 《中国—中东欧文化交流走深走实》，中华人民共和国中央人民政府门户网站，http://www.gov.cn/xinwen/2021-02/16/content_5587251.htm。

B.6
2021年斯洛文尼亚文化发展报告

马曼露*

摘　要： 作为斯拉夫语、日耳曼语和罗曼语语言和文化的交汇点，以及欧洲文化一体化进程中的欧盟成员国，斯洛文尼亚将文化遗产、斯洛文尼亚语、档案、图书馆、创意、普雷舍伦奖、媒体和文化多样性等列为斯洛文尼亚文化发展的重点领域。2021年正值斯洛文尼亚担任欧盟轮值主席国，在此期间，斯洛文尼亚为欧盟在创意、文化权利和文化遗产方面提供可持续解决方案并且寻求发展突破；滋养文化创新潜力；注重高品质建筑和环境营造；提高欧洲视听和媒体内容的普及性和竞争力；发展文化多样性。在具体政策成果方面，通过了关于高质量建筑和新欧洲包豪斯倡议以及关于欧洲视听和媒体内容的结论。在对外文化交流方面，在欧盟框架中，斯洛文尼亚在多边和双边层面上的文化合作与交流很活跃，同时在世界文化平台上积极发声，并稳步发展与中国的文化交流与合作。未来斯洛文尼亚将继续重视文化和语言的重要性，多方合力加大对文化遗产的保护和管理力度，提高国际文化合作水平和国家文化知名度。

关键词： 斯洛文尼亚　欧盟　文化发展

---

* 马曼露，广东外语外贸大学西方语言文化学院塞尔维亚语专业讲师，主要研究方向为巴尔干区域与国别研究。

一　斯洛文尼亚的基本国情及其文化发展重点

斯洛文尼亚共和国（下文简称斯）位于欧洲中南部，巴尔干半岛西北端，面积2.03万平方公里，人口211万。主要民族为斯洛文尼亚族，约占83%，少数民族有塞尔维亚族、克罗地亚族、匈牙利族和意大利族等。斯洛文尼亚历来是斯拉夫语、日耳曼语和罗曼语语言和文化的交汇点[1]，其官方语言是斯洛文尼亚语，主要宗教为天主教。斯洛文尼亚拥有良好的工业和科技基础、现代化的经济和产业结构，在汽车制造、高新技术、电气、制药等领域具有一定优势，其森林和水力资源也很丰富，森林覆盖率66%。[2] 2021年国内生产总值（GDP）约522亿欧元，人均GDP为24770欧元。[3] 斯洛文尼亚是一个发达国家，作为高收入经济体在人类发展指数中名列前茅[4]，基尼指数将其列为世界上收入不平等程度最低的国家之一。[5] 它是联合国、欧盟、欧元区、申根区、欧安组织、经合组织、欧洲委员会和北约成员。[6]

斯洛文尼亚文化部是斯洛文尼亚政府（下文简称斯政府）主要在艺术、文化、文化遗产、媒体、斯洛文尼亚语、宗教自由、文化多样性和人权等领域履行职责的国家行政机关之一。该部确保为国家文化发展提供支持性环境，鼓励公共文化机构、非政府组织和文化个体经营者的文化创造，同时还负责组织各类国家仪式。文化部内设部长办公室、公共关系办公室、创意

---

[1] Černe, Andrej (2004). Orožen Adamič, Milan (ed.). *Gateway to Western, Central, and Southeastern Europe*. Slovenia：A Geographical Overview. Association of the Geographical Societies of Slovenia. p. 127.

[2] 《斯洛文尼亚国家概况》，中华人民共和国外交部官网，2022年6月，https：//www.mfa.gov.cn/web/gjhdq_676201/gj_676203/oz_678770/1206_679738/1206x0_679740/。

[3] 《GDP和经济增长》，斯洛文尼亚国家统计局，2023年2月23日，https：//www.stat.si/StatWeb/en/Field/Index/1/29。

[4] "Slovenia Economy：Population, GDP, Inflation, Business, Trade, FDI, Corruption". *The Heritage Foundation*. 24 January 2021. Retrieved 16 June 2021.

[5] "Gini index (World Bank estimate) | Data". *data.worldbank.org*. Retrieved 21 July 2021.

[6] 《国际组织和国际法》，斯洛文尼亚政府官网，2021年1月22日，https：//www.gov.si/en/policies/foreign-affairs/international-organisations-and-international-law/。

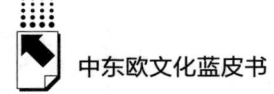

司、文化遗产司、媒体司、文化多样性和人权服务司、欧洲事务和国际合作司、斯洛文尼亚语服务司、内部审计服务司和秘书处。部内另设斯洛文尼亚共和国文化和媒体监察局和斯洛文尼亚共和国档案馆。斯洛文尼亚文化部2021年的工作重点涉及文化遗产、斯洛文尼亚语、档案、图书馆、创意、普雷舍伦奖、媒体和文化多样性八大领域，代表着斯洛文尼亚文化发展的重点方向。

（一）文化遗产

斯洛文尼亚拥有丰富多样的文化遗产和悠久的文化遗产保护传统。在2017年的"欧洲晴雨表"调查中，92%的斯洛文尼亚人肯定文化遗产对国家的重要性，76%的受访者为其拥有的共同文化遗产感到自豪。斯洛文尼亚政府通过所有相关公共机构和个体间的协调合作，对文化遗产进行综合保护工作，并将文化遗产知识纳入各层级的教育和培训计划中。斯洛文尼亚政府对于文化遗产的保护目标是提高公民对文化遗产之于社会价值的认识并提高其普识性，鼓励个人、社区积极参与文化遗产活动，同时提高斯洛文尼亚的文化遗产在国内和国际的认知度。

在具体措施上，斯政府促进遗产的多样化再利用及其潜力开发，完善文化遗产保护相关法律，确保公共遗产保护部门的政务能力和效率，提高政府部门间的合作。① 斯洛文尼亚还积极参加欧洲范围内关于文化遗产议题的国际会议，例如参加了由Europa Nostra②与欧盟委员会合作于2021年9月21日至24日在威尼斯举办的欧洲遗产峰会。该峰会重点讨论了在新冠肺炎疫情后文化和文化遗产对社会复苏的潜力。其间斯文化部部长瓦斯科·西蒙尼蒂（Vasko Simoniti）还出席了2021年欧洲遗产奖和欧洲遗产政策论坛"从

---

① 《文化遗产》，斯洛文尼亚政府官网，2022年4月11日，https：//www.gov.si/en/policies/culture/cultural-heritage/。
② Europa Nostra（意大利语为"我们的欧洲"），于1963年11月29日在巴黎成立，是一个泛欧致力于保护欧洲文化和自然遗产的公民组织。它覆盖40多个国家，被公认为欧洲最大、最具代表性的遗产网络，与欧盟委员会、联合国教科文组织和其他国际机构都保持着密切联系。

新欧洲包豪斯到新欧洲文艺复兴"活动。① 这些会议和活动促进了围绕可持续发展背景下的文化遗产和欧洲未来的政策辩论。

（二）斯洛文尼亚语

斯洛文尼亚政府重视对斯洛文尼亚语的保护，并努力保持其使用活力。为此政府设立了斯洛文尼亚语言政策中心，该中心目标是建立一个具有斯洛文尼亚语高级语言能力，掌握其他语言，同时具有高度语言自信以及接受语言文化多样性的自主发言者社区。基于国家对语言问题的重视，斯洛文尼亚共和国政府于2014年任命了一个部际工作组来监督国内语言政策的执行情况。除了在本国内保护语言的发展，政府还主张在邻国的斯洛文尼亚语社区加强使用斯洛文尼亚语的权利，以及斯洛文尼亚语作为欧盟官方语言之一使用者的权利。②

（三）档案

斯洛文尼亚政府认为档案记录是文化发展的重要组成部分，既是文化遗产也是国家记忆。斯洛文尼亚政府对其公共档案馆的资助使对于国家以及人民具有重要意义的档案记录得以保存并具有可访问性。

由于对纸质档案的使用过于频繁或仅仅被时间的"摧残"，斯政府也同样重视纸质档案的数字化工作。通过这种方式，当用户访问数字副本时，独特珍贵的原件得以完好保存下来。在电子档案记录（eAG）领域，斯洛文尼亚档案馆不仅在数字原生记录立法方面，还在实际解决方案方面取得了重大进展。在名为e-ARH.si系统的项目里，斯政府正在创建斯洛文尼亚电子档案，以收集和保存电子档案记录并提供开放门户。在该系统

---

① 《斯洛文尼亚作为欧盟轮值主席国的部分文化活动》，斯洛文尼亚政府官网，https://www.gov.si/en/registries/projects/slovenian-presidency-of-the-council-of-the-eu-2021/aktivnosti-ministrstva-za-kulturo/。

② 《斯洛文尼亚语》，斯洛文尼亚政府官网，2022年6月22日，https://www.gov.si/en/policies/culture/slovenian-language/。

的进一步开发中，档案将侧重于长期保存各种 eAG 类型，如数据库、视听内容、电子邮件、网站、社交网络、空间数据和 3D 模型等。值得一提的是，在开发该系统时，斯洛文尼亚公共档案馆遵循欧洲和国家互操作性框架要求，使欧盟和具体成员国层面的数据交换成为可能。① 除了系统开发，包括斯洛文尼亚在内的欧盟国家也定期举行会议共商共建。2021 年 11 月 4 日，斯洛文尼亚共和国档案馆在卢布尔雅那展览会议中心组织了两次针对欧洲档案当前问题的讨论，上午召开了欧洲档案组织（EAG）第 29 次会议，下午召开了欧洲国家档案工作者委员会（EBNA）第 42 次董事会议。②

（四）图书馆

除国家和大学图书馆的日常运营外，斯政府还负责建设斯洛文尼亚数字图书馆门户网站。该网站提供科学、艺术和文化领域的广泛数字内容信息，并以数字形式保存斯洛文尼亚的书面文化遗产。作为一种在线信息来源，它成为现代教育和科学研究的得力工具，是信息社会发展的基石之一。该门户网站广泛连接了创建数字内容的文化、科学和教育机构，斯洛文尼亚数字图书馆也是欧洲数字图书馆门户网站③的积极合作伙伴。④ 2021 年 12 月 2~3 日，由欧洲数位图书馆（Europeana）⑤和斯文化部共同组织的"鼓励包容性——数字文化遗产的合作方法"国际会议在线上举行。与会专家以各种

---

① 《档案》，斯洛文尼亚政府官网，2019 年 6 月 29 日，https://www.gov.si/en/policies/culture/archives/。
② 《斯洛文尼亚作为欧盟轮值主席国的部分文化部活动》，斯洛文尼亚政府官网，2022 年 3 月 14 日，https://www.gov.si/en/registries/projects/slovenian-presidency-of-the-council-of-the-eu-2021/aktivnosti-ministrstva-za-kulturo/。
③ 参见 https://www.europeana.eu/en。
④ 《图书馆》，斯洛文尼亚政府官网，2021 年 11 月 30 日，https://www.gov.si/en/policies/culture/libraries/。
⑤ 欧洲数位图书馆是一个互联网站点，它展示了无数被欧洲联盟数字化的书籍、绘画、电影、博物馆藏品和音频档案。

方式达成了会议的共识，即文化机构的建设重点，例如文化产品数字化领域，必须重视用户反馈。①

（五）创意

截止到2021年底，斯洛文尼亚登记在册的音乐从业者共1153名，舞蹈从业者共275名。② 以博物馆和画廊行业为例，如图1和图2所示，继2020年受新冠肺炎疫情重创后，博物馆和画廊业在2021年逐步复苏，该年度斯洛文尼亚的博物馆和画廊共设1093个展览，比2019年减少22%，博物馆和画廊的参观人数仍只有2019年的一半左右。③

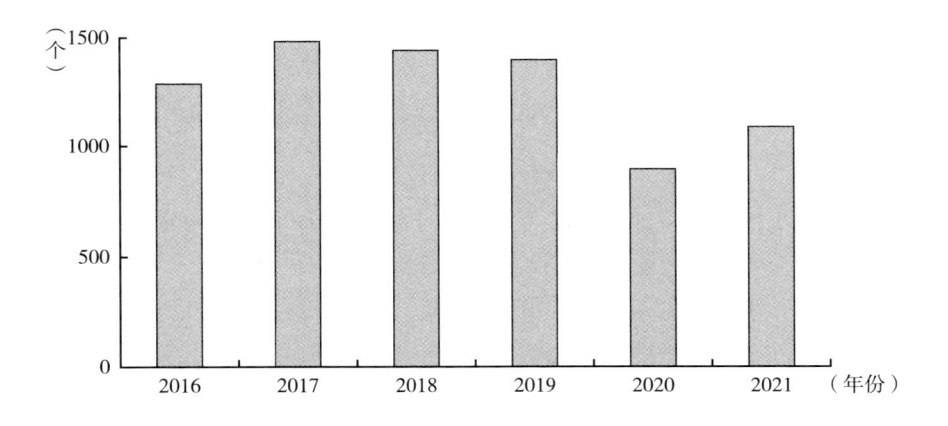

图1 斯洛文尼亚博物馆和画廊展览数量

资料来源：斯洛文尼亚国家统计局官网。

---

① 《斯洛文尼亚作为欧盟轮值主席国的部分文化部活动》，斯洛文尼亚政府官网，2022年3月14日，https：//www.gov.si/en/registries/projects/slovenian-presidency-of-the-council-of-the-eu-2021/aktivnosti-ministrstva-za-kulturo/。

② 《音乐节》，斯洛文尼亚政府官网，2022年6月17日，https：//www.stat.si/StatWeb/File/DocSysFile/11907/sl-praznik-glasbe-2022.pdf。

③ 《博物馆和画廊的参观者人数仍是2019年的一半》，斯洛文尼亚国家统计局官网，2022年8月12日，https：//www.stat.si/StatWeb/News/Index/10478。

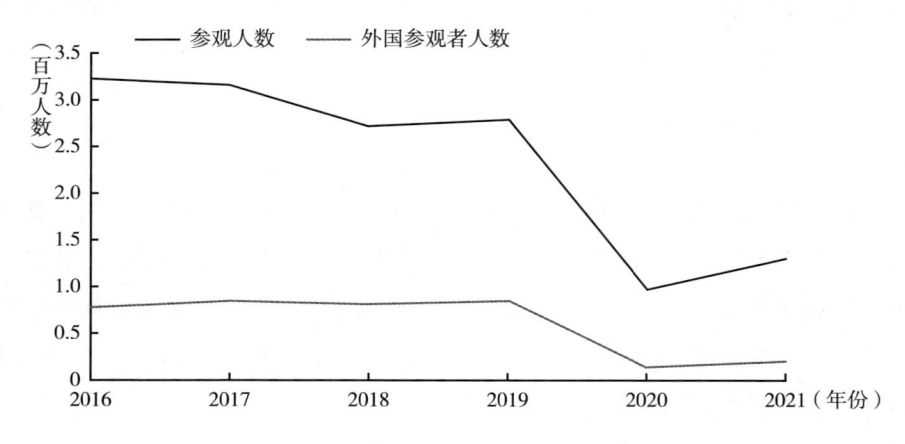

图2　斯洛文尼亚博物馆和画廊的参观人数

资料来源：斯洛文尼亚国家统计局官网。

斯洛文尼亚政府除了努力促进文化创意产业回暖外，还努力将斯洛文尼亚创意文化推广到国外。例如斯政府会通过在柏林、伦敦、纽约和维也纳的艺术家驻地为斯洛文尼亚艺术家提供住宿和艺术创作方面的资助，并确保斯洛文尼亚创意在最著名的国际文化活动中亮相。

在电影和视听文化领域，斯政府推动电影和视听领域各个环节的发展，包括电影和音像制作、合作拍摄和部分推广发行的财政支持和奖励，涵盖本国、欧洲和世界高品质电影的制作、推广、发行和放映全链条。另一个举措是关注电影文化遗产，包括电影和视听作品的数字化。①

（六）普雷舍伦奖

普雷舍伦奖（Prešeren Awards）和普雷舍伦基金奖（Prešeren Fund Awards）是斯洛文尼亚对艺术创作领域成就的最高认可。普雷舍伦奖授予对永久丰富斯洛文尼亚文化遗产有终生贡献的艺术家。普雷舍伦基金奖授予在获奖前三

---

① 《创意》，斯洛文尼亚政府官网，2019年9月2日，https：//www.gov.si/en/policies/culture/creativity/。

年内向公众展示并以杰出艺术成就为斯洛文尼亚文化遗产做出贡献的艺术家。

在斯洛文尼亚，文化领域贡献奖的颁发可以追溯到1946年。根据1955年通过的一项法案，该奖项以斯洛文尼亚最伟大的诗人弗朗斯·普雷舍伦（France Prešeren）的名字命名。最初，奖项不仅颁发给艺术家，还颁发给院士、科学家、研究人员和创新者。自1961年以来，奖项分为普雷舍伦奖和普雷舍伦基金奖，仅用于艺术创作的奖励。①

（七）媒体

高质量的媒体是文化发展的核心。通过向媒体提供财政支持，斯洛文尼亚政府制定和实施了与媒体有关的法规，并计划和实施措施来保护媒体的多样性，以确保在斯洛文尼亚全境，人们能够从不同来源获得足够客观的信息。

斯洛文尼亚媒体和信息提供领域的公共机构为斯洛文尼亚国家广播电视台RTV Slovenia（RTV SLO）②和斯洛文尼亚新闻社（STA）③。斯洛文尼亚国家广播电视台是该国重要的公共文化机构，它负责原创视听制作、教育节目内容、儿童和青少年节目以及媒体教育。独立的国家监管机构——斯洛文尼亚共和国通信网络和服务局（AKOS）负责监管电子通信和视听媒体服务市场。斯洛文尼亚共和国广播委员会（SRDF）作为一个独立的专家机构，主要向上述机构提供意见、建议和评估，其次是向文化部提供意见、建议和评估。④

（八）文化多样性

斯洛文尼亚政府重视文化的多样性，认为它是社会可持续发展的主要动力。斯洛文尼亚政府的主要目标是保护和促进文化多样性，为文化繁荣创造条件，鼓励不同文化间的相互借鉴和对话，提高人们对尊重文化多样性和重

---

① 《普雷舍伦奖》，斯洛文尼亚政府官网，2022年2月23日，https://www.gov.si/en/policies/culture/preseren-awards/。
② 参见https://www.rtvslo.si/。
③ 参见https://english.sta.si/。
④ 《媒体》，斯洛文尼亚政府官网，2021年6月29日，https://www.gov.si/en/policies/culture/media/。

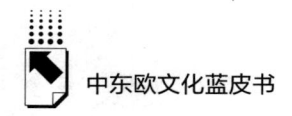

要性的认识，以促进社会凝聚力。

为达到这个目标，文化多样性和人权服务司致力于促进机会均等、发展少数民族文化内容和包容的公民社会。该部门还制定和实施各种措施，例如针对各少数民族社区公民的特别政策，制定和实施使公民参与文化生活的融合政策以及提高弱势群体就业能力的政策。①

二 斯洛文尼亚当值欧盟轮值主席国期间在文化领域的发展表征及成果

2021年下半年斯洛文尼亚担任欧盟轮值主席国，在该年度斯洛文尼亚领导欧盟在文化领域致力于以下五个方面的发展，并在共同文化政策制定上也取得了一定成果。

第一，在创意、文化权利和文化遗产方面提供可持续解决方案并且寻求发展突破。广泛的创造力、文化权利和遗产是制定可持续解决方案和欧盟发展突破的核心起点，创意作品也可成为欧盟价值观的艺术体现。2021年7月至2021年12月，斯洛文尼亚著名艺术家阿兰·赫拉尼特利（Alan Hranitelj）与著名布景设计师马尔科·贾佩利（Marko Japelj）合作献上"疯帽匠的衣橱——阿兰·赫拉尼特利回顾展览"，艺术家们通过这些照片以自己独特的方式表达了欧盟的座右铭"在多样性中团结"。② 该展览不仅是对服装设计的展示，也是雕塑艺术和绘画想象力的杰出体现。③

第二，培育文化创新潜力。斯洛文尼亚将文化描述为构建欧盟绿色和数

---

① 《文化多样性》，斯洛文尼亚政府官网，2019年7月2日，https://www.gov.si/en/policies/culture/cultural-diversity/。
② 《阿兰·赫拉尼特利的"疯帽匠的衣橱"展览》，斯洛文尼亚政府官网，2022年1月19日，https://www.gov.si/en/registries/projects/omara-norega-klobucarja-razstava-alana-hranitelja/。
③ 《在布鲁塞尔欧盟理事会总部的阿兰·赫拉尼特利展览》，斯洛文尼亚政府官网，2021年7月13日，https://www.gov.si/en/news/2021-07-13-exhibition-by-alan-hranitelj-at-the-headquarters-of-the-council-of-the-european-union-in-brussels/。

字未来的重要参与者，并且重视将创新潜力融入文化，让文化输出与创意作品相结合。2021年7月1日，沃特曼芭蕾舞剧的首演标志着斯洛文尼亚担任欧盟轮值主席国的开始。受到斯洛文尼亚神话主题和弗朗斯·普雷舍伦关于"水人"民谣的启发，作者以其真诚的哲学芭蕾语言对斯洛文尼亚身份的起源和各类欧洲神话的开端进行探索。①

第三，注重高品质建筑和环境营造。斯洛文尼亚提倡新欧洲生活，特别强调在建筑解决方案中突出以传统为基础并以现代技术为支持的高品质生活，这与欧盟委员会草拟的"新欧洲包豪斯"倡议相契合。为体现该主题的重要性，虚拟展览"斯洛文尼亚现代建筑先驱——法比亚尼（Fabiani）、普莱奇尼克（Plečnik）和维尔尼克（Vurnik）——新民主的形式"于2021年5~12月在社交渠道和文化部网站展出。②

第四，提高欧洲视听和媒体内容的普及性和竞争力。欧洲视听和媒体行业的一大优势在于其独创性和创造力，振兴视听行业可以为欧洲创意工作者进入全球市场提供更多机会并提高竞争力，同时也能为公民争取获得高质量、文化和语言多样化内容的机会，电影作为这一议题的重要构成首先被予以重视。2021年12月2日，斯洛文尼亚电影回顾展在布鲁塞尔举行，来自斯洛文尼亚电影宝库的10部长篇经典作品，从默片到当代的制作，在比利时皇家电影档案馆上映，值得记录的是回顾展放映了斯洛文尼亚首部无声长片《金角国》（*V kraljestvu Zlatoroga*）。该回顾展得到了斯洛文尼亚共和国文化部的支持，并对斯洛文尼亚社会和历史发展进行了回顾。③

第五，发展文化多样性。欧盟现今有很多支持视听部门的机制，例如

---

① 《布莱德岛上的沃特曼芭蕾》，斯洛文尼亚政府官网，2022年1月19日，https://www.gov.si/en/registries/projects/balet-povodni-moz/。
② 《斯洛文尼亚现代建筑的先驱——Fabiani、Plečnik和Vurnik——新民主的形式》，斯洛文尼亚政府官网，2022年1月19日，https://www.gov.si/en/registries/projects/pionirji-slovenske-sodobne-arhitekture-fabiani-plecnik-in-vurnik-oblike-za-novo-demokracijo/。
③ 《斯洛文尼亚电影宝库的十部经典作品将于12月在布鲁塞尔上映》，斯洛文尼亚政府官网，2021年11月28日，https://www.gov.si/en/news/2021-11-28-ten-classics-from-the-slovenian-film-treasury-to-be-shown-in-brussels-in-december/。

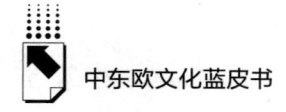

"创意欧洲2021—2027计划"（Creative Europe 2021—2027 Programme）等。文化、语言和创作自由是欧洲身份的基础，而欧盟文化多样性是这些机制运行的根基。2021年9月8日著名的女中音歌唱家贝尔纳达·芬克（Bernarda Fink）和男中音马科斯·芬克（Marcos Fink）在布鲁塞尔Bozar艺术中心举行"无国界之歌"音乐会，向包括斯洛文尼亚在内的欧洲和阿根廷音乐和诗歌中的杰出成就致敬。斯洛文尼亚文化部国务秘书伊格内修斯·弗里德尔·贾克（Ignacija Fridl Jarc）表示此次音乐会对文化多样性的开放和接受是欧洲一体化的最大成就和未来的前景。在演出中，歌手们由优秀的克罗地亚—斯洛文尼亚钢琴家弗拉基米尔·米利纳里奇（Vladimir Mlinarić）伴奏。①②

在具体政策成果方面，斯洛文尼亚作为欧盟轮值主席国最大的成就之一就是在2021年11月30日由斯洛文尼亚文化部部长法斯科·西蒙尼蒂在布鲁塞尔主持的欧盟文化、视听事物和媒体部长会议上通过的若干结论文件。在多次的讨论会议后通过了《关于高质量建筑和新欧洲包豪斯③倡议的结论》（Conclusions on High-quality Architecture and the New European Bauhaus initiative）以及《关于欧洲视听和媒体内容的结论》（Conclusions on European Audiovisual and Media Content）。部长理事会的结论不是立法行为，而是激励成员国和欧盟委员会继续监督已经采取的措施或机制，以及采用新的措施。

《关于高质量建筑和新欧洲包豪斯倡议的结论》是朝着实施《欧洲绿

---

① 《由贝尔纳达和马科斯·芬克演绎的鼓舞人心的独奏之夜》，斯洛文尼亚政府官网，2021年9月9日，https://www.gov.si/en/news/2021-09-09-an-inspiring-evening-of-solos-interpreted-by-bernarda-and-marcos-fink/。

② 《无国界音乐会歌曲：贝尔纳达和马科斯·芬克》，斯洛文尼亚政府官网，2021年9月6日，https://www.gov.si/en/news/2021-09-06-concert-songs-without-borders-bernarda-and-marcos-fink/。

③ 包豪斯是一所德国的艺术和建筑学校，讲授并发展设计教育，由于包豪斯学校对于现代建筑学的深远影响，今日的包豪斯早已不单指学校，而是其倡导的建筑流派或风格，即注重建筑造型与实用机能合而为一。

色协议》①（the European Green Deal）迈出的重要一步。这些结论补充了欧盟委员会意图通过文化、文化遗产、创造力、研究和技术创新等手段实现《欧洲绿色协议》目标的倡议。近年来，文化和创意部门受到新冠肺炎疫情和 VOD 视频点播平台的快速发展的影响，欧盟成员国一直面临着如何提高欧洲视听内容竞争力的挑战。部长们通过的结论旨在鼓励成员国和欧盟委员会在其管辖范围内采取措施，为欧洲视听和媒体部门创造在欧洲和国际市场上的竞争优势，并以文化多样性为重点实现可持续发展。②

三 2021年斯洛文尼亚对外文化交流情况

（一）在欧盟框架内的紧密合作

斯洛文尼亚作为欧盟成员国，在欧盟框架下，在多边和双边层面上的文化合作与交流很活跃，尤其在 2021 年作为欧盟轮值主席国，斯洛文尼亚政府以组织国际会议的方式主动为欧盟成员国在讨论不同文化议题层面搭建文化发展研讨和交流的平台。2021 年 9 月、11 月~12 月，由斯洛文尼亚文化部组织，120 位来自欧盟成员国、欧洲机构以及全球非政府组织的专家和代表在线上参加了题为"遗产权作为可持续发展催化剂"的国际会议，该会议对外传递了来自欧盟的重要信息：遗产是欧洲人文主义传统的一部分，文化和文化遗产应该成为欧洲的人文议程。③ 会议从不同角度阐明会议标题中涉及的问题，包括通过提出一些具体实例来说明遗产权、文化遗产在现代社会中的作

---

① 《欧洲绿色协议》是 2020 年欧盟委员会通过的一系列政策举措，其总体目标是在 2050 年使欧盟实现气候中和。
② 《斯洛文尼亚作为欧盟轮值主席国的部分文化活动》，斯洛文尼亚政府官网，https://www.gov.si/en/registries/projects/slovenian-presidency-of-the-council-of-the-eu-2021/aktivnosti-ministrstva-za-kulturo/。
③ 《文化和文化遗产应该成为欧洲的人文议程》，斯洛文尼亚政府官网，2021 年 9 月 11 日，https://www.gov.si/en/news/2021-09-11-culture-and-cultural-heritage-should-become-the-humanist-agenda-of-europe/。

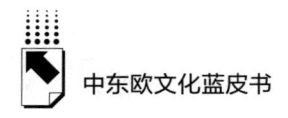

用以及社会和遗产对可持续发展的重要性。

除了文化遗产议题外，欧盟内部还在斯洛文尼亚政府牵头下就"提高欧洲视听和媒体内容的可访问性和竞争力"议题举行了国际专家会议。该会议于2021年10月12~13日在卢布尔雅那的坎卡尔耶夫会议中心（Cankarjev dom）以及在线同时举行。会议达成共识的是，国际联合制作可以在加强欧洲视听内容的竞争力方面发挥重要作用。尽管会议没有最终达成一个解决方案，但在欧盟层面对该主题进行了重要反思。斯洛文尼亚文化部部长兼欧盟文化委员会主席法斯科·西蒙尼蒂博士表示，这次会议为决策者、制作人和创作者等不同利益集团代表的对话提供了机会。该会议为起草关于视听和媒体部门的拟议结论奠定了基础。①

欧盟内文化合作交流的形式除了举办国际会议外，还有一些更丰富轻松的方式，比如举办歌唱大赛或者文化展示。2021年欧罗巴康塔特音乐节（Festival Europa Cantat 2021）于2021年7月17~22日在卢布尔雅那举办。该国际音乐节每三年由一个不同的欧洲国家主办。由于新冠肺炎疫情影响，本次音乐节以线上线下相结合的形式举行，由斯洛文尼亚共和国文化活动公共基金（JSKD）与欧洲合唱协会合作举办，并得到了斯文化部和卢布尔雅那市的财政支持。音乐节期间，来自国外的优秀音乐合奏团，呈现了不同风格的音乐。活动期间，Europa Cantat 网络电视同步直播。②

除了引进国外的文化，斯政府还注重在各种平台传播斯洛文尼亚文化。例如为其他欧洲国家展示弗朗斯·普雷舍伦的诗歌《祝酒词》（*Zdravljica*，其中第七节是斯洛文尼亚的国歌）。这首诗在1844年写成时就已经具有欧洲视野，并在2020年3月31日被欧盟委员会授予了享有盛誉的"欧洲遗产"标签。《祝酒词》副本作为斯洛文尼亚最高级别的礼宾礼物，被赠送给国家

---

① 《西蒙尼蒂部长在教育、青年、文化和体育委员会会议上》，斯洛文尼亚政府官网，2021年11月29日，https://www.gov.si/en/news/2021-11-29-minister-simoniti-at-the-meeting-of-the-education-youth-culture-and-sport-council/。
② 《欧罗巴康塔特音乐节来了》，斯洛文尼亚政府官网，2021年7月16日，https://www.gov.si/en/news/2021-07-16-europa-cantat-festival-is-coming/。

元首和政府首脑，以及欧盟机构负责人，彰显斯洛文尼亚承诺尊重欧洲一体化的价值观。

除欧盟内部的多边交流合作外，斯洛文尼亚还与个别欧盟成员国进行紧密的文化合作，例如申请与意大利一起共同打造2025年欧洲文化之都——新戈里察（Nova Gorica）和戈里齐亚（Gorizia）。2021年10月21日，斯洛文尼亚共和国总统博鲁特·帕霍尔（Borut Pahor）在斯洛文尼亚新戈里察和意大利戈里齐亚会见了意大利共和国总统塞尔吉奥·马塔雷拉（Sergio Mattarella）。两国总统对新戈里察和戈里齐亚的联合访问体现了他们对欧洲文化之都项目（European Capital of Culture，ECOC）——来吧！无国界2025（GO! Borderless 2025）[①]的重视，展示了两个边境城镇之间的联系，以融合的创新模式展示了一个没有国界的欧洲。[②]

（二）在世界平台上的积极发声

在2021年，斯洛文尼亚在文化交流合作领域除了在欧盟内部担任积极的召集人和践行者，还在世界文化平台上积极发声。2021年11月12日，斯洛文尼亚共和国总统博鲁特·帕霍尔对法国进行正式访问。访问期间会见了联合国教科文组织总干事奥德蕾·阿祖莱（Audrey Azoulay）并出席了联合国教育、科学及文化组织成立75周年高级别会议并发表讲话。2021年，斯洛文尼亚开设了由联合国教科文组织赞助的第一个国际人工智能研究中心。斯总统强调了联合国教科文组织在为世界上最紧迫的问题和挑战寻找解决方案方面发挥着先锋作用，并表明斯洛文尼亚将继续成为其积极和具有建设性的成员。[③]

[①] "来吧！无国界2025"（GO! Borderless 2025）是2025年欧洲文化之都项目口号。
[②] 《斯洛文尼亚总统博鲁特·帕霍尔和意大利总统塞尔吉奥·马塔雷拉访问两镇，共同打造2025年欧洲文化之都》，斯洛文尼亚总统府官网，2021年10月22日，https://www.predsednik.si/up-rs/uprs-eng.nsf/pages/B4E190D267167C02C1258776003F0685? OpenDocument。
[③] 《帕霍尔总统在联合国教科文组织成立75周年庆典上的讲话》，斯洛文尼亚总统府官网，2021年11月12日，https://www.predsednik.si/up-rs/uprs-eng.nsf/pages/0732AA8CF445FE9DC125878F0056D5CF? OpenDocument。

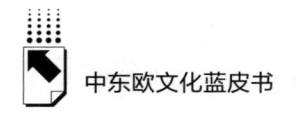

（三）与中国的交流合作

得益于中国—中东欧国家合作机制框架，中斯两国近年来在文化和教育方面的合作交流有所加强。2021年2月3日，斯洛文尼亚国务卿斯坦尼斯拉夫·拉什查（Stanislav Raš čan）与中华人民共和国外交部副部长秦刚通电话。他们重申建立积极的双边关系，并主张在斯洛文尼亚于2021年下半年担任欧盟理事会主席国期间加强合作。他们会谈的重点之一是2021年2月9日由中华人民共和国主席习近平主持的"17+1"倡议峰会。特别需要再提出的是，2017年11月第六次中国—中东欧国家领导人会晤期间，两国文化部门签署了《中华人民共和国政府和斯洛文尼亚共和国政府2017~2021年文化和教育合作计划》。[①]

孔子学院在中斯人文交流方面也做出了积极贡献，2022年5月18日，卢布尔雅那大学孔子学院举办了12周年庆典暨2022年中文日活动。现场通过中华美食、书法临摹、品茗赏乐、美丽中国VR欣赏等多种方式，为卢布尔雅那大学师生献上了一场别开生面的中华文化体验盛宴。[②]

四 斯洛文尼亚文化未来发展趋势

（一）加强文化和语言的重要性

2017年12月7日，斯洛文尼亚共和国政府第159届常规会议上通过了《斯洛文尼亚发展战略2030》[③]。在该战略文件中"文化和语言是民族认同

[①] 《中国同斯洛文尼亚的双边关系》，中华人民共和国驻斯洛文尼亚共和国大使馆官网，2019年1月15日，http://si.china-embassy.gov.cn/zsgx/201901/t20190115_3048489.htm。

[②] 《卢布尔雅那大学孔子学院举办12周年庆典暨2022年中文日活动》，中华人民共和国驻斯洛文尼亚共和国大使馆官网，2022年5月24日，http://si.china-embassy.gov.cn/chn/xwdt/202205/t20220524_10692078.htm。

[③] 《斯洛文尼亚发展战略2030》，斯洛文尼亚政府官网，2017年，https://www.gov.si/assets/vladne-sluzbe/SVRK/Strategija-razvoja-Slovenije-2030/Strategija_razvoja_Slovenije_2030.pdf。

的基本要素"作为斯洛文尼亚国家发展目标之一被置于重要的位置，并强调了民族认同是社会凝聚力的重要因素，而民族认同的关键要素是语言和文化。语言和文化有助于体现民族独特性和社会的开放性，有助于创造力的发展、创新与合作，是经济和区域发展的重要因素。因此，通过发展和保护斯洛文尼亚的语言，可以加强民族认同并保护文化多样性。

（二）多方合力致力于文化遗产的保护和管理并提升文化知名度

斯政府倡议通过促进文化参与和文化遗产的数字化，使文化内容得以长久地保存、让公民方便地获取并同时更便捷地传播，让每个人（尤其考虑到残障人士）都能在开放的环境中自由获取文化资源。2019年斯洛文尼亚政府文化部颁布的《文化遗产战略2020—2023》中提到具体措施：将遗产纳入国家、地区和市政层面的发展政策和法律中，系统地提供资金来源并引入可能的税收和财政激励措施，对公共文化古迹建立有效管理，提高对遗产的共同责任感，为更好地进行遗产修复建立状态检测，鼓励可持续文化旅游、创意产业等发展遗产资源的文创产品或服务。[①]

斯洛文尼亚政府未来希望继续通过国际文化合作，在国际环境中推广斯洛文尼亚文化，与欧洲乃至世界各地的斯洛文尼亚侨胞建立文化联络，并建立有效的公共外交体系来提高斯洛文尼亚在世界上的知名度和声誉。

---

① 《文化遗产战略2020—2023》，斯洛文尼亚政府官网，2019年11月26日，https：//www.gov.si/assets/ministrstva/MK/DEDISCINA/STRAT_KD_2019.pdf。

B.7
2021年北马其顿共和国文化发展报告

徐恒祎*

摘　要： 处于多个文明和宗教交汇处的北马其顿共和国在地理和历史原因的共同作用下形成了多种族、多宗教和多重身份认同的复杂社会文化形态。在新冠肺炎疫情冲击下，较为突出的挑战表现为如何加强多民族国家的社会凝聚力、制定连贯的文化政策和文化发展战略、通过制定更具包容性的社会制度构建整体公民身份认同以应对分裂政治言论和外部干涉等。新冠肺炎疫情对北马其顿共和国政府的公共财政带来持续冲击，在此影响下，2021年北马其顿共和国政府在文化领域的预算略有削减。在有限的预算条件下，北马其顿共和国文化部通过制定文化项目资助计划、支持和组织各项文化活动等措施，尝试解决该国文化发展中最突出的问题。在国际上，北马其顿共和国继续加强双边、多边及与各国际组织的文化交流与合作，积极展示本国的传统文化。

关键词： 北马其顿　文化发展　文化活动

一　北马其顿共和国社会文化简况

北马其顿共和国地处欧洲东南部巴尔干半岛的中南部，是希腊的北部邻国、阿尔巴尼亚的东部邻国，国土面积25713平方公里。虽是一个面积不大

---

* 徐恒祎，广东外语外贸大学西方语言文化学院塞尔维亚语专业讲师，主要研究方向为巴尔干社会文化。

的内陆国家，但北马其顿地理位置具有战略意义，是欧洲腹地经巴尔干地区南下地中海的商贸和军事要道。

1946年，时任南斯拉夫联邦人民共和国领导人铁托将塞尔维亚所占的马其顿地区划出独立，成立了"马其顿社会主义共和国"。1991年，马其顿宣布从南斯拉夫社会主义联邦共和国独立，改国名为"马其顿共和国"。但"马其顿"一名源自希腊半岛上由希腊人建立的曾辉煌一时的古马其顿王国，希腊民族主义者认为现今的马其顿人为6、7世纪斯拉夫人与马其顿当地居民融合形成的南斯拉夫民族的一支[1]，所以该国名遭到了希腊的强烈反对。经两国交涉，2019年2月12日，马其顿政府宣布正式更改国名为"北马其顿共和国"。

2017年统计数据显示，北马其顿共和国人口数量约为207万，主要民族为马其顿族（64.18%），阿尔巴尼亚族（25.17%），土耳其族（3.85%），罗姆族（2.66%）和塞尔维亚族（1.78%）[2]。官方语言为马其顿语，国民主要信仰为东正教和伊斯兰教。国内生产总值为113亿美元，人均国内生产总值为5468美元。[3]

在对外关系上，北马其顿共和国一直致力于加入欧盟及北约，于2005年成为欧盟候选国，2020年3月获批启动入盟谈判，同月成为北约成员国。

北马其顿共和国文化部是负责规划、监督和优化该国文化发展的主要机构，该部门同时负责对公共文化机构网络的组织、资助和发展；策划并资助与国家利益相关的文化计划和项目；文化遗产保护；对出版、音乐、艺术、电影、画廊、图书馆、档案馆、博物馆和电影院区、文化馆和文化调解机构

---

[1] 孔寒冰：《东欧政治与外交》，北京大学出版社，2009，第15页。
[2] 《北马其顿国家概况》，2022年6月3日，中华人民共和国外交部官网，https：//baike.baidu.com/reference/22667611/bf1fhJ1uatZJ2p26fFwskOVAF_9FZNaMhsgA-vjItaxwn5Tib0i_OqFFZIxtC2KB52r8mWcnsJUUN3LSI7Ic_BT-XcGQBqbh2Tf8u4Au5v2BJ9UNLxO9qhrzUsCjNlFlPM7PFIybqDVF2bSRwuGHy1F4FqY。
[3] 《北马其顿国家概况》，2022年6月3日，中华人民共和国外交部官网，https：//baike.baidu.com/reference/22667611/bf1fhJ1uatZJ2p26fFwskOVAF_9FZNaMhsgA-vjItaxwn5Tib0i_OqFFZIxtC2KB52r8mWcnsJUUN3LSI7Ic_BT-XcGQBqbh2Tf8u4Au5v2BJ9UNLxO9qhrzUsCjNlFlPM7PFIybqDVF2bSRwuGHy1F4FqY。

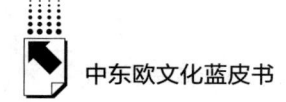

的管理；版权及相关权利的保护；公共纪念活动相关事项；在职权内进行监督；履行法律规定的其他职责。① 目前，北马其顿共和国文化部还与 50 多个国家签署了双边文化合作协议。

欧盟统计局 2018 年的统计数据显示，北马其顿文化领域就业人数占总就业人数的 3.1%（23000 人）。其中 60% 的文化从业人员具有高等教育学历。拥有高等教育学历的就业人员占全国总体就业人员的 25%。② 文化企业占非金融商业经济的 3.8%。该国每年制作大约 10 部影片，其中约 80% 为国际合作项目。③

北马其顿的物质文化遗产包括 11200 座建筑物（4421 处考古遗址；1726 座教堂和修道院，超过 15 万平方米壁画等）和 50 万件博物馆藏品；全国共有 32 座博物馆（21 座为家国家级博物馆，2018 年）、27 家剧院（2017 年）和 14 家电影院。④

二 2021年北马其顿共和国文化发展情况

推动文化领域的发展对于促进经济和社会发展具有重要价值和潜力。2019 年底以来，新冠肺炎疫情对北马其顿政府公共财政造成了不可避免的冲击，2021 年北马其顿共和国文化部的预算总额为 327643000000 马其顿第纳尔（约合 5300 万欧元），占全国预算的 1.23%，与 2020 年同比减少了 10000000 马其顿第纳尔（约合 162000 欧元）。⑤ 有限的预算给北马其顿的文化发展带来了诸多挑战，疫情对文化交流活动造成了形式上的限制，许多计

---

① 参见北马其顿共和国政府官方官网，https：//vlada.mk/node/17979？ln=en-gb。
② Cultural Policy Review of the Republic of North Macedonia，欧洲理事会官网，https：//rm.coe.int/cultural-policy-review-of-the-north-republic-of-macedonia-/1680a1bd28。
③ UNESCO Institute for Statistics（2017），联合国教科文组织官网，http：//uis.unesco.org/en/country/mk？theme=culture。
④ Council of Europe. Ljubljana Process，欧洲理事会官网，https：//www.coe.int/en/web/culture-and-heritage/ljubljana-process。
⑤ Cultural Policy Review of the Republic of North Macedonia，欧洲理事会官网，https：//rm.coe.int/cultural-policy-review-of-the-north-republic-of-macedonia-/1680a1bd28。

划中的文化交流活动或改为线上进行，或推迟举办，但北马其顿仍然继续推进了本国文化的发展。

（一）2021年北马其顿共和国文化领域发展成果

2021年度，北马其顿共和国文化部在国家利益计划的框架内，支持并组织实现了一系列音乐项目、文学和出版项目、戏剧项目、艺术项目、国际文化项目、民间协会项目和跨学科项目，通过支持大量传统文化活动继续推进城市与乡村及各区域间文化的均衡发展，鼓励文化传播、提升文化创造力。

继续通过创新科技丰富特殊需要人群可参与的文化项目，并对此类项目的开发制订系统性计划；推进面向青少年儿童的文化项目，培养儿童的文化习惯，为儿童提供具有教育功能的文化艺术活动，旨在引导年轻受众对参与文化生活的看法，并将该系列项目纳入文化部国家利益计划。

支持人才进修本国稀缺专业，大力支持能在国内外推广本国文化的艺术家，为其支付个人所得税、人身保险和健康保险。

2021年度，北马其顿共和国文化部将庆祝文化和艺术领域重要人物的周年纪念日加入了国家利益计划之中。北马其顿共和国各民间文化单位也积极参与了国家层面的文化计划。

（二）2021年北马其顿共和国文化遗产保护工作

2021年度，北马其顿共和国文化遗产保护总预算为135398020马其顿第纳尔，文化部还制定了文化遗产保护项目的年度融资计划。文化遗产保护工作的主要宗旨为：保留文化遗产原本的内容和形式，通过专业方法科学地对文化遗产进行检测和状态确认，让文化遗产与现代文化产业更好地融合发展，并释放出它在旅游经济中的潜力。

三 2021年北马其顿共和国的国际文化合作

2021年度，北马其顿共和国继续参与和促进双边、多边以及与各国际

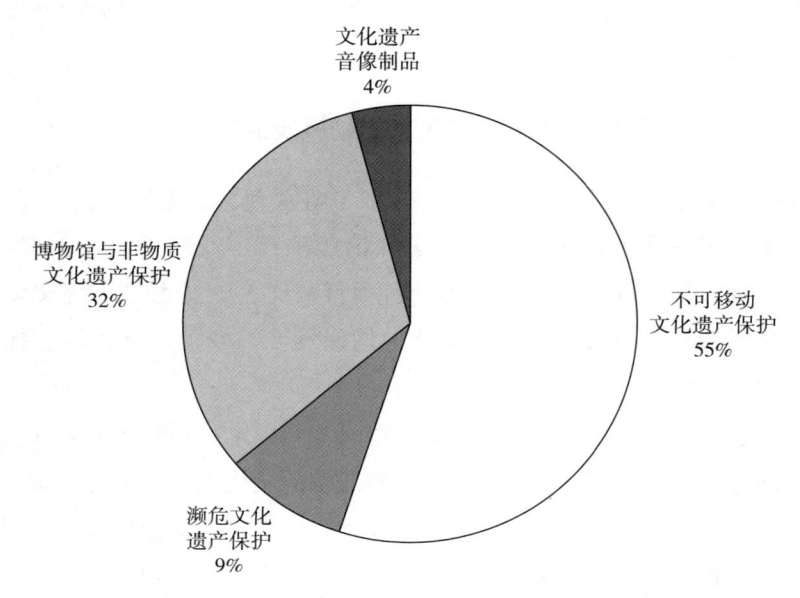

图1　2021年度北马其顿共和国文化部文化遗产保护拨款用途

资料来源：北马其顿共和国《文化部战略计划2022—2024》。

组织共同开展的文化合作项目，鼓励本国文化项目走出国门，积极推动本国艺术家和文化工作者的对外交流，支持其参与重大活动、接受专业培训等，受疫情影响，部分活动的形式为线上举行。

（一）双边合作层面

在双边合作层面，北马其顿共和国于2021年正式确认在克罗地亚共和国开设北马其顿文化和信息中心，用于加强本国文化在该地区的展示和推广。该中心于2022年正式投入使用，其展示项目和功能将持续丰富。

（二）地区合作层面

在地区合作层面，作为创始国之一，北马其顿共和国文化部积极参与了地区国际文化合作组织斯拉夫文化论坛国际基金会（International Foundation "Forum of Slavic Cultures"）2021年度的所有倡议与项目。

（三）国际组织合作层面

在国际组织层面的合作中，首先，北马其顿共和国积极与联合国教科文组织保持合作，2021年北马其顿共和国参与了联合国教科文组织的多个项目与倡议，参加了于2021年上半年召开的《非物质遗产公约》年会并派代表团出席了2021年11月在巴黎举行的联合国教科文组织大会第41届会议。

2021年7月，北马其顿共和国与联合国教科文组织举行会议共同商讨如何提升对北马其顿奥赫里德地区的文化历史遗址及其自然景观（Natural and Cultural Heritage of the Ohrid Region）的管理，该项文化遗产于1979年被列入《世界遗产名录》，1980年被认定为文化与自然双重遗产。

2021年度，北马其顿共和国共向联合国教科文组织提交了7个项目的资助申请，其中4项获得批准，共获得3624637马其顿第纳尔的项目资金。联合国教科文组织将北马其顿共和国提交的"布拉热·科内斯基（Blaže Koneski）诞辰100周年"和"帕拉斯凯维·基尔贾兹（Paraskevi Kirjazi）逝世50周年"纪念日活动项目的申请列入了2020~2021年度历史事件和名人周年纪念计划（UNESCO Program for the celebration of anniversaries of historical events and eminent persons），未来将在该框架内组织相关具体活动。

在与欧盟的文化合作方面，活动主要在"创意欧洲"计划下的文化和媒体两个子项目（Program "Creative Europe-Culture and Media"）的框架内展开，其中北马其顿共和国文化部创意欧洲办公室（Канцеларијата за Креативна Европа во рамките на Министерството за култура на Република Северна Македонија）主要负责创意欧洲的文化子项目，北马其顿共和国电影局（Агенцијата за филм на Република Северна Македонија）则主要负责创意欧洲媒体子项目的实施。自2020年，北马其顿共和国参与了欧盟的"创意欧洲—西巴尔干国家间文化合作"倡议（Creative Europe-Culture program for cooperation projects with and in the countries of the Western Balkans），参与此倡议的国家还有希腊、保加利亚、斯洛文尼亚、克罗地亚、波黑、塞尔维亚等，此倡议旨在促进形成一个区域层面综合性的欧洲文化政策、提升区域内

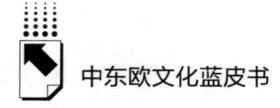

国家的文化建设能力。此后，北马其顿共和国联合欧盟驻北马其顿共和国代表团、塞尔维亚共和国创意欧洲办公室等相关合作方陆续在斯科普里当代艺术博物馆与青年文化中心举办了系列文化活动，并在日德兰大学青年文化中心举办了"创意欧洲—西巴尔干视角"圆桌会议等具有互动讨论性质的文化研讨活动。

2021年6月9~14日，北马其顿共和国在国内多个城市举办了"欧洲创意日—MEDIA"电影展，该国多个主流院线展映了创意欧洲媒体子项目支持的电影作品，同时，由北马其顿共和国电影局主办的"欧洲电影挑战赛"（European Film Challenge）也与该活动同步进行，展映了由北马其顿共和国电影局投资拍摄的电影《百分之18的灰》（18 % сино）。

2021年5月，欧洲议会正式通过了新的"创意欧洲2021—2027"计划。北马其顿共和国作为欧盟候选国，于7月向欧盟提交了参与该计划的意向书，并完成了谈判工作，未来北马其顿共和国将继续参与"创意欧洲"文化项目。

除"创意欧洲"计划的项目外，北马其顿共和国还在"欧盟西巴尔干议程：创新、科研、教育、文化、青年和体育"（Агендата на ЕУ за Западен Балкан за: иновации, истражување, образование, култура, млади и спорт）计划框架下与相关合作方开展合作，该计划的目标是在包括文化领域在内的多个领域的谈判过程中加强欧盟委员会与西巴尔干国家之间的合作。北马其顿共和国文化部已将本国的优先事项提交欧盟委员会。

作为欧盟的候选国，北马其顿共和国在文化领域的政策继续与欧盟相关法律法规保持一致，实施了对本国相关制度和部门组织的调整及改革。

此外，北马其顿共和国文化部还为所有代表国家参与如国际博物馆协会、国际古迹遗址委员会、国际文化财产保护与修复研究中心等国际文化组织的人员和机构支付了年费、会员费及活动经费。[1]

---

[1] 《文化部战略计划2022—2024》，北马其顿共和国政府官网，https://vlada.mk/strateshko-planiranje。

四 2022~2024年文化发展战略重点和目标

处于多个文明和宗教交汇处的北马其顿在地理和历史原因的共同作用下形成了多种族、多宗教和多重身份认同的复杂社会文化形态[①]。在新冠肺炎疫情冲击下，较为突出的挑战表现为如何加强多民族国家的社会凝聚力、制定连贯的文化政策和文化发展战略、通过制定更具包容性的社会制度构建整体公民身份认同以应对分裂政治言论和外部干涉等。为更好地应对社会文化领域出现的挑战，北马其顿共和国文化部于2021年10月出台了《文化部战略计划2022—2024》，该文件回顾了北马其顿共和国2021年在文化领域的发展成果，制定了2022~2024年的国家文化发展战略重点和目标，同时，北马其顿共和国政府在2022年1月发布的《北马其顿共和国政府执政纲领2022—2024》(*Programme for work of the Government of the Republic of North Macedonia for the period 2022—2024*)中，也对文化发展与社会构建方面提出了工作构想。以上两份指导性文件中关于该国文化发展的侧重点和目标梳理如下。

（一）制定统筹性、切实有效的文化政策

为文化发展制定切实有效的法律，并为之提供组织、物质和财政等方面的配套条件；为相关领域专家和无党派人士制定配套的人事政策；保障文化主体的自主性；在决策过程和战略管理，特别是在评估、分析、调研以及与其他国家政策部门的跨部门协调中引入透明原则和共同参与原则。

（二）推动建立兼具多元性与包容性的团结社会

通过文化政策的实施，向国内各民族传递并塑造自由、平等、共赢，人

---

① Gjorgjioska M. Adela：《北马其顿与世界主要大国的关系》，2021年9月，中国—中东欧研究院，ISSN 2560-1601，www.china-cee.eu。

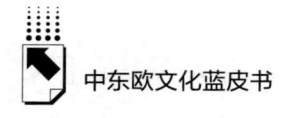

人享有、人人参与、人人平等的核心价值理念。

优化调整文化活动的总体政策，根据明确的指标评估制定新的资助标准；逐步下放权力，将部分文化中心、文化机构和演出机构转移到地方一级管理。

明确文化是扩大民主公共空间的关键，是影响经济、社会和政治发展的关键因素。

促进弱势群体和边缘人群在文化生产和社会文化生活中与其他群体建立更好的相互理解，创造平等对话与平等参与的机会，将文化作为提高社会凝聚力和推动社会转型的动因。促进马其顿语的使用，保护社区语言的使用，促进跨文化沟通与合作。

（三）保护文化遗产

继续推动文化遗产的识别、记录、研究、阐释、估值和分类工作；采纳科学专业的保护修复技术和其他科技手段保护文化遗产。

继续推动文化遗产的展示和知识推广普及工作，培养公众对本国文化遗产价值的认知，并将文化遗产的相关知识纳入各种形式和层级的教育之中。

鼓励按照综合保护的原则对文化遗产进行可持续地开发利用；尊重文化遗产的多样性及对文化遗产的不同阐释，以此促进文化多样性。

为其他综合性社会活动的保护和综合管理提供条件保障。管理文化遗产面临的风险并应对处理气候变化可能对文化遗产带来的后果；鼓励和支持对非物质文化遗产的记录和保护工作，鼓励和支持将非物质文化遗产还原到其原生态环境中进行保护。

继续在文化领域推进国际合作工作，鼓励民众参与制定和实施与文化遗产保护和保存相关的政策。

（四）在国际框架内推进国际合作和有效推广北马其顿共和国文化

为更好地在国际舞台上展示和推广北马其顿共和国的文化，北马其顿政府将在双边和多边层面继续加强与欧洲和非欧洲国家的友好合作。积极参与相关国际组织和机构的相关倡议和项目，与相关国际组织和机构保持良好有效的沟通。

积极推进各项文化方案和项目的实施，提升北马其顿共和国文化在国际舞台的存在度和知名度。

（五）融入欧盟

使欧洲财政支持在国家欧洲一体化改革的进程中充分发挥功效，提升各文化机构和民间组织对欧盟资金的使用率和欧盟各项目计划的参与度。在文化发展领域为国家和地方组织机构提供技术支持，协助其申请欧盟资金支持与项目。

积极提升欧盟各项文化计划的知名度，积极宣传推广本国已完成的相关欧盟文化项目。

在协调国家立法与欧盟立法的过程中，加强规划、筹备和监督，确保国家相关法规与欧盟法规的趋同。紧跟欧盟国家文化政策与战略模式趋势，与之进行比对调整，在欧盟整体大背景下制定本国的文化政策。

做好文化领域的综合分析、战略部署、行动计划、倡议计划（国家及地区等层面），将之作为欧洲一体化进程的辅助机制。

（六）提升公民活力，面向全社会提供体育休闲产品

将体育运动视为实现社会和经济发展的工具，凸显体育运动在北马其顿共和国文化史上发挥的重要作用。借助体育运动建设一个有凝聚力、宽容和可持续发展的社会。

北马其顿共和国政府将对公民参与体育和娱乐活动的水平进行全国性调研，并为参与体育运动的人群制订相关计划，将采纳 MafFit 评估体系对儿童和青少年的身体发育和运动效率进行年度评估和监测。

制定 2022~2027 年体育发展战略，通过明确的目标和优先事项来发展休闲体育和职业体育事业。优化与完善奖金制度，以实现对体育事业和运动员平等、透明的支持。在制定和实施地方及国家层面体育政策和预算时引入

性别视角，同时通过教育培训提升体育政策和预算中对性别的尊重。推出专项法律来确保体育活动和运动员的地位，该法律内容与欧盟标准趋同。

鼓励国内国际专家支持对专业人员运动的教育，同时鼓励针对年轻运动员双重职业教育。全面实施已启用的体育场馆建设和改造（修复）项目。倡议中小学校利用周六为学生组织2小时露天体育活动，如田径、登山、步行、足球、篮球、体育比赛等。

推进与奥委会和残奥委会以及其他国家级重要体育组织的合作。积极与欧洲委员会、联合国教科文组织、国际反体育腐败合作组织和其他重要国际组织合作，制定可持续、可发展的体育政策。继续投资建设体育场所，遵循区域平等发展、平等参与的原则。

五 2021年北马其顿共和国与中国的文化交流合作

自建交以来，北马其顿共和国与中国的双边关系保持着顺利友好的发展态势。这首先表现为两国领导层交往频繁。2018年7月，李克强总理在出席中国—中东欧国家领导人索非亚会晤期间同北马其顿总理扎埃夫举行双边会见；同月，全国政协副主席张庆黎访问北马其顿；10月，中国同北马其顿庆祝建交25周年，习近平主席、李克强总理、王毅国务委员兼外长分别同伊万诺夫总统、扎埃夫总理、迪米特罗夫外长互致贺电。2019年4月，李克强总理在出席中国—中东欧国家领导人杜布罗夫尼克会晤期间同北马其顿总理扎埃夫举行双边会见；6月，北马其顿议长贾菲里访华，全国人大常委会委员长栗战书、全国政协主席汪洋、全国政协副主席张庆黎分别会见、会谈；11月，国家副主席王岐山在出席第二届巴黎和平论坛期间会见北马其顿总统彭达罗夫斯基，同月，第四届中国—中东欧文化合作部长论坛在北马其顿举办，中国文化和旅游部部长雒树刚率团参会；12月，两国科技合作委员会第六届例会在北京举行。2020年2月，北马其顿总统彭达罗夫斯基致函习近平主席，支持中国抗击新冠肺炎疫情。2021年2月，北马其顿总理扎埃夫出席中国—中东欧国家领导人峰会；3月，国务委员兼国防部部长魏凤和上将访问北马其顿。① 疫情期间，中国同北马其顿就抗击新冠肺炎疫情团结合作，中国政府、企业、社会各界向北马其顿政府和民间捐赠防疫物资。中方克服困难，向北马其顿捐赠10万剂疫苗，并先后两次提供70万剂商业采购疫苗。②

在文化交流领域，中国与北马其顿共和国之间的文化交流合作在中国—中东欧国家合作机制的平台上日益频密。依据交流活动依托平台和主体，大致可将2021年度中国与北马其顿共和国的文化交流合作分为以下四个层面。

（一）基于"一带一路"倡议与中国—中东欧国家合作机制平台的文化交流

2021年9月7日，在北京成立的"一带一路"文学联盟，得到包括北马其顿在内的35个国家的30个具有影响力的文学组织的支持，该联盟旨在加强中国文学的国际传播，推进中外文学交流常态化、机制化，更好地讲好中国故事。2021年9月14日，北马其顿翻译家、汉学家冯海城（Igor Radev）获得第十五届中华图书特殊贡献奖。冯海城持续从事汉学研究及中国文化推广工作，先后翻译多部中国古代经典著作，包括《老子道德经》（获马其顿文学翻译最佳奖）、《孔子：论语　大学　中庸》、《尚书》、《孟子》等，积极促进了北马其顿民众对中国文化的认识和理解。

2021年10月13日至14日第二届中国—中东欧国家图书馆联盟馆长论坛通过线上形式举行，该论坛是《2021年中国—中东欧国家合作北京活动计划》的内容之一。中国文化和旅游部副部长张旭、中国驻北马其顿大使张佐、北马其顿文化部部长斯特福斯卡、国际图书馆协会联合会主席莉森及69家中外图书馆代表出席。会议期间，各国图书馆馆长、专家探讨了疫情后的图书馆建设与发展、图书馆与数字科技结合的各种实践可能性等具有时

---

① 参见中华人民共和国外交部官网，https：//www.fmprc.gov.cn/web/gjhdq_676201/gj_676203/oz_678770/1206_679474/sbgx_679478/。
② 参见中华人民共和国国家发展和改革委员会官网，https：//www.ndrc.gov.cn/xwdt/ztzl/zgzdogjhz/202205/t20220526_1325772.html?code=&state=123。

代性的议题，并正式发布了《中国—中东欧国家图书馆联盟2022—2023行动计划》，联盟成员馆将继续推进资源共享、人员互访、多元文化交流、宣传推广，共同推进文化合作项目。

（二）基于中国驻北马其顿大使馆的文化交流活动

2021年5月29日，由中国驻北马其顿大使馆主办、圣基里尔·麦托迪大学孔子学院承办的第二十届"汉语桥"世界大学生中文比赛、第十四届"汉语桥"世界中学生中文比赛、首届"汉语桥"世界小学生中文秀在线上举行，来自北马其顿大中小学校的56名学生参赛。比赛分为笔试、才艺展示和主题演讲三个部分。在长达四个多小时的激烈角逐中，参赛选手们展示了舞蹈、唱歌、绘画、厨艺、太极拳、针灸等才艺和中文知识。

中国驻北马其顿大使馆还持续向该国多个教育机构捐献教学设备，其中，2021年6月9日，中国驻北马其顿大使张佐与北马其顿议长贾菲里赴比托拉市基沙瓦村米希尔科夫小学，共同出席在线教学设备捐赠仪式，北马其顿议会议员斯托伊切夫斯卡、比托拉市副市长科斯图尔斯基及受赠学校校长出席；11月10日，中国驻北马其顿大使夫人杨元春率领妇女小组访问斯科普里市拉德·约夫切夫斯基·科察金中学，并代表使馆向该校捐赠网络教学设备，12月13日，张佐大使向克里瓦帕兰卡市捐赠儿童活动设施，并同市长米托夫斯基进行友好交流会面。12月28日，张佐大使向中国政府援建的汽水区拉伊科·津基福中国—北马其顿友谊初级学校捐赠教学设备。

由于新冠肺炎疫情，2021年9月中国驻北马其顿大使馆举办的国庆招待会和2022年1月举办的壬寅虎年春节招待会均在线上举行，其中，北马其顿副总理比蒂克伊、内务部部长斯帕索夫斯基、文化部部长斯特福夫斯卡、总统外事顾问斯帕索夫、宗教信众及宗教组织关系委员会主席索蒂罗夫斯基、欧洲事务秘书处国务秘书加贝尔等政府官员、议员和各界友好人士，以及外国驻北马其顿使节、华人华侨和中资机构代表60余人应邀在线出席了2021年国庆招待会，北马内务部部长斯帕索夫斯基、总统外事顾问斯帕索夫、国家统计局局长西莫夫斯基、国家银行行长贝佐斯卡、国家旅游局局长亚内夫斯基、信息社会与公共管理部副部长巴伊德夫斯基等政府官员和各界友好人士，以及外国驻北马其顿使节、华侨华人和中资机构代表等 120 余人出席了 2022 年春节招待会。

（三）基于各国际组织平台的文化交流

2021 年 10 月 15 日，联合国教科文组织电影之都主题活动在青岛西海岸新区青岛东方影都举行，《电影蓝皮书：全球电影产业发展报告（2021）》（以下简称"电影蓝皮书"）正式发布，作为七个"电影之都"城市代表之一的北马其顿比托拉市代表以线上方式参会，向该蓝皮书的发布表示祝贺。

2022 年初，北马其顿共派出 3 名运动员赴我国参加北京冬奥会。

（四）民间艺术及学术领域的研究和交流活动

圣基里尔·麦托迪大学孔子学院是两国民间文化交流互动的重要基地之一，自 2013 年创立以来，在圣基里尔·麦托迪大学孔子学院学习中文的本地学生数量不断增加，两国文化艺术机构间保持着经常性交流。

国内学术机构对于北马其顿的文化研究也在不断深入，2021 年 10 月，国家社会科学基金（教育学）重大项目成果《北马其顿文化教育研究》由外语教学与研究出版社正式出版发行，该研究从不同方面、不同维度对北马其顿教育的发展历史、现行体系、教育政策、发展战略、相关法规、治理模式与师资队伍、教育特色等方面进行了介绍，并对中国教育改革和发展提供参考与建议、思考与启迪。

2021 年 12 月 11 日，北马其顿戴尔切夫大学与中国驻北马其顿大使馆联合举办了"中国哲学传统"线上研讨会，戴尔切夫大学副校长吉德罗夫、教育科学院教授斯托亚诺夫、汉学家冯海城、北马其顿哲学研究领域学者、戴尔切夫大学师生等近百人参加；12 月 13 日，北马其顿笔会中心主席佐兰·安切夫斯基代表北马其顿笔会中心及其下属巴尔干文学中心向中国作家协会第十次全国代表大会线上致贺；12 月 24 日，戴尔切夫大学举办"中国

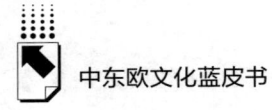

美食"线上鉴赏活动，戴尔切夫大学副校长吉德罗夫、旅游与商业物流学院院长博什科夫以及该校旅游与商业物流学院师生采取线上线下相结合的方式参加展示和鉴赏。

2022年2月15日，圣基里尔·麦托迪大学孔子学院举办虎年元宵线上晚会，圣基里尔·麦托迪大学校长扬库洛夫斯基、副校长安杰洛娃、孔子学院北马方院长斯托伊尔科夫及中方院长廖伟、孔子学院师生、中国与北马其顿友协主席马林科夫以及北马其顿中国文化爱好者等70多人参加活动。

总体来看，以"一带一路"倡议与中国—中东欧国家合作机制、中国驻北马其顿大使馆、各国际组织民间艺术及教育机构等为平台开展的文化交流活动涉及教育、学术研究、传统文化、体育运动、传统美食等多个领域，显示出北马其顿对日常生活中文化表现的重视，突出了真实文化体验的交流特色。

专题报告
Specific Topic Reports

B.8 波兰文化国际传播与影响力报告

林歆[*]

摘　要： 当前，波兰已逐步形成以文化、民族遗产与体育部与外交部为主导，多部门、多机构通力合作，"官方主导、官民合作"的文化国际传播体系。波兰政府通过发掘丰富的历史文化资源、新颖的传播方式、多维的传播渠道、广泛的传播半径、故事性与工具性兼备的传播理念，竭力提升波兰文化外交软实力，塑造其文化大国、文化强国的国际形象，已使波兰文化在全球具备了一定影响力和竞争力。波兰是"一带一路"的重要沿线国家、中国—中东欧国家合作机制的积极参与者，本文通过系统分析波兰文化国际传播的机制与经验，为我国提升国际传播能力、国家软实力和中华文化影响力提供宝贵经验。

关键词： 波兰文化　国际传播　传播模式

---

[*] 林歆，广东外语外贸大学西方语言文化学院波兰语专业教师，主要研究方向为中东欧区域国别研究、认知语言学、中东欧文学等。

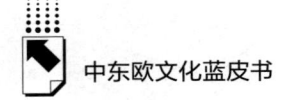

如何实现从文化大国到文化强国的跨越，如何推动中华文化走出去，如何增强国家文化软实力，是当代中国亟待解决的问题。中国可以借鉴其他国家的优秀经验，促进中国文化的国际传播。波兰极为重视文化"走出去"，并已获得了一定的国际文化影响力。虽然波兰是"一带一路"的重要沿线国家、中国—中东欧国家合作机制的积极参与者，但国内学界对该国文化国际传播模式的研究仍不够深入。

本报告首先厘清波兰文化国际传播的历史脉络和结构体系，再进一步分析波兰文化国际传播的具体机构及其运作模式。波兰文化国际传播有官方主导、官民合作、推广渠道众多、推广方式多元、故事性与工具性兼备等特点。系统分析波兰文化国际传播的机制与经验，既能促进两国文化交流与合作，又能为我国提升国际传播能力、国家文化软实力和中华文化影响力提供宝贵经验。

一　历史回瞻

要讨论当代波兰文化国际传播，不能脱离该国的历史。波兰拥有丰富的文化底蕴和宽松的文化氛围。历史上，波兰曾雄霸欧洲一方，不仅国力强盛，物质发达，还孕育出了独具波兰特色的文化生态。同时，波兰作为东西欧沟通的门户，既吸纳了来自西欧的文化元素，如宗教、文字、历法、礼仪、建筑等，又别具东方风情，如东正教教堂、奥斯曼式服饰等。

显然在波兰国力最为鼎盛时，其文化成果就已经走出国门，譬如远播东欧的波兰语文献、撼动旧世界的哥白尼日心说等。然而，更具规模的文化国际传播却发端于该国被俄、普、奥三国瓜分时期。山河覆灭，大批波兰文化精英漂泊异乡，其中便包括钢琴诗人肖邦、爱国文豪亚当·密茨凯维奇。正因为他们用音符和文字为波兰复兴而斗争，所以波兰文化不但没有中断，反而在异国他乡生根发芽。这种旨在延续民族文化血脉的海外行动一直持续到一战结束，波兰复国，并在二战后至冷战结束都一直存在，并成为波兰文化海外传播的先导，也为后世波兰文化海外传播奠定了根基。长期的海外发展，造就了波兰文化独特的世界性，这不仅使其在后世国际传播中获得主动权，同时还在多个历史节点反哺国家。其中一个很著名的例子便是波兰一战重获独立后的总理兼外长帕德列夫斯基（I. J. Paderewski），他既是世界钢琴大师，也是文化外交的典范。他曾远赴美国进行政治游说，代表战后波兰参加巴黎和会。他的个人魅力和海外经历使他在波兰独立问题上的外交努力没有白费。

过去两个世纪以来，波兰知识分子在西方国家的奔走发声赋予了波兰"殉道者"和"抗争者"的形象。但值得注意的是，这一形象深入人心，并且持续施加着影响力，已成为现代波兰述说、传播国家故事的主旋律。如今波兰已跃升为欧盟第五大经济体，其国家形象逐渐增添了"胜利者"的影子。一个热爱自由的民族惨遭压迫，再重获自由，这是波兰在国际舞台上的崭新名片。波兰文化对外传播的底气一方面来自其述说的故事迎合了西方发达国家主导的国际价值体系，另一方面来自其为自由斗争的故事能引起广大受众的共鸣。

二 官方主导的文化国际传播体系

如果说历史上波兰文化在海外传播是一种自救行为，那么在过去20年间波兰文化对外传播呈现的则是一种主动出击的姿态。波兰政府通过发掘历史文化资源，提升波兰文化外交软实力，从而塑造文化强国的国际形象。当前波兰文化国际传播主要由文化、民族遗产与体育部（下称"文化部"）和外交部来主导。近年来，波兰政府愈发重视多部门联袂搭建的一体化文化国际传播体系。

（一）波兰文化部

波兰文化部是统筹本国文化对外传播的重要政府部门，过去30年政府出台的多部策略性文件都强调了这一点。

1993年8月，波兰部长委员会通过《国家文化政策（纲要）》（*Polityka*

Kulturalna Państwa - Założenia)①，该文件将"波兰文化走向欧洲和世界"视为文化部的八项主要任务之一，强调政府应当通过建立注册制度、搭建海内外艺术文化项目渠道、宣传推广以及共同资助的方式来监督和鼓励各类机构、协会和个人的国际文化传播活动。其中，文化部应管理这四个领域的国际活动：①加速一体化进程的国际文化合作；②与特定伙伴的双边文化合作；③与海外波兰裔族群的文化联系；④波兰海外文化遗产的保护。该文件最后强调，文化推广与交流是当前国际关系的要素，也是外交政策的有效工具，能提升国家的国际地位，而鉴于目前波兰文化的潜质未被充分发掘，该纲要鼓励将文化宣传融入经济宣传和波兰国际形象宣传中。

波兰加入欧盟后，文化部颁布了《2004~2020年波兰国家文化发展策略》②，包含了11个运营项目，"波兰文化海外推广"（Promocja kultury polskiej za granicą）便是其中之一。该项目的目的是：①建立一体化的波兰文化传播促进体系；②在国内树立一个积极正面的波兰形象；③在国外普及波兰文化；④在国外推广波兰艺术家及其作品；⑤根据政府间和部门协议在文化领域开展国际合作；⑥资助波兰艺术家及其作品参与国外的重要活动（如节庆、音乐会、展览、艺术之旅、艺术比赛和研讨会等）；⑦资助海外推广波兰文化的各类计划，以及各类政府计划中有关推进海外文化交流的项目。该项目涉及面很广，其管理部门是国际合作司（Departament Współpracy z Zagranicą）。

2013年，波兰部长委员会通过《社会资本发展策略2020》（*Strategia Rozwoju Kapitału Społecznego 2020*）③，该文件提出应进一步发掘波兰文化和创意潜力，其中一项要务是在海外宣传波兰国家与文化。文件指出，2000~2004年，波兰通过对外文化宣传，加速了融欧进程，这反映了国家形象与

---

① 《国家文化政策（纲要）》，波兰文化部官网，http://www.mkidn.gov.pl/media/docs/2019/20190617_Polityka_Kulturalna_Panstwa_-_Zalozenia_（sierpien_1993）.pdf。

② 参见波兰文化部《2004~2020年波兰国家文化发展策略》：http://www.mkidn.gov.pl/media/docs/2019/20190617_Narodowa_Strategia_Rozwoju_Kultury_2004-2020_-_uzupelnienie_（2005）.pdf。

③ 参见波兰文化部《社会资本发展策略2020》：http://www.mkidn.gov.pl/media/docs/2019/20190617_Strategia_Rozwoju_Kapitalu_Spolecznego_2020_（2013）.pdf。

品牌、自然资源、基础设施和劳动力素质同等重要。文件还指出，国家的文化底蕴能影响投资决策，文化传播是公共外交的重要工具，并呼吁本土行业机构和非政府组织肩负起创造文化产品、在海外传播波兰文化的责任。外交机构和文化部下属机构，如亚当·密茨凯维奇学院（Instytut Adama Mickiewicza）、波兰国际文化中心（Międzynarodowe Centrum Kultury）、波兰电影协会（Polski Instytut Sztuki Filmowej）、波兰图书协会（Instytut Książki）等，都为波兰文化国际传播提供平台。同时，文件还强调，①提升公民对国家以及民族身份的认同感不应违背多元文化和表达这一大前提；②着力改变国际社会对波兰的消极刻板印象；③文化部、外交部、科学与教育部等应通力合作，中央和地方政府应联袂促进文化对外传播；④加大电子化资源平台的投入使用；⑤促进海外波兰裔族群的文化教育和文化联络，并与之合作进行文化推广。

2017年颁布的《2017～2020年负责任发展战略（展望2030年）》[*Strategia na rzecz Odpowiedzialnego Rozwoju do roku 2017—2020（z perspektywą do 2030 r.）*]① 亦提出了"波兰文化海外一体化传播项目"（Zintegrowany system promocji kultury polskiej za granicą），旨在以亚当·密茨凯维奇学院和遍布全球的波兰文化中心（Instytut Polski）为平台，在文化部与外交部的通力合作下，构建新型波兰国家宣传体系。

最后有必要提一下波兰文化部国际合作司。该司负责协调在双边关系、跨境和区域合作、国际机构和多边合作框架内文化领域的国际合作事务。其任务主要包括：①与波兰和外国文化机构、外交部和使团建立合作；②与联合国下属机构合作，如联合国教科文组织；③在其他区域组织和倡议框架内进行合作，包括维谢格拉德集团（V4）、欧盟波罗的海地区战略（EUSBSR）、波罗的海国家理事会、亚欧会议、东部伙伴关系、中国—中东欧国家合作机制等；④推进"波兰文化海外推广"项目。

---

① 《2017～2020年负责任发展战略（展望2030年）》，波兰文化部官网：http://www.mkidn.gov.pl/media/docs/2019/20190617_Strategia_na_rzecz_Odpowiedzialnego_Rozwoju_(2017).pdf。

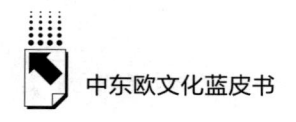

（二）波兰外交部

波兰外交部的职责之一就是开展公共外交和文化外交，具体而言就是传播波兰优秀文化、对外塑造波兰良好国家形象。波兰文化外交的历史一方面让政治家认识到文化有左右国家命运的力量，另一方面为他们提供了灵感源泉。波兰在向海外推广本国文化时，善于从历史汲取养分。《2017~2021年波兰外交政策战略》(Strategia Polskiej Polityki Zagranicznej 2017—2021)[①]指出，国家形象是国家实力的一个维度，能深刻影响这个国家的国际经济和政治地位。该文件强调波兰不仅是一个具有超过千年历史的国家，还是一个现代化国家以及欧盟与北约成员国。这一积极正面的国家形象应作为外交政策的手段加以推广。为此，外交部基于自身利益以及各国社会、经济、人口活力指数在全球搭建了波兰文化处平台，用现代的语言向各国人民传播波兰历史与文化。此外，文件特别指出应杜绝国际上对波兰历史的抹黑，因为波兰不仅为战胜法西斯、拯救犹太人和抵制苏联压迫付出了沉重代价，还是世界上最早的民主政体之一，只是因为遭外族入侵而中断。同时，波兰也是欧洲最早承认女性政治权利的国家之一。文件还提议以2018年波兰重获独立100周年为契机，大力宣传波兰抗争历史和民主传统。

波兰对文化外交的重视，从每一年外交部行动规划中可见一斑。以《2022年波兰外交部行动规划》(Plan działalności Ministra Spraw Zagranicznych na rok 2022)[②]为例，外交部2022年首要目标的第一项就是"在公共外交、文化外交等关键领域提升波兰的国际形象"，其依据的政策就包括了《2017~2020年负责任发展战略（展望2030年）》中关于要建设一体化的波兰文化海外传播体系的方针。另外，该规划在其他目标一栏中还有"塑造和巩固波兰在积极正面的国际形象"的表述，任务列表中除了常规的政治、法制

---

① 参见波兰外交部官网，https://www.gov.pl/web/dyplomacja/strategia。
② 《2022年波兰外交部行动规划》，波兰外交部官网，https://www.gov.pl/web/dyplomacja/plan-dzialalnosci-ministra-spraw-zagranicznych。

以及国际发展合作之外，还有"传播关于波兰的知识"。从这些政策文件可见波兰外交部已将文化国际传播视为重要的外交工具。

波兰外交部主要通过两司来推进文化国际传播。①公共外交和文化外交司（Departament Dyplomacji Publicznej i Kulturalnej）致力于促进波兰文化、科学和教育的海外传播。它通过与波兰文化中心、波兰使领馆合作，使波兰艺术家和创作者参与到世界各地最重要的文化活动中，使波兰的声音能够加入全球话语中。该部门还积极推动文化、教育、科学和信息以及青年交流等方面的国际合作协议的签署，与国内外机构、舆论领袖、非政府组织和国际媒体合作。②海外波兰裔及波兰公民合作司（Departament Współpracy z Polonią i Polakami za Granicą）负责加深波兰与海外波兰社群的合作，包括支持其波兰语、波兰文化教育，鼓励海外波兰社群塑造和提升波兰积极的国际形象，维持和加强海外波兰裔（人）的民族特性，采取行动保护海外波兰裔（人）的权利等。该司的任务体现了《2017~2021年波兰外交政策战略》中关于加强与海外波兰裔族群的文化联系的表述。

同时，波兰外交部还通过每年发起"公共外交竞赛"（Konkurs "Dyplomacja publiczna"），向各类非政府组织、教育机构以及地方政府集思广益。2021年项目经费达400万兹罗提，子项目包括"提升波兰国际形象""东部友邻外交政策""波兰与犹太的对话——共同的遗产和未来"等①。

在这一官方主导的文化国际传播体系中，除了文化部和外交部，科学与教育部（Ministerstwo Nauki i Edukacji）和体育与旅游部（Ministerstwo Sportu i Turystyki，该部门后将体育部分管理职能合并入文化部）也是两个重要的合作部门。科学与教育部主要通过向外输出国内专家学者，向内吸引国外优秀人才，以波兰语言、文化、科学教育为途径，潜移默化地向外传播波兰文化。而体育与旅游部则是通过对外宣传波兰旅游自然、文化资源，吸引世界各国游客亲临现场，体验波兰独特风光、文化与历史。

---

① 参见波兰外交部官网关于"公共外交竞赛"的介绍，https://www.gov.pl/web/dyplomacja/minister-spraw-zagranicznych-oglasza-otwarty-konkurs-ofert-pn-dyplomacja-publiczna-2021。

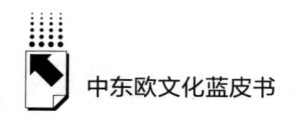

三 波兰文化国际传播机构及其举措

波兰文化国际传播总体呈现出"政府搭台、机构唱戏"的模式。在以波兰文化部、外交部等部门为主导的基础上，文化国际传播的任务被下放到隶属于这些部门的涉及不同文化领域的事业机构。这些机构与政府部门密切配合，落实国家文化外交的政策与方针。同时，这些机构也致力于与对象国官方机构、文化中介机构、基金会、非政府组织等保持紧密合作，形成了"官民合作"的文化国际传播模式。下文将介绍8个重要的波兰文化国际传播机构。

（一）亚当·密茨凯维奇学院

波兰文化部于2001年成立了亚当·密茨凯维奇学院，以波兰著名浪漫主义爱国诗人亚当·密茨凯维奇命名，直属波兰文化部，是波兰文化海外推广的策划者和协调者，其使命是通过组织和参与国际文化交流活动，展示波兰文化遗产，传播波兰文化内涵，弘扬波兰民族优秀文化。多年来，亚当·密茨凯维奇学院已在五大洲的70多个国家（主要为英语国家、欧洲国家以及东亚国家）推行了各类文化项目，组织开展了超过6000场文化活动，吸引了超过5500万名观众[1]。据官网介绍，该机构2020~2023年规划的核心是弘扬千年基督教传统、强烈的欧洲价值认同、特殊的地理位置、19世纪和20世纪的历史以及变革所塑造的价值体系。

除了实地举办文化活动外，亚当·密茨凯维奇学院还借助主办门户网站（Culture.pl）宣传波兰文化。该网站是波兰官方最大、最权威的文化推广网站，分文学、舞蹈、音乐、建筑、电影、设计等板块，内容更新频繁，全面介绍波兰文化和该学院在世界各地举办的文化盛事。此外，Culture.pl 还提供波兰艺术家的简介、评论和文章，数量超过5万篇，以及英语播客和波兰

---

[1] 参见亚当·密茨凯维奇官方网站，https://iam.pl/pl/o-nas/instytut-adama-mickiewicza。

文化多媒体指南。该网站目前有波兰语、英语和俄语三个语言版本，部分内容还提供乌克兰语、汉语、韩语和日语版本。

近年来，亚当·密茨凯维奇学院主要通过如下项目来助力波兰文化对外推广。

"波兰文化走向世界项目"（Kultura Polska na Świecie）的资助对象是艺术和创意产业各个领域的艺术家，以及传播波兰文化的人士。项目通过资助住宿、交通以及其他活动经费的方式，支持个人参加国际文化活动，包括展览、音乐会、节庆、旅行、比赛以及各类线上国际文化活动。项目主持人每个月都可以提交申请，从2021年6月至2022年5月的数据来看[1]，月均有32个项目立项，类别包括音乐、摄影、戏剧、舞蹈等文化领域，目的国多为欧洲国家或美国。

"文化桥梁项目"（Kulturalne Pomosty）旨在资助与包括德国、英国、法国、乌克兰、中国、日本、韩国、以色列、美国等共20个指定国家的合作伙伴共同举办的文化活动。该项目为年度项目，近年来每年项目经费为100万兹罗提。2022年，共有17个项目立项，届时将在3个大洲20个国家举办多场文化盛事[2]。

"44 x 密茨凯维奇项目"（44 x Mickiewicz）面向波兰文化部直属或监管的文化机构，旨在通过鼓励举办文化活动来展示波兰浪漫主义是如何成为现代性的载体。项目总经费为150万兹罗提，申请方应通过举办国际活动，推广和创造性地利用波兰浪漫主义遗产，表现其与国家性、民族性、精神性和弥赛亚主义相对的个人主义，突出其对欧洲文化的贡献等[3]。

此外，亚当·密茨凯维奇学院还发起了"先锋"（Awangarda）、"餐桌文化"（Kultura stołu）、"独立"（Niepodległa）、"波兰爵士"（Polski Jazz）、

---

[1] 参见亚当·密茨凯维奇学院官网关于"波兰文化走向世界项目"的介绍，https://iam.pl/pl/wsparcie-kultury/kultura-polska-na-swiecie/archiwum。

[2] 参见亚当·密茨凯维奇学院官网关于"文化桥梁项目"的介绍，https://iam.pl/pl/wsparcie-kultury/program-kulturalne-pomosty-2022。

[3] 参见亚当·密茨凯维奇学院官网关于"44 x 密茨凯维奇项目"的介绍，https://iam.pl/pl/wsparcie-kultury/44xmickiewicz。

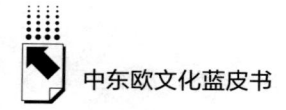

"伟大的周年纪念日"（Wielkie rocznice）、"共和国的黄金和白银时代"（Złoty i srebrny wiek Rzeczypospolitej）、"莱姆与未来创想"（Lem i myślenie o przyszłości）等文化传播重大项目，其涉及面很广，包括艺术、音乐、饮食、历史、科幻文学等领域。

（二）波兰电影协会

波兰电影协会是受波兰文化部监管的行业机构，其会长和理事会均由文化部部长选拔任命。2005年议会通过的《电影产业法》（*Ustawa o kinematografii*）①规定了波兰电影协会的主要任务，其中包括了在海内外宣传波兰电影艺术创作，为电影创作的宣传和电影文化的传播提供资助（包括海外波兰裔群体）。此外，该协会的优先任务之一是扩大波兰电影在国际电影节上的影响力。

波兰、欧盟成员国等海外电影产业实体可向波兰电影协会申请用于电影筹备、制作、发行与传播的资金支持，申请方则需满足传承波兰民族文化、维护波兰传统和母语、促进欧洲文化多样性等要求。资助普遍采取补贴形式，资助额度一般不超过电影预算的50%。

根据2022年波兰电影协会官网公布的《2022年波兰电影协会运作项目》（*Programy operacyjne Polskiego Instytutu Sztuki Filmowej na rok 2022*）指南②，2022年波兰电影协会预计为波兰电影产业拨款约1.84亿兹罗提，涵盖了6大项目、31个子项目，其中与波兰电影文化国际传播有关的有："波兰电影海外传播项目"（Promocja polskiego filmu za granicą），总经费870万兹罗提；"波兰—乌克兰电影倡议"（Polsko-ukraińskie inicjatywy filmowe），总经费500万兹罗提。从2006~2022年"波兰电影海外传播项目"立项情

---

① 《波兰共和国众议院议长通报（2018年3月6日）》［Obwieszczenie Marszałka Sejmu Rzeczypospolitej Polskiej z dnia 6 marca 2018 r. w sprawie ogłoszenia jednolitego tekstu ustawy o kinematografii (Dz. U. z 2018 r. poz. 597)］波兰众议院官网，http://prawo.sejm.gov.pl/isap.nsf/download.xsp/WDU20180000597/T/D20180597L.pdf。
② 参见波兰电影协会《2022年波兰电影协会运作项目》，https://pisf.pl/wp-content/uploads/2022/04/PO-PISF-2022.pdf。

况来看，其任务多是国际电影奖提名宣传、海外首映前期宣传、国际电影节宣传、影片国际发行、赴外参加电影节、参加国外颁奖仪式等，涉及范围主要是欧洲、美洲和西亚地区[1]。

（三）波兰图书协会

波兰图书协会成立于2004年，由波兰文化部管辖，是致力于波兰文学海外推广的专门机构，该协会定期参加国内外书展，推广波兰文学，通过发起项目和设立奖项来资助和鼓励外国译者和出版商翻译和出版波兰文学作品。该协会还会定期组织出版商研讨会，促进波兰与其他国家出版商建立联系。以下是波兰图书协会具有代表性的几个文学推广项目。

"波兰书籍翻译项目"（Program Translatorski 2 © Poland）[2] 面向具有外国文学翻译出版经验的外国出版社，资助对象包括虚构文学、人文专著、非虚构文学、历史著作、儿童和青少年文学、漫画，范围覆盖翻译、版权购买以及印刷费用。目前，已有64个国家在其资助下出版波兰书籍，出版数量较多的国家有德国、法国、意大利、英国、美国、捷克、中国等。

"波兰书籍试译项目"（Simple Translations © Poland）[3] 面向外国波兰文学译者（需至少发表过一部波兰文学译著），旨在拉近对象国读者与波兰文学的距离。项目资助至多20个标准页的翻译费用，选书标准与上一项目类似。目前，翻译成果已达34个语种，其中英语、德语、法语等欧洲语种数量最多。

"翻译家学院项目"（Kolegium Tłumaczy）[4] 面向资深或初级波兰文学译者。项目为译者提供往返交通、餐饮费以及住宿（图书协会创意工作公寓

---

[1] 参见波兰电影协会官网关于资助项目的介绍，https：//pisf.pl/dotacje/。
[2] 参见波兰图书协会"波兰书籍翻译项目"介绍，https：//instytutksiazki.pl/zagranica，4，program-translatorski-%C2%A9poland，29.html。
[3] 参见波兰图书协会"波兰书籍试译项目"介绍，https：//instytutksiazki.pl/zagranica，4，sample-translations，30.html。
[4] 参见波兰图书协会"翻译家学院项目"介绍，https：//instytutksiazki.pl/zagranica，4，program-kolegium-tlumaczy，31.html。

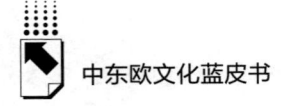

或知名作家故居)。主办方还会为参与者组织作家见面会、专家研讨会等,参与者则需在波兰进行翻译工作,以及为雅盖隆大学举办一场学术讲座。截至2019年底,已有来自37个国家共110位译者来访图书协会138次。

此外,图书协会还设立了:"穿越大西洋奖"(Nagroda Transatlantyk)。该奖设立于2005年,为最高波兰文学翻译终身成就奖。至今全球已有18位波兰文学翻译家获此殊荣,国内波兰语界泰斗易丽君教授在2012年获奖。"翻译新发现奖"(Found in Translation Award)[①]。英语在传播波兰文学方面功不可没,因此波兰图书协会与伦敦波兰文化协会、纽约波兰文化协议共同发起了此奖项。2008年起,共有15部英文译著获奖。

(四)肖邦学院

肖邦学院(Narodowy Instytut Fryderyka Chopina)是世界上最大的肖邦音乐机构,在2001年由波兰议会宣布成立,由文化部管辖,其前身是成立于1899年的华沙音乐协会肖邦分部。肖邦学院的主要任务是研究和推广肖邦及其创作,发行肖邦作品,组织音乐会、研讨会和钢琴比赛、运营博物馆和图书馆,与全球从事肖邦研究的机构和组织保持合作等。

世界著名的"肖邦国际钢琴比赛"(Międzynarodowy Konkurs Pianistyczny im. Fryderyka Chopina)就是由该学院主办的,该比赛五年一度在华沙举办,吸引了世界各国的钢琴大师前来演绎肖邦作品,线上直播让全球观众领略波兰音乐文化。此外,肖邦学院还每年举办"肖邦与他的欧洲"音乐会(Chopin i jego Europa),众多国内外著名钢琴家和乐团助阵,为波兰以及外国游客带来听觉盛宴。

(五)国家遗产局

国家遗产局(Narodowy Instytut Dziedzictwa)于2011年改组成立,由波兰文

---

① 参见波兰图书协会"翻译新发现奖"介绍,https://instytutksiazki.pl/zagranica,4,found-in-translation,77.html。

化部管辖。该局也负责波兰民族遗产的国际推广工作，包括与联合国教科文组织、国际与区域文物保护机构合作，组织协调在波兰举办的国际文物保护、推广、教育活动，如"欧洲遗产日"（Europejskie Dni Dziedzictwa）[1]，该活动是欧洲范围内最重要的文化遗产推广公益活动之一。国家遗产局还吸纳欧盟基金，代表波方主持欧盟地区性合作倡议 Interreg 计划内的文化遗产保护与开发项目[2]，如过去 10 年来 3 项波德边境的穆斯考尔公园波兰一侧的园林古迹修缮和推广项目。

此外，国家遗产局还与其他政府和民间机构合作，致力于推动文化遗产保护专业教育与人才交流，搭建专家学者、从业人员、志愿者跨国交流平台。如 2019 年波兰成功承办了名为"遗产志愿者：让我们在欧洲行动起来"（Wolontariat dla dziedzictwa. Działajmy razem w Europie）国际志愿者大会。国家遗产局还与白俄罗斯国立文化艺术大学一同组织了"涅希维斯卡学会"（Akademia Nieświeska）[3]，多年为来自波兰、俄罗斯、乌克兰、立陶宛、白俄罗斯、摩尔多瓦等国的文物修复专家举办国际学位暑期培训项目。

（六）波兰文化中心

目前，波兰外交部在德国、法国、英国、俄罗斯、美国、中国、印度、日本等国设立了 25 个波兰文化中心[4]，以满足波兰公共外交和文化外交的需求。其主要任务是在世界范围内推广波兰文化、历史和民族遗产，促进文化、教育、科学和社会生活等领域的合作。作为受波兰外交部管辖的机构，波兰文化中心利用其外交优势构建一体化的文化国际传播体系，如与波兰图书协会、肖邦学院、亚当·密茨凯维奇学院、音乐舞蹈学院（Narodowy Instytut Muzyki i Tańca）、建筑与城市规划学院（Narodowy Instytut Architektury

---

[1] 参见"欧洲遗产日"波兰官方网站，www.edd.nid.pl。
[2] 参见欧盟委员会官方网站，https://ec.europa.eu/regional_policy/EN/atlas/programmes/2014-2020/poland/2014tc16rfcb018。
[3] 参见国家遗产局官方网站对"涅希维斯卡学会"的介绍，https://nid.pl/en/edukacja/akademia-nieswieska-studia-podyplomowe/。
[4] 参见波兰外交部官网，https://www.gov.pl/web/dyplomacja/instytuty-polskie。

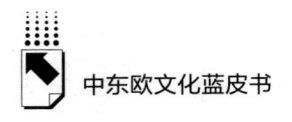

i Urbanistyki)等文化部监管机构合作。

波兰文化中心的运作模式体现了"官民合作"的理念，它尤其注重与对象国当地官方或受认可的非政府文化机构开展直接合作，举办各类文化、教育、宣传活动，让波兰元素走入对象国文化场馆，包括音乐会、电影展、戏剧专场、艺术展览、讲座、工作坊、书展、设计展等，以推广波兰语言、艺术、文化和科学。此外，还为波兰文化机构与国外相关机构牵线搭桥，协助其开展务实有效的国际文化交流与合作。波兰文化中心还努力发展与驻在国当地媒体的联系，充分利用多媒体平台宣传波兰。对象国从事波兰语、斯拉夫语或中东欧研究的教育、科研机构也是波兰文化中心的重要合作伙伴。这种"官民合作"的文化外交模式的优点明显，既可以控制成本，又可以获得更大的自由度，减少对象国对间接政治宣传的排斥，传播内容更易被当地政府和大众所接受。

2021~2022年，波兰文化中心在世界各地举办了一系列波兰文化活动，如第17届纽约波兰电影节、第6届纽约Jazz to pad爵士音乐节、第17届柏林film POLSKA波兰电影节、柏林"对话未来"莱姆百年诞辰纪念活动、巴黎"花园里的肖邦"户外音乐节、巴黎扎努西电影展、"欧盟爵士乐遇见中国"音乐会、"冬奥会项目诠释"画展、"苦中作乐的翻译生活"波汉笔译大赛等[1]。

（七）波兰国家学术交流中心

2017年，波兰科学与教育部设立了国家学术交流中心（Narodowa Agencja Wymiany Akademickiej，NAWA）。该中心的《2021~2027年行动规划》（*Kierunkowy plan działań na lata 2021—2017*）明确指出，中心应该以提升科研和高等教育机构人员的国际合作水平、提高波兰学术科研领域的国际化水平、加大波兰高校对顶尖国际学生的吸引力、对外宣传波兰高等教育和科研体系、向国际社会传播波兰语言和文化为长期目标。为此，中心自成立

---

[1] 参见波兰文化中心各分处咨询导览，https://instytutpolski.pl/。

以来已启动了超过20种项目。

根据2021年中心年度报告①，该年度总支出经费约为1.71亿兹罗提，有近1.49亿兹罗提用于资助16个项目来自全球共1499项获批的申请。国家学术交流中心项目大体上可分为4类：①学者项目，如"海外波兰学者回流项目"（Polskie Powroty）、"海外名师讲学项目"（Ulam）、"波兰学者赴外访学项目"（Bekker）等；②学生项目，如"海外波兰裔来波留学项目"（Anders）、"发展中国家学生来波硕士留学项目"（Banach）、"较发达国家学生来波硕士留学项目"（Poland My First Choice）等；③机构项目，如"中欧高校交流项目"（CEEPUS）、"Erasmus高校交流项目"（SPINAKER）等；④波兰语项目，如"波兰语教师外派项目"（Lektorzy NAWA）、"国外波兰语专业大学生和学者来波访学项目"（Polonista NAWA）、"波兰语推广项目"（Promocja języka polskiego）、"波兰语言文化暑期学校"（Letnie kursy NAWA）等。此外，NAWA还组织波兰语水平等级认证考试，2021年全球有超过1.2万人报名参加。

（八）波兰旅游局

波兰旅游局（Polska Organizacja Turystyczna）成立于2000年，隶属于波兰体育与旅游部，是推广波兰旅游文化的政府机构。波兰旅游局的任务包括提升波兰旅游景点的识别度、宣传波兰历史和文化遗产、为潜在客户提供信息和协助、巩固和提升波兰国家形象。

根据波兰旅游局2020年度工作报告②，该机构约斥资3667万兹罗提用于波兰旅游的海外推广，各渠道宣传效果比年度预期提高了约38.93%。2020年，波兰旅游局与驻中国、英国、法国、荷兰、日本、德国、美国、加拿大等27个国家的办事处合作举办波兰旅游推广活动，如参加各国大型

---

① 参见《波兰国家学术交流中心2021年度报告》，https://nawa.gov.pl/images/Aktualnosci/2022/NAWA-RR21-v14-net.pdf。
② 参见《波兰旅游局2020年度工作报告》，https://www.pot.gov.pl/attachments/category/123/Sprawozdanie%20POT%202020%20rok.pdf。

旅游博览会，出席各类国际旅游行业会议，在推介会、工作坊、国际会议等场合设立信息咨询处并派发宣传资料，通过纸质或数字渠道制作和发行波兰旅游手册、文化遗产简介、旅行视频等，组织面向各国媒体或旅游从业者的波兰探索旅行，在境外媒体或航空公司发表宣传文章或投放广告，举办工作坊、专题讲座、展览等，在各大社交媒体上发布推广信息等。

四 波兰文化国际传播与影响力评价

综上所述，波兰文化国际传播呈现出官方主导、官民合作的模式，同时兼具传播方式新颖、传播维度多样、传播范围广泛、故事性与工具性兼备等特点。波兰文化从历史自发式的对外传播，发展到现代高度自信的对外传播。波兰国家对外政策从剑走偏锋般的文化外交，发展到高度制度化的国家形象维护行动。文化国际传播的制度基础，使波兰文化在全球具备一定影响力和竞争力。其中，以下三方面对我国文化对外传播相关部门具有借鉴意义。

首先，波兰相当一部分文化符号和文化产品与其特殊的历史保持着紧密的联系。譬如，在电影艺术传播方面，荣获第87届奥斯卡最佳外语片、第27届欧洲电影奖最佳影片的波兰影片《修女艾达》、获第91届奥斯卡最佳外语片提名、第71届戛纳电影奖金棕榈奖提名的波兰影片《冷战》皆从普通人的角度展现和探讨了波兰的历史。在物质文化遗产传播方面，波兰旅游局、波兰文化中心等机构对华沙历史中心、前纳粹德国奥斯威辛—比克瑙集中营、格但斯克——记忆与自由之城（已列入预备名单）等遗产的宣传都会围绕着二战、冷战、"团结工会"等重大历史事件展开。当然，波兰文化宣传不仅限于历史本身，但正因为善于挖掘历史素材，敢于述说历史故事，乐于进行历史对话，波兰国家和民族一直被置于拟人化的语境中，其"不屈之鹰""民主殉道者"的国际形象润物细无声地进入受众的心中。但尽管如此，波兰的历史形象还是遭人非议，这也是当今波兰政府亟须解决的难题。对我国的文化对外传播者而言，这是如何"讲好中国故事、传播好中国声音"的问题。我国和波兰的历史遭遇颇为相似,但在国际上我国尚未获得"讲故事"的主动权,部分听众被西方版本的"中国故事"牢牢把控。但这也从侧面反映出,一个国家的历史和述说历史的方式,是决定这个国家国际形象的重要因素。

其次,波兰对本国文学的对外传播相当重视,而且也取得了不菲的成就。截至2021年,波兰已有五位作家获得过诺贝尔文学奖,如果将目光放到全球波兰裔作家上,数量则更多。波兰人对其民族语言有强烈自豪感,在被俄、普、奥三国瓜分时期,曾经的同胞成了异乡人,而波兰语是维持他们民族性的自留地。从捍卫波兰语到传播波兰语,体现的是波兰国力和文化自信的提升。波兰国家学术交流中心和波兰图书协会分别承担了对外传播语言和文学的任务。其中,翻译是文学传播的必经之路。波兰图书协会为了促进波兰经典与现代文学翻译,发起了创意十足的翻译资助和引才项目,并着力发展壮大年轻翻译队伍。

最后,波兰善于利用社交网络进行文化国际传播。随着社交媒体在全球范围内的纵深发展,国际传播格局随之发生深刻变化和急剧转型。社交媒体的参与性、复向传播性、对话性和圈子性有助于提升国际传播的认同感、覆盖率、亲和性和黏合度,使其成为跨文化传播的重要场域。除了亚当·密茨凯维奇学院创立的 Culture.pl 这类传统的信息发布平台之外,近年来波兰文化中心、波兰旅游局等机构纷纷通过与民间合作的方式入驻国内各大网络社交平台,其方式从传统图文传播转型到短视频传播,机构间的信息共享和合作效率也大幅提高,并且自媒体渠道有利于传播主体的"去官方化",使得波兰文化宣传的渗入率更高,受众排斥度更低。

当前波兰文化国际传播体系固然也是有弊端的。波兰最高审计署（Najwyższa Izba Kontroli）对2013~2018年波兰文化对外传播情况所做的调查显示[①],虽然波兰在文化对外传播上有一定效果,但是缺少一体化的传播体系。各部门和机构各司其职,文化部和外交部之间虽有合作,但这种合作

---

① 参见波兰最高审计署官网,www.nik.gov.pl/plik/id,21207,vp,23839.pdf。

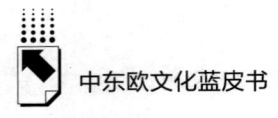

缺少组织性，效率不高，且存在部门经费无法共享的问题。在 2013~2018 年有 120 多个不同的机构在文化部和外交部监管下进行文化对外传播工作，但是迟迟未出台非常规范化、指标化、任务型的微观文化传播规划，且缺乏用于文化对外传播的一揽子财政计划。以上因素导致了最高审计署无法确切评估政府在文化国际传播上取得的绩效。因此，最高审计署已向总理提交议案，建议政府对于文化国际传播不应只停留在宏观规划上，而应当明确并量化传播的目标和给予集中的财政支持。

B.9
捷克文化国际传播与影响力报告

黄敏颖*

摘　要： 捷克政府重视并不断加强文化外交，逐渐形成以外交部和文化部主导、多机构合作的国际传播体系。2021年，捷克传统纸质文化产品与电子文化产品进出口均保持顺差，文化创意产业在国际市场竞争中不占优势，捷克入境旅游市场稳步复苏，目的地与客源地之间的文化交流逐渐恢复，捷克语言文化对外传播也有效促进了捷克文化国际传播与影响力。而捷克文化在国际传播过程中存在三方面问题：文化交流与传播目的地以欧洲国家为主；文化创意产业领域国际传播潜力有待挖掘；现有文化传播形式单一亟待创新。因此，捷克将进一步为塑造创新型现代化国家形象提出新的要求，增加文化传播多样性，提升捷克文化国际影响力。

关键词： 捷克文化　国际传播　文化产品

一　捷克文化国际传播体系

文化传播是国家形象塑造的必要一环。捷克文化在国际社会中保持着自身的独特性，反映了捷克民族思维方式、价值取向、伦理观念等深层结构。2015年7月，捷克政府调整了外交方针政策，并确定了以"捷克海外美誉"

---

* 黄敏颖，广东外语外贸大学西方语言文化学院捷克语专业教师，主要研究方向为中东欧区域国别研究、捷克社会与文化。

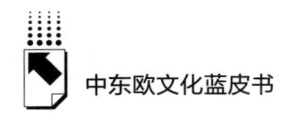

（dobré jméno České republiky）作为国家目标及公共外交的基本任务[1]。

2020年9月，捷克共和国外交部（Ministerstvo zahraničních věcí ČR）和文化部（Ministerstvo kultury ČR）签署《捷克共和国外交部和捷克共和国文化部关于支持和协调捷克文化对外传播相互合作备忘录》（Memorandum o vzájemné spolupráci mezi Ministerstvem zahraničních věcí ČR a Ministerstvem kultury ČR při podpoře a koordinaci prezentace české kultury v zahraničí），双方明确了文化作为加强捷克国际声誉与影响力这一不可替代因素的重要性，并将通过合作实施文化外交战略，支持捷克文化在国外的传播，进一步促进跨文化对话以加强文化外交在捷克对外政策中的关键作用[2]。在此之前，由于缺少相关机构或机制，捷克文化海外推广的高质量大型项目及活动数量较少。通过该备忘录，两个部门将共同组建捷克文化外交工作委员会（Pracovní komise pro českou kulturní diplomacii），专门为捷克文化海外展示制订详细行动计划。计划覆盖诸多领域，包括文化创意产业、文学、影视、文化遗产、博物馆、展览及博览会等。

捷克外交部还资助成立了捷克中心（Česká centra）。该非政府组织是对外传播捷克语言与文化的主要机构，同时也是欧盟国家文化协会（European Union National Institutes for Culture）的成员，并在该框架内与其他欧盟成员国开展政府间文化合作。自2006年成立以来，该机构一直致力于加强捷克与世界各国之间的文化关系，在海外支持捷克文化相关业务，如在艺术、文化创意产业、文化遗产保护、教育、语言、生活方式等领域。目前，捷克在全球范围内共设立26个捷克中心，主要分布于欧洲、亚洲及北美洲，它们是捷克外交政策当中的重要组成部分，也是公共外交中文化外交的重要工具，在莫斯科、布拉迪斯拉发和耶路撒冷的捷克中心还负责管理当地的捷克

---

[1] *Koncepce zahraničních politiky ČR*，捷克外交部官网，https：//www.mzv.cz/jnp/cz/zahranicni_vztahy/analyzy_a_koncepce/koncepce_zahranicni_politiky_cr.html。

[2] *Memorandum o vzájemné spolupráci mezi Ministerstvem zahraničních věcí ČR a Ministerstvem kultury ČR při podpoře a koordinaci prezentace české kultury v zahraničí*, Praha：Ministerstvo zahraničních věcí a Ministerstvo kultury, 2020, s. 2.

之家（Český dům）①。捷克中心集中了捷克社会文化活动的重要参与者，并建立了与国外公众及合作伙伴的联系，在不同地域文化背景下，为广泛的目标群体提供了国际合作与跨文化交流的开放平台，同时还统筹海外捷克语教学工作，根据欧洲共同语言参考标准（Common European Framework of Reference for Languages）在国外14个捷克中心（柏林、布达佩斯、布加勒斯特、基辅、伦敦、米兰、慕尼黑、莫斯科、纽约、巴黎、索非亚、东京、华沙、维也纳）提供A1至C1等级的捷克语语言课程并参与组织语言水平等级考试。

此外，捷克文化部委托位于布尔诺的摩拉维亚州图书馆（Moravská zemská knihovna）设立捷克文学中心（České literární centrum）以系统地推广捷克文学与图书文化。作为不同文化相互了解与交流的载体，文学作品承载着丰富的精神文化内涵。捷克文学中心在捷克、欧洲和世界图书市场上发挥作用，为文学、文化交流提供对话平台，并提高捷克文学与图书文化在国内外的知名度。② 该机构关注广泛的文学作品、形式与流派，包括但不限于诗歌、散文、小说、戏剧、非小说等体裁，重视图书文化在插图、平面设计和排版等方面的艺术性与创新性。捷克文学中心的工作重点为提高文学作家与翻译、文学代理人、图书馆员、出版商、编辑等专业人士在海外的流动性，创建数据库以完善协调与国外专家、工作室及机构的合作实体网络，支持捷克文学在国外的出版，积极推动海外文学中心的建立及文学节项目的筹备与实施。

捷克之声（Sound Czech）是一个由捷克文化部资助的音乐办事处，专注于支持捷克国内任何音乐流派的高质量作品创作，以非正式教育课程、研讨会等形式为音乐领域工作者提供职业培训，在国际音乐市场上支持、推广捷克音乐艺术家及其作品，充分利用网络与新媒体，帮助捷克音乐专业人士走上国际舞台，并组织、协调在各大展会及活动中展示捷克音乐作品，通过

---

① 捷克中心、捷克旅游局、捷克贸易局等多个机构联合办公室。
② *Koncepce Českého literárního centra 2017-2022*，捷克文学中心官网，https：//www.czechlit.cz/cz/ceske-literarni-centrum/koncepce-2017-2022/。

交流和联合项目促进中东欧地区区域音乐产业蓬勃发展，从而提高捷克在全球音乐市场上的竞争力。捷克艺术家和其他音乐专业人士如在国外举办音乐会或巡回演出，可申请项目资金资助。捷克之声目前已建立起一个信息门户网站，提供捷克国内外音乐界活动最新咨询，网站还包含捷克音乐艺术家目录与链接、唱片制作发行及音乐出版公司数据库、音乐节及音乐俱乐部数据库、各类音乐项目等信息。

二 捷克文化国际传播与影响力现状

（一）纸质文化产品进出口

联合国商品贸易统计数据库（UN Comtrade Database）官网显示，2021年捷克传统纸质文化产品保持较为明显的贸易顺差，该类别文化产品对外出口总量占据优势。以图书、期刊、报纸、册子等出版物为例，其出口总金额均高于进口总金额。数据显示，捷克2021年图书、期刊、报纸等印刷品进口总金额约为30872.97万美元，出口总金额约57214.64万美元，贸易差额为26341.67万美元，表现出明显的贸易顺差（见图1）。

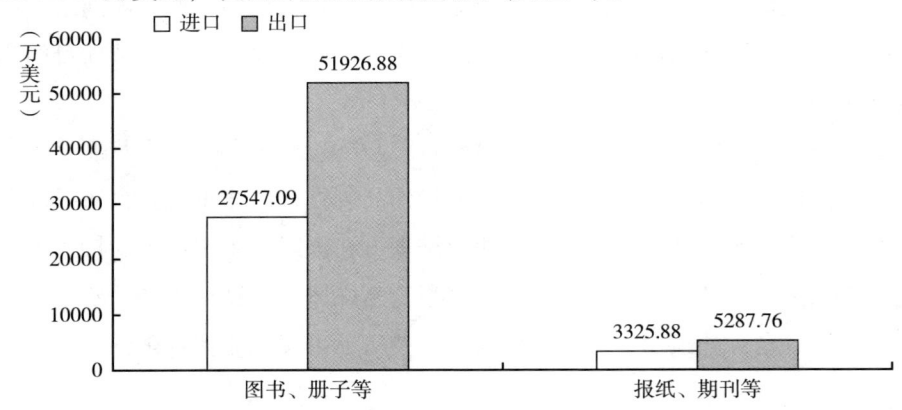

图1 2021年捷克图书、期刊、报纸等进出口金额

资料来源：UN Comtrade Database，联合国商品贸易统计数据库官网，https://comtrade.un.org/data。

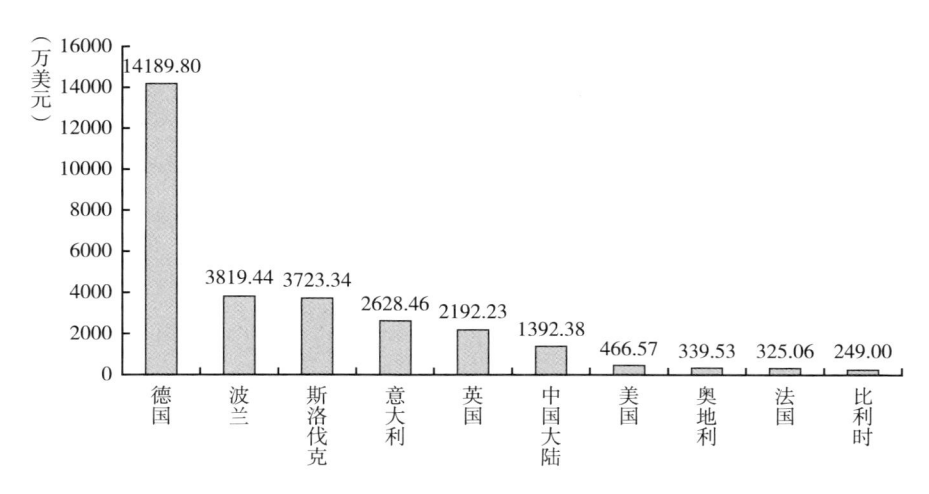

图 2　2021 年捷克图书、期刊、报纸等进口按国别地区分布（部分）

资料来源：UN Comtrade Database，联合国商品贸易统计数据库官网，https://comtrade.un.org/data。

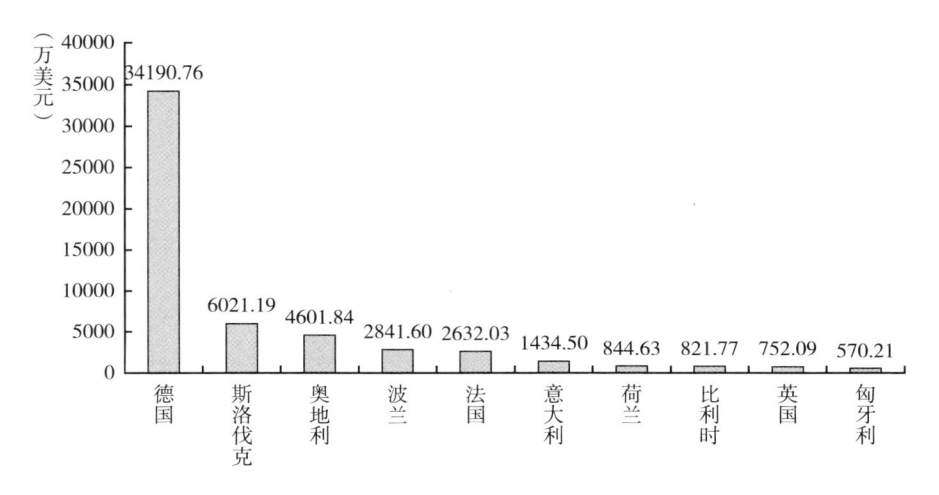

图 3　2021 年捷克图书、期刊、报纸等出口按国别地区分布（部分）

资料来源：UN Comtrade Database，联合国商品贸易统计数据库官网，https://comtrade.un.org/data。

为扩大以传统纸质文化产品为媒介的捷克文学在对外文化交流过程中的国际文化传播与影响力，每年捷克文化部的艺术、文学和图书馆科都会宣布一项补贴计划以支持捷克原创文学作品在国外的翻译与出版。国外出版商可申请翻译、平面设计、版权、宣传等费用的补贴,译者、代理商也可申请样章翻译补助金。① 2021 年,来自超过 30 个国家或地区的文学行业从业者共提出近 300 个出版项目申请,捷克文化部共斥资约 1861 万克朗(约 81 万美元)支持了 228 项出版项目②,其中保加利亚、法国、意大利、北马其顿、匈牙利、德国、波兰、塞尔维亚获资助的项目均超过 10 项。较受国外出版商青睐的捷克文学作品包括了雅希姆·托波尔(Jáchym Topol)的短篇小说《敏感的人》(*Citlivý člověk*)、阿莱娜·莫恩什塔伊诺娃(Alena Mornštajnová)的短篇小说《沉寂岁月》(*Tiché roky*)、伊日·克拉托赫维尔(Jiří Kratochvil)的短篇小说《狐狸美人》(*Liška v dámu*)以及大卫·伯姆(David Böhm)的绘本童书《从南极看世界》(*A jako Antarktida*)。

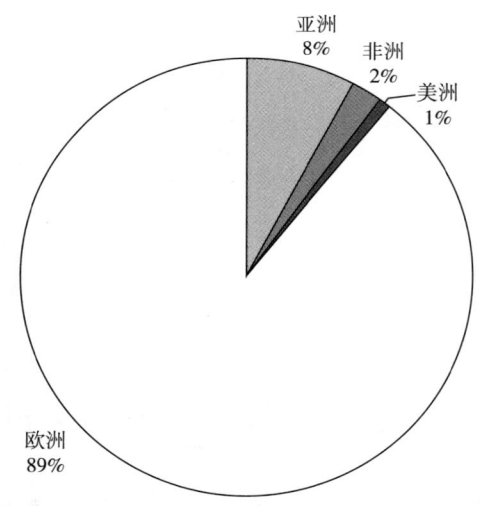

图 4 2021 年捷克文学在国外翻译出版获资助项目按地区分布

资料来源:Podpora vydání české literatury v překladu,捷克文化部官网,https://www.mkcr.cz/podpora-vydani-ceske-literatury-v-prekladu-517.html。

---

① *MK ČR program podpory vydávání překladů původní české literatury v zahraničí*,捷克文学中心官网,https://www.czechlit.cz/cz/grant/preklad/。
② *Výroční zpráva Ministerstva kultury za rok 2021*,捷克文化部官网,https://www.mkcr.cz/doc/cms_library/vyrocni-zprava-ministerstva-kultury-za-rok-2021-14811.pdf。

2021 年 5 月，捷克青年散文作家露茨娅·法奥勒洛娃（Lucie Faulerová）凭借作品《死亡少女》（Smrtholka）与来自荷兰、葡萄牙等国的其他 12 位作家一起获得了欧盟文学奖（European Union Prize for Literature）。这是捷克作家自该奖项设立以来第四次获奖，之前的获奖者及其作品包括了托马什·兹梅什卡尔（Tomáš Zmeškal）《楔形文字情书》（Milostný dopis klínovým písmem）、杨·涅梅茨（Jan Němec）《光的历史》（Dějiny světla）和比安卡·贝洛娃（Bianca Bellová）《湖》（Jezero）。① 欧盟文学奖是欧盟创意欧洲项目（Creative Europe programme）下设的奖项，旨在支持欧洲 41 个国家的文学发展。每年度每位获奖者都将获得 5000 欧元的奖金用于支持其作品的翻译与推广工作。《死亡少女》精彩选段及其英语译文被收录进 2021 年度欧盟文学奖选集当中，并将被翻译成西班牙语、马其顿语、保加利亚语、意大利语、塞尔维亚语、匈牙利语、波兰语及克罗地亚语，这在一定程度上提高了捷克作家在国际图书市场上的知名度，促进了各国之间的跨文化对话。

（二）音乐、影视及文化创意产品与服务的对外推广

捷克国家统计局（Český statistický úřad）数据显示，2021 年捷克音乐、影视产品与服务进口总金额为 4528.80 百万克朗，出口总金额为 9048.84 百万克朗，出口总金额约为进口总金额的 2 倍，呈现较大的贸易顺差（见图 5）。2018 年音乐、影视产品与服务进出口总额达到 19162.38 百万克朗，而之后几年一直呈现下降趋势，但是这几年间仍保持着较为明显的贸易顺差，因此该领域在国际市场中占据一定优势。可见以电影、电视节目、广播节目以及音乐歌曲为主的电子文化产品与服务在后疫情时代虽未恢复至正常水平，但整体平稳复苏迹象明显。

2021 年，文化创意产品及服务进口总金额为 507.13 百万克朗，出口总

---

① Lucie Faulerová získala Cenu EU za literaturu，捷克文学中心官网，https：//www.czechlit.cz/cz/lucie-faulerova-ziskala-cenu-eu-za-literaturu/。

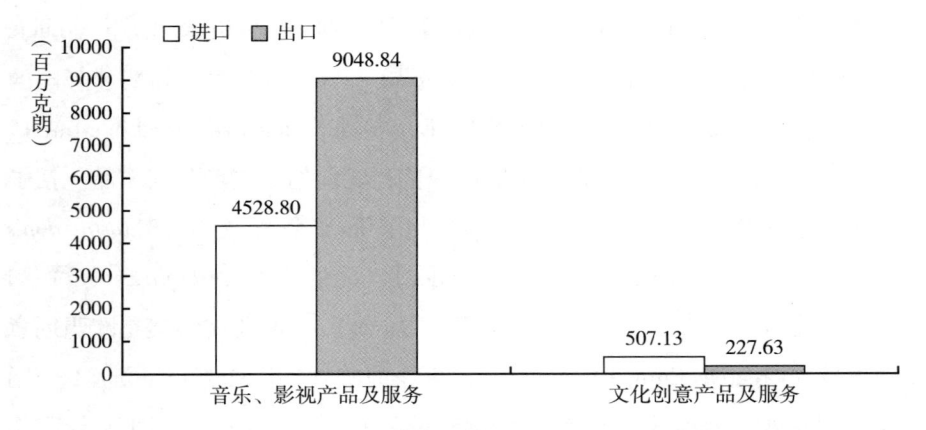

图5 2021年捷克音乐、影视与文化创意产品及服务进出口金额

资料来源：Zahraniční obchod se zbožím podle komodit-roční data，捷克国家统计局官网，https：//vdb.czso.cz/vdbvo2/faces/cs/index.jsf？page=vystup-objekt&z=T&f=TABULKA&skupId=3709&katalog=32935&pvo=VZO08-NP-R&pvo=VZO08-NP-R&c=v3~8_ _ RP2021。

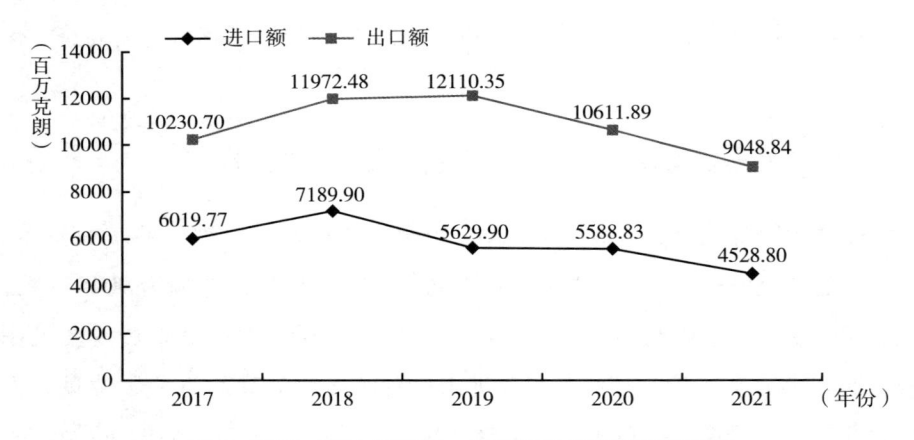

图6 2017~2021年音乐、影视产品与服务进出口额

资料来源：Zahraniční obchod se zbožím podle komodit-časová řada，捷克国家统计局官网，https：//vdb.czso.cz/vdbvo2/faces/cs/index.jsf？page=vystup-objekt-parametry&z=T&f=TABULKA&sp=A&skupId=3909&katalog=32935&pvo=VZO018-NP-A&pvo=VZO018-NP-A&str=v154。

金额为227.63百万克朗，贸易差额为279.50百万克朗（见图7）。长期以来，文化创意产品及服务进出口始终在较低水平发展且规模较小，并基本处于贸易逆差状态，与其他类别产品及服务相比，该领域在国际市场竞争中处于劣势，因此，该类别文化产品及服务在国际传播与影响力具有较大的提升空间。

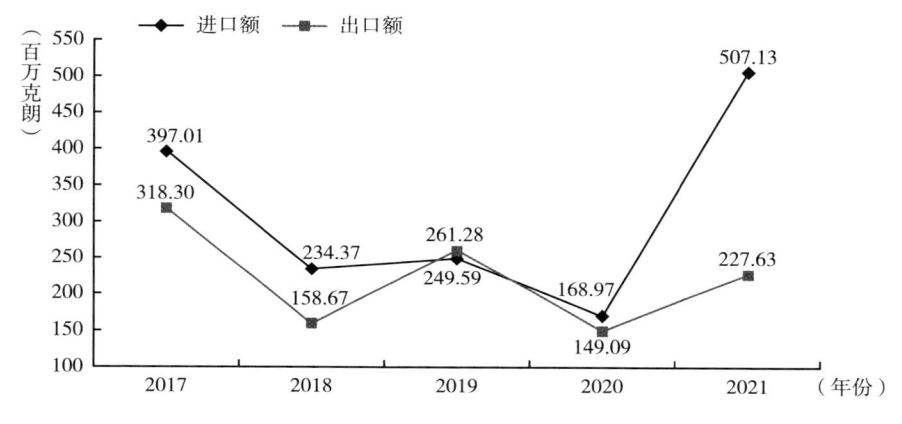

图7 2017~2021年文化创意产品及服务进出口额

资料来源：Zahraniční obchod se zbožím podle komodit-časová řada，捷克国家统计局官网，https：//vdb.czso.cz/vdbvo2/faces/cs/index.jsf? page = vystup-objekt-parametry&z = T&f = TABULKA&sp = A&skupId = 3909&katalog = 32935&pvo = VZO018-NP-A&pvo = VZO018-NP-A&str = v154。

就文化创意产品及服务出口的具体情况而言，捷克2021年出口至英国总金额为97.57百万克朗，出口至美国总金额为42.61百万克朗，出口至德国总金额为19.52百万克朗，出口至瑞士总金额为8.96百万克朗，出口至阿联酋总金额为4.95百万克朗，出口至意大利总金额4.86百万克朗，出口至俄罗斯总金额为4.06百万克朗，出口至斯洛伐克总金额为4.03百万克朗，出口至中国香港总金额为3.57百万克朗，出口至中国大陆总金额为3.47百万克朗[①]。创意产品及服务进口来源前10的国家和地区为德国、美国、瑞士、英国、奥地利、俄罗斯、意大利、法国、中国和墨西哥。由此可

---

① Zahraniční obchod se zbožím podle zemí za vybranou komoditu，捷克国家统计局官网，https：//vdb.czso.cz/vdbvo2/faces/cs/index.jsf? page=vystup-objekt&pvo=VZO08-NP-A-ext&z=T&f=TABULKA&skupId=3569&katalog=32935&v=v744_ _ CZCPA_ _ 6646_ _ 90&&c=v3~8_ _ RP2021&str=v744。

见，英美国家文化产品在捷克创意产品及服务进口中也占据较高份额，同时，在该领域中捷克的进出口贸易伙伴结构较为相似。

（三）以旅游业为媒介的文化传播

捷克旅游局统计数据显示，在新冠肺炎疫情冲击下，2020年全年入境捷克旅游人数约为1084万人次，外国人入境游客为278万人次。2021年，入境捷克旅游人数约为1138万人次，其中外国人入境游客约为257万人次（见图8）。在疫情前外国游客在入境捷克旅游市场中占比基本稳定保持在50%左右，而2020年该比例仅达26%，2021年持续下降至23%。而随着新冠肺炎疫情趋缓，捷克政府自2021年下半年起渐渐放松疫情防控限制措施，逐步恢复旅游活动。2022年第一季度外国入境游客约为89万人次，较2021年第一季度同比增长约1500%，因此在2022年捷克旅游市场有望有序启动，逐渐恢复。

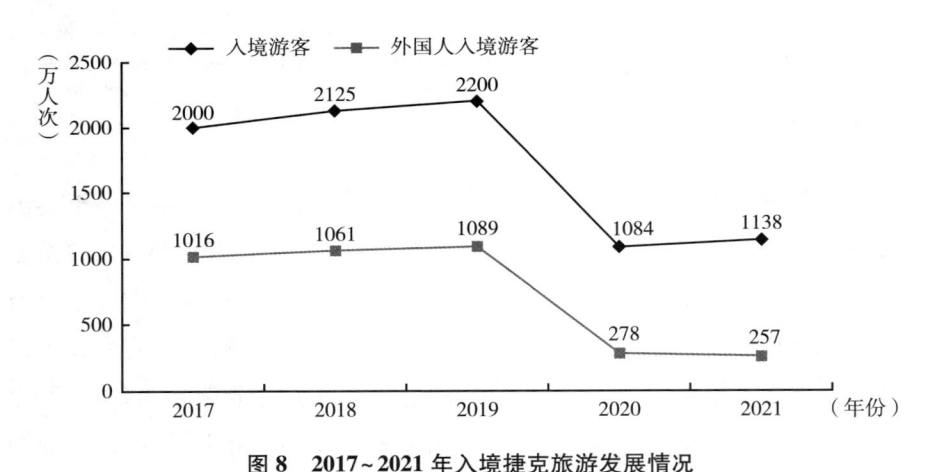

图8 2017~2021年入境捷克旅游发展情况

资料来源：Návštěvnost HUZ-podrobná data 2012-2022，捷克旅游局官网，https://tourdata.cz/data/navstevnost-huz-2012-2022/。

2021年，外国入境游客中约有141万人次到达布拉格，约有22万人次到达南摩拉维亚州，约有19万人次到达卡罗维发利州，其他较受外国游客欢迎的地区还有皮尔森州、南波希米亚州、赫拉德茨—克拉洛韦等。外国游客主要到访物质文化遗产所在地或各大著名城市。另外，捷克国土面积较小，主要景点相对集中，2021年全年度外国游客在捷克境内平均停留时间为3.55天，该数据与前几年相比差距并不大。

图9数据显示，按国别来看，2021年外国人入境捷克旅游人数最多的为德国，接近70万人次，其后依次是来自斯洛伐克约33万人次，来自波兰约23.4万人次，来自荷兰约9.9万人次，来自法国约9.9万人次，其他主要客源地还有奥地利、意大利、美国、以色列和乌克兰等。以上数据表明，捷克入境旅游主要客源市场排名前十位国家中绝大部分是欧洲国家，且排名前三的国家均为捷克邻国，从这三国入境捷克的外国游客人数几乎占访捷外国游客总数的一半。在新冠肺炎疫情暴发前，捷克旅游的亚洲客源市场潜力不断释放，中国大陆地区是2019年捷克第四大入境旅游客源地（约61万人次），韩国排名第九（约38.8万人次），来自其他亚洲国家的外国游客约31万人次[①]，然而2021年来自中国大陆地区入境捷克的外国游客甚至不到万人。

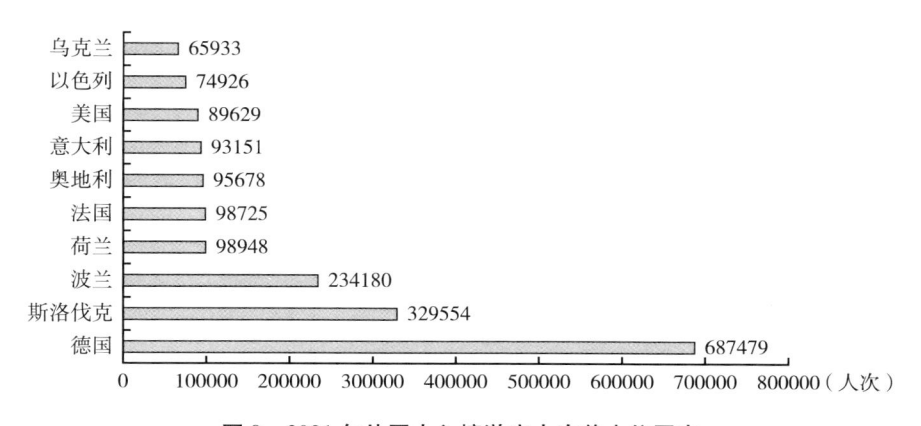

国家	人次
乌克兰	65933
以色列	74926
美国	89629
意大利	93151
奥地利	95678
法国	98725
荷兰	98948
波兰	234180
斯洛伐克	329554
德国	687479

图9　2021年外国人入境游客人次前十位国家

资料来源：Návštěvnost HUZ-podrobná data 2012-2022，捷克旅游局官网，https://tourdata.cz/data/navstevnost-huz-2012-2022/。

---

① *Výroční zpráva ČCCR za rok 2021*，捷克旅游局官网，https://www.czechtourism.cz/cms/getmedia/043cdf24-9cf0-4e5f-b22e-ce8da01aa132/CzT-VZ-2021_（0226_22）_web.pdf。

（四）捷克语言文化的对外传播

2021年，捷克教育、青年与体育部（Ministerstvo školství, mládeže a tělový chovy ČR，以下简称"教青体部"）与外事合作处（Dům zahraniční spolupráce）主导的支持捷克文化遗产海外发展项目（Program podpory českého kulturního dědictví v zahraničí）持续推进，它由侨民教育项目（Krajanský vzdělávací program）和捷克语言与文学讲师团（Lektoráty českého jazyka a literatury）两个子项目组成。侨民教育项目旨在加强捷克文化与海外侨胞的联系，教青体部每年为侨民提供60个在捷克参加四周语言课程的奖学金名额，提供15个在捷克公立大学进行为期一学年学习的奖学金名额，并选拔来自侨民社区的20名教师参与为期两周的捷克语教学方法课程培训，培训内容以对外捷克语教学为主，充分发挥海外侨胞成为捷克语言文化传播者的积极作用。在2021/2022学年，约有15名捷克语教师被派赴阿根廷、巴西、克罗地亚、巴拉圭、罗马尼亚、俄罗斯、德国、塞尔维亚、乌克兰、美国、澳大利亚和新西兰，在当地侨民社区任教。[1]捷克语言与文学讲师团是帮助国外大学生了解捷克文化的使者。[2]教青体部每年启动捷克语教师公派出国项目，遴选有意致力于对外捷克语教学工作的专业人士，进入海外已开设波希米亚学（Bohemistika）专业的高校任职。在2021/2022学年，教青体部共向海外36所高校派遣高水平语言讲师，其中包括英国的格拉斯哥大学（University of Glasgow）、法国的索邦大学（Sorbonne Université）、德国的莱比锡大学（Universität Leipzig）、比利时的布鲁塞尔自由大学（Université Libre de Bruxelles）、波兰的华沙大学（Uniwersytet Warszawski）、葡萄牙的里斯本大学（Universidade de Lisboa）、奥地利的维也纳大学（Universität Wien）、中国的北京外国语大学等知名高校。除此之外，教青体部还向这些高校和其他教育机构赠予教材、字典、文

---

[1] KRAJANSKÝ VZDĚLÁVACÍ PROGRAM，捷克教育、青年与体育部官网，https://www.msmt.cz/mezinarodni-vztahy/krajansky-vzdelavaci-program-1。

[2] LEKTORÁTY ČESKÉHO JAZYKA A LITERATURY，捷克教育、青年与体育部官网，https://www.msmt.cz/mezinarodni-vztahy/lektoraty-ceskeho-jazyka-a-literatury。

学书籍、捷克地图等材料供课堂教学使用。

捷克语言文化传播还通过捷克中心与查理大学语言与预科学习中心（Ústav jazykové a odporné studiu）的合作在国外开展。该教学点拥有60多年的捷克语对外教学历史，为所有对捷克语言与文化感兴趣的人群以及即将进入捷克高校攻读学位的外国学生开设语言课程。目前，语言与预科学习中心已在世界多地设立教学点以及欧盟语言框架标准等级考试考点，捷克境内在布拉格、布尔诺及奥洛穆茨这三座城市设立考点，欧洲地区的其他考点分布在德国、法国、奥地利、波兰、斯洛伐克、匈牙利、意大利等国家，亚洲地区的两个考点分别位于日本东京以及越南河内。

同时，捷克中心通过视频会议软件Zoom每月定期举办线上讲座，普及捷克语语言相关知识[1]。2021年共举办9场线上讲座，话题涉及口头用语"No nevim no"（嗯……我不知道）、特定词类如介词的使用、捷克语中关于颜色词语的表达、外国地名捷克语译名等，以趣味性内容广泛吸引公众，加强了捷克语母语者与捷克语学习者的交流与互动，使捷克语使用者群体的联系更加紧密。捷克中心还在脸书（Facebook）平台上积极推广在线的国际会话俱乐部（Mezinárodní Zoom konverzační klub）。该活动面向所有对捷克语感兴趣的学生，参与者根据自身捷克语水平会被分为两个组别。讲师在对课程话题进行介绍并讲解后，引导来自世界各地的捷克语爱好者围绕一个共同的任务进行自主探索与讨论，强化其语言实际应用能力。该俱乐部自2020年7月起每月定期举办一次，2021年俱乐部对话讨论的主题有"世界上的捷克印迹，你们戴隐形眼镜吗？"（ČESKÉ STOPY VE SVĚTĚ aneb Nosíte kontaktní čočky？）、"捷克人周末去小木屋，那你们呢？"（ČEŠI JEZDÍ O VÍKENDU NA CHALUPU. Kam jezdíte vy？）、"新冠肺炎疫情阴霾下的捷克假期。金窝银窝不如自己的草窝。"（ČESKÁ DOVOLENÁ VE STÍNU COVIDU. Všude dobře，doma nejlíp.）等，并且新增了"捷克之旅"系列，如"捷克

---

[1] Online přednášky o češtině, 捷克中心官网, https：//www.czechcentres.cz/projekty/online-prednasky-o-cestine.

之旅：太好啦去动物园！"（CESTY PO ČESKU：Hurá do Zoo!）、"捷克之旅：捷克文学，我们真正读哪些捷克作家"（CESTY PO ČESKU：ČESKÁ LITERATURA aneb Které české autory opravdu čteme）、"捷克之旅：去喝一杯吗？捷克人喝什么……"（CESTY PO ČESKU：Nezajdem na jedno? aneb Co Češi pijou…）。①

捷克中心与文艺研究所——戏剧所（Institut umění-Divadelní ústav）②在2014年博胡米尔·赫拉巴尔100周年诞辰之际在国外各地举办了捷克文学作品选段翻译比赛（由捷克语译成其他语种）。2015年，该项目正式确立为苏珊娜·罗斯奖（Cena Susanny Roth），每年举办一届，比赛面向40岁以下的外国波希米亚学者。③自2017年起比赛由捷克中心和捷克文学中心合作举办，全球各地的捷克中心和捷克大使馆提出承办申请，统筹协调所负责区域的译作评审工作。2021年，竞赛选择的文段来自捷克青年作家连卡·艾贝（Lenka Elbe）所著的《乌拉诺瓦》（Uranova）一书，有包括来自法国、意大利、奥地利等16个国家的年轻译者参与其中。而保加利亚、日本、匈牙利、波兰、乌克兰和英国这6个国家自比赛创办起未曾缺席过一届。

表1 2015~2021年全球参与苏珊娜·罗斯翻译比赛情况

	2015年	2016年	2017年	2018年	2019年	2020年	2021年
参与国家数量（个）	16	13	12	16	15	16	16

资料来源：*Cena Susanny Roth*，捷克中心官网，https://www.czechcentres.cz/projekty/cena-susanny-roth。

---

① *MEZINÁRODNÍ ZOOM KONVERZA ČNÍ KLUB*，捷克中心官网，https://www.czechcentres.cz/projekty/mezinarodni-zoom-konverzacni-klub。
② 文艺研究所——戏剧所由捷克文化部资助于1959年成立，负责向捷克国内外公众提供戏剧及其他文艺领域的服务。
③ *Cena Susanny Roth*，捷克中心官网，https://www.czechcentres.cz/projekty/cena-susanny-roth。

捷克文化国际传播与影响力报告

三 捷克文化国际传播中存在的问题

（一）文化交流与传播目的地单一

无论是就传统的纸质文化产品进出口而言，还是就音乐、影视及文化创意产品与服务进出口而言，捷克的主要贸易伙伴都是以欧洲国家尤其是欧盟国家为主，捷克与英语国家的文化贸易额也占据一定份额。从旅游业中的旅客来源地来看，源于欧洲国家的外国人游客占外国人游客总数80%以上，由于疫情，源于亚洲地区的外国人游客数量呈现逐年大幅递减趋势。从捷克语语言文化的国际传播来看，目前全球30多个国家和地区超过50所高校已开设捷克语语言与文学相关的本科教学点，在全球的分布较为均衡，教青体部主导下多方合作的语言文化交流在捷克文化国际传播过程中快速发展，然而专业性较强的相关语言类国际性赛事较少。上文提及的苏珊娜·罗斯翻译比赛覆盖范围不足，举办7年以来每年参与国家数量平均约为14个，也体现了以欧洲国家为主的特征，除此之外，由查理大学语言与预科学习中心主办的专题汇报演示大赛（Soutěži tematických a odborných prezentací v PowerPointu）在海外宣传力度较小，因而仍有大部分在捷克境外的捷克语语言学习者缺乏途径参与到高水平的国际交流当中。

（二）文化创意产业领域国际传播潜力有待挖掘

捷克文化创意产业发展仍然处于起步阶段。2021年3月，捷克文化部设立文化创意行业部（oddělení kulturních a kreativních průmyslů）以系统地支持文化创意产业的发展。自2022年1月1日起，该部门正式更名为文化创意产业部（oddělení kulturních a kreativních odvětví）。然而，文化创意产业发展面临着其产业定义不明确、各业务缺乏资金支持以及数据收集与分析不足等困难[1]，因而导致捷克文化创意产品开发研究明显滞后于其他文化领域，

---

[1] *Strategie rozvoje a podpory KKO*，捷克文化部官网，https://www.mkcr.cz/strategie-rozvoje-a-podpory-kko-1301.html。

161

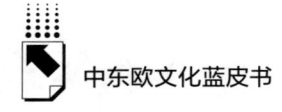

并且由于产业内部碎片化现象严重，其国际交流合作也受到限制。

文化创意产业领域的对外传播对提升一个国家的国际知名度具有巨大作用，全球文化创意产业水平近年来不断攀升，主要集中在英国、美国、瑞士等几个少数发达国家，捷克文化创意产品及服务也主要从这些国家进口。但是近五年来捷克文化创意产品及服务进出口总额不稳定，上下浮动区间较大，因而为适应国际文化竞争需求，捷克需高度关注文化创意产业发展战略的制定与调整，积极挖掘该领域在国际传播当中的潜力。

（三）现有文化传播方式亟待创新

捷克文化产品的国际传播主要通过以图书、期刊等为主的传统纸质文化产品和以电影、电视节目、广播节目以及音乐歌曲为主的电子文化产品为媒介来进行。受到新冠肺炎疫情影响，国际航线的限流使捷克与其他各国的文化交流活动骤减，线下实体文化产业国际传播路径受阻。虽然2021年捷克文化产业稳步复苏，但始终与疫情前水平相去甚远。青年一代更倾向于通过新媒体平台获取资讯，传统的技术手段与平台存在形式单调、技术落后等问题，难以吸引海外受众的参与。而疫情催化了基于互联网与移动互联网的在线数字文化的发展，这种新模式、新形态的文化形式能够在一定程度上打破文化产品与服务的国际传播物理空间壁垒。因此，捷克文化的国际传播需要不断创新升级现代化传播方式，优化传播途径，增强其传播的覆盖面和影响力。

四 捷克文化国际传播未来展望

（一）塑造捷克创新型现代化国家形象

捷克政府在2019年决议批准了《2019~2030年捷克共和国创新战略》（*Inovační strategie České republiky 2019—2030*），由研发资金与评估、创新与研究中心、数字化、知识产权保护、智能投资等9个相互关联的支柱组成，并引入"捷克共和国：未来之国"（Česká republika：země pro budoucnost）这一国家品牌。因而，捷克文化国际传播未来将致力于树立高创新潜力的捷克国家形象，积极为日本2025年大阪世界博览会捷克馆展示准备。

此外，捷克中心为塑造捷克现代化国家形象，传承丰富的传统文化，培养文化自信也提出了一些新的要求：重视文化可持续发展、数字化、文化多样性、社会包容等全球性议题，将《2030年可持续发展议程》（*2030 Agenda for Sustainable Development*）中的相关话题融入海外开展的文化活动当中，并为话题内容的呈现创新展示形式；强化欧洲认同，支持欧盟作为特殊的国际力量在国际社会发挥"规范性"作用，加强欧盟国家文化协会框架内的合作发展，协调捷克国内外欧洲项目的合作，与欧盟对外行动署以及欧盟驻外代表团合作组织欧盟国家文化协会在非欧盟国家开展的活动；增强中欧文化区的归属感，持续推进与维谢格拉德集团国家、德国及奥地利的合作，在国际文化交流中凸显"中欧"（střední Evropa）概念；重视捷克文化国际传播过程中民间力量的参与，发挥海外侨民的社会作用与影响力，通过他们来传播捷克文化；加快打造国际化的社会文化环境，在多边和双边项目的实施中深化国内外文化参与者的动态交互网络，进一步支持捷克文化科学领域青年人才的海外交流。

（二）增加文化传播多样性

捷克文化国际传播的内容将不断优化，基于不同对象国具体情况开展文化外交，充分考虑受众多样性进行有针对性的传播。工作重点将放在提升重要文化活动和纪念日的知名度，如布拉格之春国际音乐节（Mezinárodní hudební festival Pražské jaro）、捷克语日（Den češtiny）等；介绍捷克世界文化遗产及其保护，提高各个城市作为旅游目的地的吸引力，带动更多海外旅客访捷并延长他们的逗留时间；在国际传播中融合以传统工艺、饮食、服饰、建筑为代表符号的民俗文化和业余艺术等元素，向世界各国展现捷克文化的历史沉淀；充分挖掘捷克历史文化名人资源，政坛领袖、体育明星、作家学者等，突出这些重要人物较高的专业成就或在全球范围内的影响力；革

新对外捷克语教学方法，根据不同地域特点进行课程设计改革，加强捷克国内外高校与研究机构之间学生互换交流与科研合作。捷克将进一步挖掘捷克文化内涵，使文化国际传播逐步变得多样化，提高国家文化软实力和捷克文化影响力。

B.10
斯洛伐克文化国际传播和影响力报告

高晓潼*

摘　要： 随着欧洲一体化和经济全球化的不断发展，越来越多的中东欧国家走向国际舞台，除经济和军事力量以外，文化软实力也在逐步影响着一个国家的整体发展。以文化作为纽带推动本国形象在国际范围内的传播已为各国重视的战略手段。为提升自身国际影响力，斯洛伐克也在不断推动文化外交的发展，以政府为主导，多部门联合，在国内多领域举办特色文化活动，在国际积极开展双边及多边合作，同时积极参与国际合作项目，重视国际合作平台，有效地帮助本国特色文化走向世界。

关键词： 斯洛伐克文化　国际传播　文化活动

斯洛伐克共和国地处欧洲中部，于1918年与捷克一同成立捷克斯洛伐克共和国，1989年11月天鹅绒革命后，国内政权更迭，国名也多次经过变更，最终定为捷克和斯洛伐克联邦共和国，但最终于1992年12月31日解体。1993年1月1日，斯洛伐克共和国正式成为独立主权国家。为尽快提高自身在欧洲乃至世界范围内的国际地位与影响力，斯洛伐克在大力发展经济的同时也十分重视文化的对外传播，不仅在国内举办各种文化活动、提供各类文化补贴，在国际层面也积极参与各类文化项目，其国内外活动项目涵盖音乐、美术、戏剧、电影、动画、城市推广等多个文化领域。其海外文化

---

* 高晓潼，广东外语外贸大学西方语言文化学院捷克语专业教师，主要研究方向为中东欧区域国别研究、捷克文学与文化。

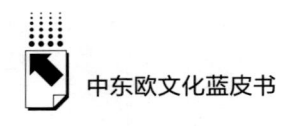

宣传也被称为"文化外交"（Kultúrna diplomacia），主要由斯洛伐克文化部与外交和欧洲事务部（以下简称"外交部"）负责。

一 斯洛伐克文化国际传播概述

（一）机构设置

斯洛伐克文化的国际传播主要由斯洛伐克文化部与外交部及其下设部门、下属机构负责。2009年9月，时任斯洛伐克外交部部长米罗斯拉夫·莱恰克（Miroslav Lajčák）和文化部部长马雷克·马甲里奇（Marek Maďarič）共同签署了《斯洛伐克共和国外交部和文化部关于保障文化外交与对外展示斯洛伐克艺术与文化活动的协议》①。依照协议要求，双方设立跨部门常设工作组，旨在协调两部门在文化外交与对外展示斯洛伐克艺术文化方面的联合合作。

作为主要负责本国文化展示与传播的文化部，依照相关法律规定，在国际领域展示斯洛伐克文化是其基本工作任务之一，同时还应负责系统性管理斯洛伐克各海外机构在文化领域开展的各项涉外活动。其下设各部门分管文化政策与活动的制定、实施、监管等各项工作，其中部长办公室（Sekcia kancelária ministra）下设的国际合作处（Odbor medzinárodnej spolupráce）主要负责对接斯洛伐克与欧盟及其他政府机构、国际组织等之间的合作，处理文化领域的双边及多边关系，制定相关国际合作协议等。

斯洛伐克文化国际传播的另一主要负责机构是外交部，其中"文化外交"是其外交政策不可分割的一部分。与传统外交政策相比，文化外交特点在于注重文化与艺术同外国公众的交流，从而促进国际社会对斯洛伐克的

---

① Dohoda medzi Ministerstvom zahraničných vecí Slovenskej republiky a Ministerstvom kultúry Slovenskej republiky o spolupráci pri zabezpečovaní úloh kultúrnej diplomacie a prezentácie slovenského umenia a kultúry v zahraničí，斯洛伐克外交部官网，https：//www.mzv.sk/documents/10182/12405/dohoda_ o_ spolupraci_ MZV_ a_ MK.pdf/0a2df399－8493－4ebb－a743－cfcadc661135。

积极认识，提高斯洛伐克在世界领域的声誉和影响力。为实现其文化的国际展示，外交部特设"文化外交处"（Odbor kultúrnej diplomacie），主要活动包括发展斯洛伐克在文化领域的双边关系、协调驻外使馆及国家行政机构在国外进行的文化展示活动、推动艺术与文化领域的国际合作等。

2020年外交部通过了《2020—2024年对外展示斯洛伐克艺术与文化的实施步骤》，进一步确认了外交部大力支持与发展文化外交的态度与方向。该文件要求外交部与驻外使馆及驻外斯洛伐克协会（Slovenský inštitút）密切合作，进行长期规划，在指定国家举办多类型的斯洛伐克周活动，目的在于向国外公众积极展示斯洛伐克艺术与文化[①]。其中需要特别指出的是，"驻外斯洛伐克协会"是推动实现斯洛伐克文化外交政策目标的重要机构之一，该协会驻各国的分支机构通过举办各类文化活动，定期向国外公众展示斯洛伐克文化经典，为斯洛伐克这一拥有丰富文化财富的国家树立了积极的国际形象。目前该驻外协会共包括九个机构，分别驻捷克布拉格、法国巴黎、以色列耶路撒冷、匈牙利布达佩斯、德国柏林、波兰华沙、奥地利维也纳、俄罗斯莫斯科和意大利罗马[②]。

（二）指导文件

文化的国际传播在塑造一个国家的国际形象方面发挥着重要的作用。自1993年斯洛伐克共和国独立以来，几乎每年的政府计划声明都会强调斯洛伐克文化对外展示的重要性，然而这种主张大多只停留在声明的层面，并未制定系统的活动组织方案。2007年，斯洛伐克外交部宣布计划制定一个考量周到的、目标明确的全面开展斯洛伐克对外展示的实施方案。2009年，如上文所提，外交部与文化部签署合作协议，设立专门机构，正式全面开展斯洛伐克文化与艺术的国际传播活动。

[①] Kultúrna prezentácia, 斯洛伐克外交部官网, https://www.mzv.sk/ministerstvo/kulturna_diplomacia-kulturna_prezentacia。

[②] Slovenské inštitúty, 斯洛伐克外交部官网, https://www.mzv.sk/ministerstvo/kulturna_diplomacia-slovenske_instituty。

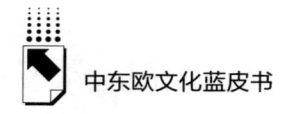

2014年斯洛伐克文化部颁布了《2014—2020年斯洛伐克文化发展战略》①，作为斯洛伐克共和国独立以后第一份文化领域的战略性文件，该文件确定了斯洛伐克2014~2020年文化发展的七大任务，其中第七项即为斯洛伐克文化的国际展示，目的在于提升本国文化的对外形象与影响力。其具体内容包括：制定斯洛伐克文化对外展示的全面战略，分析本国现有制度及机构设立情况，支持海外机构的工作，建立相关机制遴选赴海外参加活动的文艺工作者并对其提供财政支持；大力推动斯洛伐克原创艺术作品向外输出，确保定期参与国际作品展示活动；在旅游行业更加有针对性地进行投资，尽量消除语言障碍，重视留学生、新闻记者、研究人员等国外来访者；重视创意产业的发展，推动创意产品的出口和国际化，并将其纳入国家经济政策之中，同时鼓励旅游与创意产业战略相结合，以吸引更多外国游客；重视文化遗产保护，推动与旅游局的合作，进一步促进斯洛伐克文化形象的营销与公关活动的丰富多样；在与媒体的合作方面，有针对性选择国外媒体对外推广本国文化遗产，同时加强国内媒体对斯洛伐克文化对外展示的介绍与宣传，有针对性地转述国外媒体对斯洛伐克个人或集体赴外开展文化活动的积极报道，提升本国民众民族自信心与文化认同感。

最新的政府计划《斯洛伐克共和国政府2020—2024年计划声明（文化）》②明确指出，斯洛伐克政府将为在国外安全且系统地展示斯洛伐克文化与艺术创造条件，同时将以此为契机，积极促进国家外交、旅游与经济领域的发展。

除此以外值得一提的是，"2030年斯洛伐克共和国文化和创意产业战略"是斯洛伐克文化部正在进行的一个长期项目，其目的在于到2030年以前，以各部委的政策制定及当下的情况发展为基础，定期更新文化活动计划。该战略将根据文化部下设的文化政策研究所（Inštitút kultúrnej politiky）提供的文化支出修订方案、数据结果评估、2014~2022年文化发展战略评估

---

① Stratégia rozvoja kultúry Slovenskej republiky 2014-2020，斯洛伐克文化战略官网，http://www.strategiakultury.sk/sites/default/files/STRATEGIA_ ROZVOJA_ KULTURY_ SR_ NA_ ROKY_ 2014-2020.pdf。

② Programové vyhlásenie vlády Slovenskej republiky na roky 2020-2024.（kultúra），斯洛伐克文化部官网，https://www.culture.gov.sk/wp-content/uploads/2020/09/Programove_ vyhlasenie_ kultura_ 2020-2024.pdf。

报告，以及其他相关战略和国际背景进行制定，并于2022年底将初步材料提交给政府做进一步处理。

二 斯洛伐克文化国际传播现状

（一）传统纸质文化产品进出口

斯洛伐克统计局数据库（DATAcube）数据显示，2017~2021年斯洛伐克纸质图书、期刊、报纸等印刷品在进出口方面始终表现为明显的贸易顺差，其中最小为2017年的389.4百万欧元，最大为2021年的648.8百万欧元。从进口方面看，这五年间传统纸质文化产品进口总额相对稳定，最低为2019年的1247.6百万欧元，最高为2018年的1386.2百万欧元；出口方面的数据则相对波动较大，2017~2018年出口总额短暂上升，随即持续下降，在2020年跌至最低1665.0百万欧元，随后又在2021年出现较大提升，达到五年间最高2001.2百万欧元。（见图1）

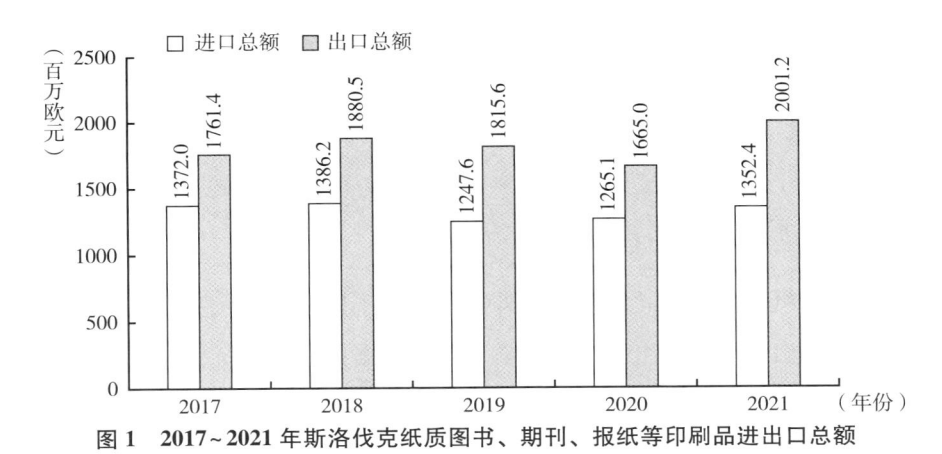

图1 2017~2021年斯洛伐克纸质图书、期刊、报纸等印刷品进出口总额

资料来源：Zahraničný obchod podľa kapitol Harmonizovaného systému［zo0015rs］，斯洛伐克统计局官网，http：//datacube.statistics.sk/#!/view/sk/VBD_INTERN/zo0015rs/v_zo0015rs_00_00_00_sk。

其中，向捷克、德国、意大利、澳大利亚、匈牙利和法国出口的传统纸质文化产品数额长期位于出口总额按国别区分的前列。联合国商品贸易统计数据库（UN Comtrade Database）数据显示，2017~2021年，捷克始终是斯洛伐克纸质印刷品的出口去向第一大国，其出口数额是第二名的两倍还多，其中2018年面向捷克的出口数额高达79.7百万美元。随后通常是德国和意大利。面向匈牙利的出口数额在2017年最高，为33.6百万美元，这使匈牙利成为当年继捷克之后斯洛伐克出口传统印刷品数额最高的国家，但随后其出口数额大幅减少，于2020年达到最低，为15.2百万美元，2021年有所回升，达到20.7百万美元，成为当年继捷克、德国、意大利后斯洛伐克纸质图书、报纸、期刊等印刷品第四大出口国（见表1）。

表1 2017~2021年斯洛伐克纸质图书、报纸、期刊等印刷品主要出口国及其数额

单位：百万美元

国家	2017年	2018年	2019年	2020年	2021年
捷克	53.1	79.7	60.1	56.0	78.8
德国	26.5	27.9	24.6	25.3	34.5
意大利	21.1	18.7	25.4	25.8	27.3
澳大利亚	16.8	21.6	22.4	18.2	16.3
匈牙利	33.6	18.7	18.5	15.2	20.7
法国	11.1	13.4	12.4	11.7	18.7

资料来源：UN Comtrade Database，联合国商品贸易统计数据库官网，https://comtrade.un.org/data。

（二）影视作品进出口

与传统纸质文化产品的长期对外贸易顺差不同，斯洛伐克文化产品在影视领域的进出口则体现出较大的贸易逆差。根据斯洛伐克统计局所提供的数据，斯洛伐克影视作品在2017~2021年始终保持着进口总额远大于出口总额的状态，其中，2017年逆差最大，为154.3百万欧元，随后的两年逆差基本稳定在148百万欧元上下，在2020年进一步缩小至121.3百万欧元，但在2021年又回升至139.9百万欧元。在2017~2020年，斯洛伐克影视作品的进口总额与出口总额变化趋势保持一致，即2018年升至顶峰后不断下降，在随后的2021年中进口总额有所提升，而出口总额持续下降（见图3）。

斯洛伐克文化国际传播和影响力报告

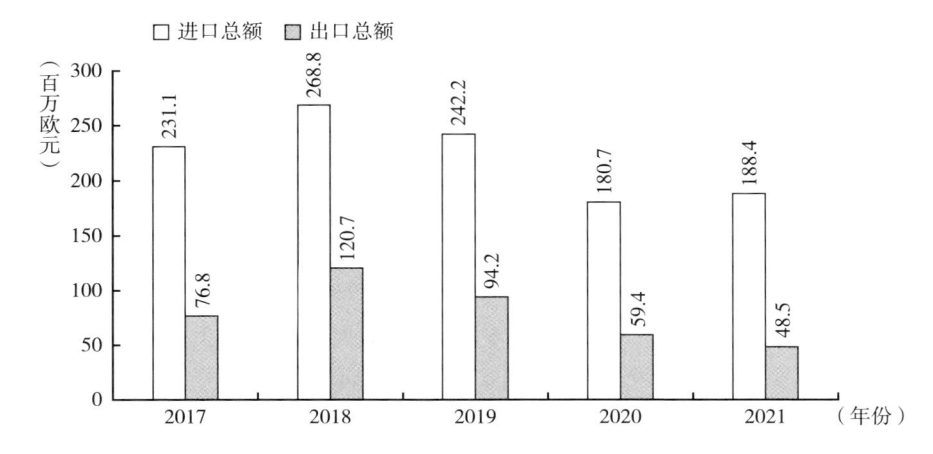

图2　2017~2021年斯洛伐克影视作品进出口总额

资料来源：Zahraničný obchod podľa kapitol Harmonizovaného systému ［zo0015rs］，斯洛伐克统计局官网，http：//datacube.statistics.sk/#!/view/sk/VBD_INTERN/zo0015rs/v_zo0015rs_00_00_00_sk。

在按国别分布方面，捷克除2019年外始终是斯洛伐克影视作品的第一出口大国，但从数据来看，其对应出口数额自2017年的588.7万美元后持续下降，2020年达到最低219.9万美元，2021年小幅度提升至237.3万美元。除捷克外斯洛伐克影视作品出口的国别分布展现出较大波动。其中2017年与2018年，面向伊朗和斯洛文尼亚的出口较多，最高为2018年的82.6万美元和45万美元，之后出口迅速减少，并从2020年起不再向伊朗出口影视作品。此外面向匈牙利、澳大利亚和意大利的出口数额也显示出巨大的波动（见表2）。

表2　2017~2021年斯洛伐克影视作品主要出口国及其数额

单位：万美元

国家	2017年	2018年	2019年	2020年	2021年
捷克	588.7	497.1	317.5	219.9	237.3
英国	55.5	78.4	62.8	72.7	98.8
匈牙利	25.5	337.8	330.0	39.5	66.6
澳大利亚	4.7	2.7	125.6	44.3	36.6
意大利	0.6	225.1	41.4	174.8	3.1

资料来源：UN Comtrade Database，联合国商品贸易统计数据库官网，https：//comtrade.un.org/data。

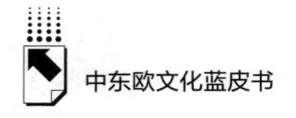

（三）旅游业出入境游客

斯洛伐克在旅游业领域的出入境人数年度变化充分体现了新冠肺炎疫情带来的影响。斯洛伐克统计局数据显示，2017~2019年斯洛伐克出入境游客均保持着持续增长的态势，在2019年入境外国游客达到247.5万人次，出境本国游客达到395.8万人次；随后出入境游客数量均迅速下降，其中2020年跌幅最大，入境外国游客减少了162.1万人次，出境本国游客减少了160.2万人次，到2021年达到最低，入境外国游客仅为57.6万人次，出境本国游客为146.5万人次。后随着政府防疫措施的逐步放松以及鼓励恢复经济往来，2022年上半年出入境游客数量均有大幅度的提升，且入境外国游客数量首次高于出境本国游客数量。具体来说，2022年上半年入境外国游客数量达到195万人次，与上一年相比同比增长290%；出境本国游客数量增至173.6万人次，同比增长83.7%（见图3）。

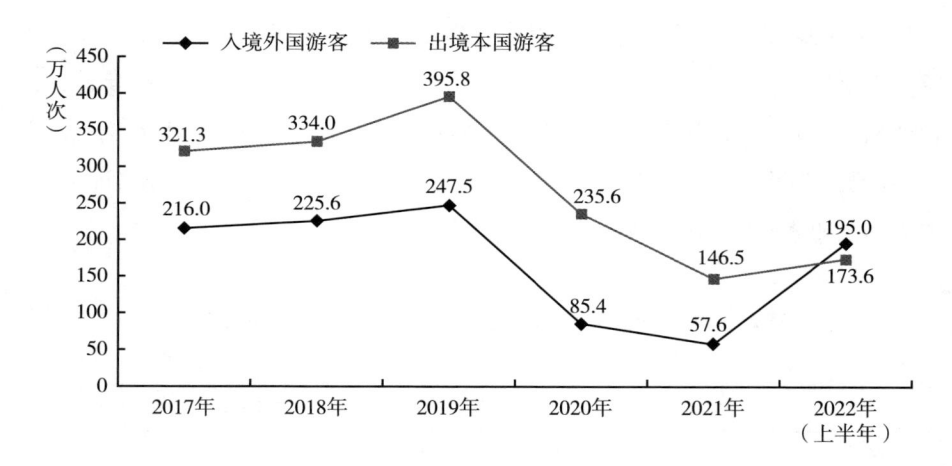

图3 2017年至2022年上半年斯洛伐克出入境游客数量变化

资料来源：Návštevnosť UZ-okresy（krajiny）[cr3804mr]，斯洛伐克统计局官网，http://datacube.statistics.sk/#!/view/sk/VBD_SK_WIN2/cr3804mr/v_cr3804mr_00_00_00_sk。

三 斯洛伐克文化国际传播方式

斯洛伐克作为一个国土面积约为4.9万平方千米的中东欧国家，其政治、经济、文化等方面与德国、法国等西欧国家相比优势并不突出，同时欧盟不断试图将欧洲文化政策进行整合，将欧盟国家作为一个整体参与全球文化竞争，作为其成员国之一，这也无疑增加了斯洛伐克文化从欧洲脱颖而出、走向更大世界舞台的难度。为最大限度地树立本国文化在欧盟与国际范围内的积极形象、扩大自身文化的国际传播与影响力，主要以文化部和外交部为依托，斯洛伐克分别在国内和国际两个层面积极举办各类国际活动，参与各种国际合作项目。其中国内活动领域涉及美术、音乐、戏剧、电影、动画等，活动类型包括举办国际展览、组织国际赛事等；国际层面包括大力开展区域合作，积极参与国际项目等。

（一）国内多领域举办特色文化活动

斯洛伐克以文化部及其下属机构为主导，在国内多个城市积极开展各类面向国际社会的文化活动，打造自身文化品牌，在持续提升活动国际影响力的基础上，让本土文化不断向外传播，让世界记住斯洛伐克特色。其中部分重要活动如下。

1.2021斯洛伐克设计年

以斯洛伐克设计中心（Slovenské centrum dizajnu）成立30周年为契机，斯洛伐克文化部宣布2021年为斯洛伐克设计年（Rok slovenského dizajnu, RSKD）。在这一整年中，由设计中心主办，在国内外各地多次举办各种展览、讲座与线上活动。该活动希望通过向国内外观众展示极富吸引力的斯洛伐克设计，体现本国文化的珍贵与特色所在，从而将其推往更广阔的国际舞台。

斯洛伐克文化部部长针对该活动表示："2021年是设计之年。我认为当代设计涵盖各种领域，存在于我们身边的每个角落。我们展示了不同的实用

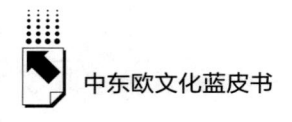

性与装饰性用品、建筑造型等，我们还展示了由现代科技与材料制成但体现传统技术的产品。"①

设计不分国界，此次活动不仅在国内举行，而且面向国际社会，活动主题表达两层含义，一是展示了一场跨越100年的斯洛伐克设计史之旅，二是强调当下的具体现实生活，体现了设计者们的个人态度与生活理念。

尽管受到疫情影响，斯洛伐克设计中心与外交部合作，仍成功在多个国外城市举办多项活动，如2021年5月于意大利米兰独家放映电影《斯洛伐克设计100年》，在捷克布拉格举办"斯洛伐克碎片"展（výstava Slovenské fragmenty），6月至10月在法国马赛举办"脆性混凝土"（Krehký betón）、"玛利亚·斯瓦波娃"（Mária Švarbová）等三场展览。

2. 布拉迪斯拉发国际插画双年展

首届布拉迪斯拉发国际插画双年展（Bienále ilustrácií Bratislava，BIB）举办于1967年，由联合国教科文组织（UNESCO）和国际儿童读物联盟（IBBY）联合赞助，受斯洛伐克文化部支持，由国际儿童艺术之家（BIBIANA）组织，于每个奇数年的秋季在斯洛伐克首都布拉迪斯拉发举办。BIB是世界上最早且最负盛名的非商业性国际儿童插画展览，在国际美术界和儿童插图领域具有无可争议的重要地位。该展览共设置14个奖项，包括一个BIB特奖、5个BIB金苹果奖、5个BIB徽章奖和3个出版社荣誉奖。第28届展览活动于2021年10月15日至2022年2月28日在布拉迪斯拉发城堡内的历史博物馆举行，共展示了来自42个国家或地区的380位插画家的作品，包括2700多幅插图与近500本图书②，充分展现了世界各地的不同绘画特色，促进了插画在不同国家与地区之间的交流与分享，而借此斯洛伐克也极大地提升了自身文化在插画领域的国际知名度。

除此以外，组织者国际儿童艺术之家还于每个偶数年举办布拉迪斯拉发

---

① Spoznajte Rok slovenského dizajnu，斯洛伐克文化部官网，https：//www.culture.gov.sk/ministerstvo/medialny-servis/aktuality-ministerstva-kultury/spoznajte-rok-slovenskeho-dizajnu/。
② BIB 2021，国际儿童艺术之家官网，https：//www.bibiana.sk/sk/bienale-ilustracii-bratislava/bib-2021/program。

动画电影双年展（Bienále animácie Bratislava），在上一届（2020年），有来自96个国家或地区的1824部电影参与展示并对奖项进行角逐①。

3. 新戏剧节

新戏剧节（Festival Nová dráma）是由斯洛伐克文化部支持、斯洛伐克戏剧研究所（Divadelný ústav）组织的戏剧领域的重要文化活动。该戏剧研究所成立于1961年，是文化部直属的全国性专业机构之一，积极开展同V4集团及其他各国文化机构的合作，此外，该戏剧研究所还是国际戏剧协会（ITI）、国际表演艺术图书馆和博物馆协会（SIBMAS）、国际博物馆协会（ICOM）等多个国际组织的成员，多次举办国际专业戏剧活动与项目，推动斯洛伐克戏剧在国际范围内的展示。首届新戏剧节举办于2000年，其参赛戏剧的内容要求体现当下生活，紧跟欧洲趋势，展示并支持斯洛伐克的新戏剧形式。该活动目的在于提高斯洛伐克剧院在演出新戏剧领域的国际知名度，展示当代斯洛伐克戏剧的新趋势，同时为当代斯洛伐克戏剧作者提供尽可能的帮助与支持，鼓励其创造更多具有创新型、启发性的作品。2007年起该戏剧节增添了新的部分——"聚焦"（Focus），特别关注欧洲其他各国的戏剧文化，尤其是与罗马尼亚、俄罗斯、塞尔维亚、芬兰、斯洛文尼亚、波兰、捷克、匈牙利、德国和波黑等国展开合作并取得积极成果，该部分集中展示外国戏剧，并将其与斯洛伐克本土戏剧进行比较，其目的在于一方面让本国居民能够有机会欣赏到不同国家的特色戏剧，另一方面则是积极向国际领域输送本国戏剧精华，提升自身戏剧在欧洲范围内的形象传播与影响力构建。

2021年新戏剧节于2021年10月11日至16日在布拉迪斯拉发举办，由于受到疫情的影响，跨境出行在很大程度上难以实现，因此该届戏剧节以线上线下相结合的方式，为外宾推出专业在线平台。在评选期间共有146部作品入选，最终由戏剧委员会评选出10部最佳戏剧在互动期间进行表演与展示②。

---

① BAB 2020，国际儿童艺术之家官网，https：//festivalbab.sk/call/。
② Festival Nová dráma/New Drama predstaví 10 inscenácií z dvoch výberových období，斯洛伐克戏剧研究所官网，https：//www.theatre.sk/novinky/novadrama2021-vyber。

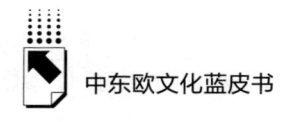

4.金乞丐国际电影节

"金乞丐国际电影节"（Zlatý žobrák）是斯洛伐克城市科希策（Košice）每年都会举办的国际电影活动，首届举办于 1995 年，旨在庆祝、推广和支持欧洲地方电视广播的制作，现已成为欧洲地方电视台最为重要、规模最大的年度盛事。电影节共设有三个奖项：最佳青年导演奖、最佳制片公司奖以及最佳电视台奖，该奖项被视为获奖者具有较高专业水平的重要证明。随着该活动国际重要性的不断提升，斯洛伐克影视作品在国际范围内也得到了更为广泛的传播，国际影响力得到了极大的提升。2021 年 9 月第 27 届金乞丐国际电影节因疫情原因同上一届一样继续在线上举办，来自世界各地 51 个国家和地区的共 277 部电影参与其中并对各个奖项进行激烈角逐[1]。

（二）国际积极开展双边及多边合作

成为欧盟的成员国，一方面让斯洛伐克面临来自成员国内部同质文化传播的挑战，另一方面也向其提供了稳定而强大的区域性发展平台，使之向世界传递斯洛伐克声音有了更多的机会与更广的空间，因此，在欧盟文化发展框架内利用好自身优势，积极参与各项文化活动成为斯洛伐克文化国际传播的重要方式之一，部分重要项目如下。

1. 2018 欧洲文化遗产年

2016 年 9 月 2 日，斯洛伐克在担任欧盟轮值主席国期间，首次提出要将 2018 年设为文化遗产之年。该计划的基本理念在于，文化遗产塑造了人们的日常生活，遍布欧洲的每一个角落。文化遗产的多样性将欧洲各国联系在一起，得益于互联网的快速发展，现在的人们比之前更容易接触到来自不同国家的各种文化遗产，欣赏其在地方与国家之间的共通之处。基于此，2018 欧洲文化遗产年以"我们的遗产：过去与未来相遇"和"共同遗产"作为项目口号。斯洛伐克以古迹办公室（Pamiatkový úrad Slovenskej

---

[1] Press release from the 27th international film festival golden beggar Košice 2021, 金乞丐国际电影节官网, https://festival.sk/2021/09/29/tlacova-sprava-27-medzinarodny-filmovy-festival-zlaty-zobrak-kosice-2021/。

republiky）为主要负责部门，与国内外多家机构相互合作，组织了一系列有利于加深文化遗产认知、改善文化遗产现状的活动。

2."创意欧洲"计划

文化和创意产业约占欧盟国内生产总值的4.2%，然而，收入减少、气候恶劣、民族主义抬头等问题对其发展造成了不小的挑战，因此，欧盟委员会认为有必要加大在文创领域的投入，于是设立了"创意欧洲"（Creative Europe）文化基金项目。该项目目前共分为两个阶段，第一阶段为2014～2020年，第二阶段是2021～2027年。在已正式收官的第一阶段中，斯洛伐克积极参与，在其子项目"媒体"（Media）和"文化"（Kultúra）领域成功申请并举办各类活动。如"欧洲之歌""欧洲城镇故事网""欧洲跨境青年：共促嘻哈与平等，挖掘共同根源"等。2021年，"创意欧洲2021～2027"计划正式启动，与第一阶段的预算14.7亿欧元相比，此次计划预算为24.4亿欧元，几近翻倍，其主要目标在于保护、发展和促进欧洲文化和语言的多样性及其遗产保护，提高文化和创意部门，特别是视听部门的竞争力和经济潜力[1]。借助2020年的预付款及充值付款，2021年斯洛伐克实体企业在"媒体"子项目共获得65.5万欧元的支持[2]。受到疫情的影响，第二阶段"创意欧洲"计划的首批申请征集于2021年6月初发布，审批结果将在2022年予以公布。

3. 2026年"欧洲文化之都"

"欧洲文化之都"（European Capital of Culture，ECOC）活动由欧盟举办，是欧盟最负盛名的文化活动之一，起源于1985年希腊文化部部长梅利娜·迈尔库里（Melina Mercouri）的提议，最初名为"欧洲文化之城"（European City of Culture），直至2001年更名为"欧洲文化之都"，其目的在于保护和促进欧洲文化的多样性，增强公民对于共同文化空间的归属感，

---

[1] About the Creative Europe Programme，欧洲委员会官网，https://culture.ec.europa.eu/creative-europe/about-the-creative-europe-programme。

[2] Report on the slovak audiovisual situation in 2021，斯洛伐克"创意欧洲"办事处官网，http://www.cedslovakia.eu/uploads/ckeditor/attachments/714/REPORT-2021_web.pdf。

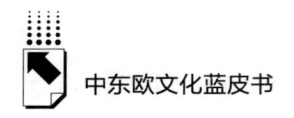

加强其对欧洲文化的贡献。2013年科希策（Košice）成为斯洛伐克首个冠名欧洲文化之都的城市，借此该城市大力加强自身文化与创意产业的对外宣传，有效地促进了自身经济发展与对外合作，提升了国际知名度。

经过层层筛选与评比，"2026年欧洲文化之都"的称号将由斯洛伐克的特伦钦（Trenčín）和芬兰的奥卢两个城市共同享有，双方作为伙伴城市将有机会共同搭建新的国际合作桥梁，从而进一步促进欧洲文化的多样性发展。据《特伦钦城市投标书2022—2026》① 规划，该项目将围绕"培养好奇心"这一基础理念，将整个项目分为"共同平台""创新平台""未知平台"三个部分，以自然、城市、人民、文化、社区和欧洲六个主题为指导方向，创造一个时间跨度涵盖2026年全年及往后数年，展现方式包括展览、音乐会、社区活动等体现不同节日和艺术的文化活动项目，致力于大力推动城市与国家旅游业和创意产业的经济发展。

除了依托欧盟这一重要国际组织，斯洛伐克每年也会积极开展同周边各国的双边与多边合作，积极参与各区域性合作组织发展规划。以2021年为例，4月斯洛伐克文化部部长娜塔莉亚·米兰诺娃代表斯洛伐克，参加了波兰担任维谢格拉德集团（V4）轮值主席国时举办的国家部长在线会议；根据斯洛伐克外交部2020年12月的要求，文化部确定了斯洛伐克2022年7月至2023年6月担任V4轮值主席国期间的两个优先事项，即V4国家在音像产业的合作和V4国家的文化遗产管理合作；文化部代表于2021年6月1日至4日参加了《保护和促进文化表现形式多样性公约》第八届在线缔约国大会，11月9日至24日，参加了在巴黎举行的第41届联合国教科文组织大会，除此之外在全年开展各种文化活动，以促进斯洛伐克成为政府间保护非物质文化遗产委员会（ICH）的候选国；6月30日至7月1日，文化部部长率团访问法国，旨在帮助推动文化和创意产业在疫情期间及疫情过后的恢复与发展，同时准备斯、法两国文化部在文创领域的双边合作，该合作计划于2021年12月17日正式签署。

---

① Náš bidbook，特伦钦2026官网，https：//www.trencin2026.sk/bidbook。

在政府层面大力发展国际合作的同时,斯洛伐克国内其他行业机构也在积极申请国际合作项目,如2021年7月31日,由比利时地区视听投资基金Wallimage牵头,来自斯洛伐克、比利时、意大利、法国、西班牙和波兰6个国家的机构共同合作的项目"欧洲动画联盟"(A. L. I. C. E)历时两年顺利结项。项目目标在于为合作伙伴国的动画产业发展创造更好的条件,该项目为斯洛伐克产出了动画制作行动规划、斯洛伐克动画产业环境展示及其潜力分析等成果。各合作伙伴在整个项目期间进行了多方面的经验分享与交流互访,这对斯洛伐克动画产业的发展形成了良性刺激。

（三）与中国的合作

1949年10月6日,当时的捷克斯洛伐克与中国建交,1993年1月1日斯洛伐克成为独立主权国家,中国即予以承认并与之建立大使级外交关系。1994年2月,双方签署了《1994~1995年度文化合作计划》,之后也不断定期合作,最新计划为2014年两国文化部签署的《2015~2019年度文化合作计划》,其中约定了专家互访、展览合作、人员交流、文学互译、文化产业合作等内容[①]。

在各年度合作计划生效期间,斯洛伐克与中国开展了大量的文化互动与人员往来,其中斯洛伐克在我国展示的文化项目主要有以下几项:1998年6月,"斯洛伐克文化周"在北京举办;2009年7月,"斯洛伐克电影周"在北京举办;2019年双方共同举办庆祝中斯建交70周年系列文化活动。除了政府层面的交流,组织间的相互合作、人员互动也尤为重要,如前文所提的布拉迪斯拉发国际插画双年展中就常出现中国人的身影,其中中国插画家于荣、黄炳春（弥河）、朱成良、张超分别于2013年、2015年、2019年和2021年参与其中并荣获BIB金苹果奖。

---

① Program kultúrnej spolupráce na roky 2015-2019 medzi Ministerstvom kultury Slovenskej republiky a Ministerstvom kultury Čínskej ľudovej republiky,斯洛伐克文化部官网,https：//www.culture.gov.sk/wp-content/uploads/2020/02/Program_ spolupraca_ MKSR_ MKCLR_ 2015_ -_ 2019. pdf。

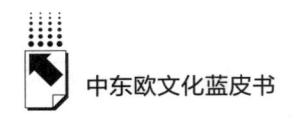

除了双边合作外，斯洛伐克与中国共同加入了成立于1996年的亚欧会议（ASEM），作为联系亚洲国家和欧洲国家的政府间论坛，亚欧会议将政治对话、经济合作、教育与文化作为自身的三大重心。1997年2月，亚欧会议成员国成立了亚欧基金会（ASEF），这是该会议最重要的常设性组织，目的在于通过组织和资助亚欧各国之间的文化、学术和人员交流，加强各国间的相互了解与合作互信。

四 斯洛伐克文化国际传播特点

（一）积极发挥政府主导作用，重视推动文化外交

斯洛伐克政府十分重视本土文化的对外展示，在机构设置方面主要由文化部与外交部合作，设立专门跨部委小组负责文化外交工作，在政策方面进行积极引导，大力推动社会各界机构组织进行多种形式的公私合作，挖掘自身文化优势与特色所在，以文化部及其下属机构为主要支持，在国内不同城市开展各种形式的国际展览与赛事活动，鼓励本国艺术创造者出国交流以及外国各界人士来斯旅游，联系各驻外机构积极开展文化外交活动。由中央政府部门发挥带头作用，激励地方政府与社会各界机构组织开展国内、国际合作。

（二）积极举办国际文化活动，重视提升活动影响力

斯洛伐克每年都会举办各种国际性的文化活动，有些已形成固定的举办周期，如布拉迪斯拉发国际插画双年展和动画电影双年展，有些则是依据当年的特殊情况或者借助文化机构的成立周年纪念，如2018欧洲文化遗产年、2021斯洛伐克设计年等。同时在表现形式和表达内容方面也根据时代发展不断推出新的主题，如新戏剧节为顺应欧洲一体化的发展开设"聚焦"新板块。斯洛伐克通过促进国际间人员往来与文化交流不断提高自己举办活动的国际知名度与影响力，从而带动自身文化"走出去"，让更多国家认识并欣赏斯洛伐克特色文化。

（三）积极参与国际合作项目，重视发展国际合作平台

欧盟无疑是斯洛伐克文化在欧洲范围内传播最重要的国际平台之一，斯洛伐克充分利用自身欧盟成员国的身份，把握机会，积极参与欧盟推出的各项文化扶持与合作项目。除此以外，重视双边合作也是其文化国际传播的重要路径之一，匈牙利、波兰、乌克兰、俄罗斯、奥地利等多国政府都已和斯洛伐克分别成立跨国合作委员会，旨在推动双方经济、文化、教育等多领域的相互协作，促进两国间文化交流与人员往来。同时斯洛伐克也积极参与各区域性、国际性组织，如中欧倡议国组织（CEI）[①]、中欧文化平台（PCCE）[②]、欧盟国家文化协会（EUNIC）[③]等。

五　结语

尽管在欧洲范围内，斯洛伐克的整体国家实力难以同英国、法国等西欧大国相提并论，但其始终重视文化软实力的建设，近年来不断出台相关政策文件推动文化外交发展，发挥政府的主导作用，在文化部与外交部的合作下积极开展各类国际性活动，不仅让自身文化品牌在欧洲范围内得到广泛传播，而且借助包括同中国在内的双边和多边合作、参与国际组织的各类文化项目等，进一步让斯洛伐克文化走向世界，提升其在国际领域的知名度和影响力。斯洛伐克文化国际传播路径也为我们更好地讲好中国故事，传播好中国声音提供了一定的国际经验借鉴。

---

① CEI 成立于 1989 年 11 月，是历史最悠久、规模最大的中、南欧国家地区性合作组织，其创立目标主要是深化各国之间的经济合作，推动经济绿色转型以及科教文媒体等领域的互联互通等。
② PCCE 成立于 2001 年，由 V4 集团国家与奥地利和斯洛文尼亚组成，主要目的在于为中欧国家在共同文化利益内举办的多边文化项目提供支持。
③ EUNIC 汇集了 27 个欧盟成员国，是欧盟的战略合作伙伴，旨在加强国际对话和文化合作，倡导文化在国际关系中的突出作用。

B.11
希腊文化国际传播与影响力报告

凌海慧*

摘　要： 近年来，希腊形成了以文化和体育部、外交部及教育和宗教事务部为主导，多元主体协同发展的文化国际传播体系。当前希腊文化国际传播主要呈以下特点：从传播内容来看，以古希腊语言、思想理念和文化遗产为主，以当代流行文化产品为辅；从传播渠道来看，希腊重视依托影视作品和高等院校来进行文化推广；从传播范围来看，希腊文化辐射范围从欧美地区、地中海沿岸国家逐渐推展至中国等新兴市场国家。通过分析，本文指出希腊文化总体而言辨识度高，对希腊周边地区和与希腊经贸关系紧密的国家有着较强的影响力，但文化创意产业发展滞后、媒体影响力偏弱、经济体量和人口规模较小等因素制约了希腊文化国际影响力的进一步提升。

关键词： 希腊文化　国际传播　国际影响力

全球化时代，不同国家间的交往日趋频繁。在这一背景下，一个国家想要在国际竞争中赢得主动权，不仅需要发展以人口、经济、军事、资源为主的硬实力，还需要加强包括文化吸引力在内的软实力建设。希腊与中国同为文明古国，探讨希腊文化国际传播与影响力有助于为我国提升国际传播效能、增强文化软实力提供参考借鉴。然而，学界相关研究主要从古希腊文化

---

* 凌海慧，广东外语外贸大学西方语言文化学院希腊语教师，主要研究方向为中东欧区域与国别研究。

对西方文明的影响出发,而忽视了现代希腊的语言文化推广举措以及希腊文化在当今国际舞台上的影响力。本文将聚焦希腊当前的文化发展状况,梳理分析希腊文化国际传播体系和希腊文化国际传播现状,最后就希腊文化国际影响力进行评估。

一 希腊文化国际传播体系概述

(一)政府部门

在政府层面,希腊文化和体育部(Υπουργείο Πολιτισμού και Αθλητισμού)、外交部(Υπουργείο Εξωτερικών)及教育和宗教事务部(Υπουργείο Παιδείας και Θρησκευμάτων)系负责推进希腊文化国际传播的主要部门。

具体而言,隶属于希腊文化和体育部的国际关系和欧盟司(Διεύθυνση Διεθνών Σχέσεων και Ευρωπαϊκής Ένωσης)致力于在国际与欧盟范围内增进希腊文化的显示度。值得一提的是,国际关系和欧盟司欧盟处(Τμήμα Ευρωπαϊκής Ένωσης)是欧盟文化和视听领域"创意欧洲"项目在希腊的执行主体,也是欧盟区域间合作计划INTERREG和亚得里亚海—爱奥尼亚地区战略EUSAIR在希腊的主要协调者之一,该部门重视加强欧盟其他成员国及希腊周边国家对希腊历史文化、遗产资源和文化创意产业的认识与理解。希腊教育和宗教事务部一方面协调宗教对外交流相关事务,另一方面为推广希腊语言文化、支持世界各地开设希腊语/希腊研究专业的高等院校开展科研工作等付诸努力。

希腊外交部则明确提出了希腊开展外交工作的主要方向,其中与文化传播紧密相关的三大方向为文化外交、体育外交与宗教外交。在文化外交方面,希腊不仅积极与世界各国签署双边文化交流与合作协议,而且是联合国教科文组织等多边机构的重要参与者和建设者。长期以来,希腊在联合国教科文组织下属的促使文化财产返还原主国或归还非法占有文化财产政府间委

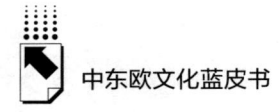

员会、武装冲突情况下保护文化财产委员会中发挥重要作用。在体育外交方面，作为奥林匹克运动会的发源地，希腊视奥运会及国际奥委会为其开展公共外交活动的主要平台。希腊通过阐述奥林匹克精神的当代价值、监督奥运会筹备情况、与奥运会主办国进行交流磋商等举措，强化其在国际舞台上的文化影响力。在宗教外交方面，基于本国东正教文化传统，希腊政府与希腊东正教会（Ελληνικό Ορθόδοξη Εκκλησία）君士坦丁堡普世牧首区和其他自治牧区保持密切沟通，并在开展跨宗教对话、奉行宗教自由政策、保护宗教遗产等议题设置上掌握一定主动权。

（二）文化机构和组织

受希腊文化和体育部监管的各类文化机构和组织亦是推进希腊文化国际传播的重要主体。例如，希腊文化基金会（Ελληνικό Ίδρυμα Πολιτισμού）在阿尔巴尼亚、塞浦路斯、埃及、法国、德国、意大利、罗马尼亚、俄罗斯、塞尔维亚和乌克兰设有分支机构，通过开设希腊语课程、举办文化活动、设立文学翻译出版补助金（Greeklit.）等对外推广希腊语言和文化。德尔菲欧洲文化中心（Ευρωπαϊκό Πολιτιστικό Κέντρο Δελφών）作为受希腊文化和体育部监管和受欧洲理事会资助的文化实体，定期围绕古希腊戏剧、古希腊语言与文明、希腊当代艺术等主题举办国际研讨会、工作坊、演出和展览，并设立了旨在促进希腊及世界各国表演艺术领域青年艺术家交流合作的"年轻艺术家"项目。以欧洲拜占庭和后拜占庭遗址中心（Ευρωπαϊκό Κέντρο Βυζαντινών και Μεταβυζαντινών Μνημείων）为首的科学研究机构以及以卫城博物馆（Μουσείο Ακρόπολης）为首的国立博物馆则充分利用希腊丰富的文化遗产资源，依托国际科研合作和对外交流活动提升希腊文化的吸引力和竞争力。此外，一些独立的非营利性基金会，例如奥纳西斯基金会（Ίδρυμα Ωνάση）和斯塔夫罗斯·尼亚尔霍斯基金会（Ίδρυμα Σταύρος Νιάρχος）也为国际性文化交流活动提供资金支持。

受金融危机影响，希腊文化和体育部近年来对其下属的部分机构进行了合并重组，采取再中心化措施。其中致力于对外推广希腊文学作品的希腊国家图书中心（Εθνικό Κέντρο Βιβλίου）在 2013 年关闭，其相应业务由希腊文化和体育部以及希腊文化基金会接管。尽管如此，希腊电影中心（Ελληνικό Κέντρο Κινηματογράφου）仍然保持其相对独立性，以在国内外推广希腊电影、吸引外国电影制片人到希腊投资为主要目标。

（三）文化团体和文化品牌活动

以希腊美术协会（Επιμελητήριο Εικαστικών Τεχνών Ελλάδος）、希腊国家歌剧院（Εθνική Λυρική Σκηνή）、希腊国家剧院（Εθνικό Θέατρο）、雅典国家交响乐团（Κρατική Ορχήστρα Αθηνών）、雅典音乐厅组织（Οργανισμός Μεγάρου Μουσικής Αθηνών）为代表的文化团体主要通过在海外举办展览和演出推进希腊文化国际传播。

另外，为提升其文化国际影响力，希腊既定期参与世界知名艺术节和展会，也积极打造相应文化品牌活动。雅典—埃皮达鲁斯艺术节（Φεστιβάλ Αθηνών Επιδαύρου）是欧洲历史最悠久的艺术节之一，每年 5 月至 10 月期间在知名的阿迪库斯剧场、埃皮达鲁斯剧场和比雷埃夫斯 260 工业园等地举办丰富多样的文化活动，包括歌剧、戏剧和舞蹈演出以及古典音乐会和电子音乐节。近年来，雅典—埃皮达鲁斯艺术节以强化国际化特质为主要发展方向。卡拉马塔国际舞蹈节（Διεθνές Φεστιβάλ Χορού Καλαμάτας）是地中海地区享有盛誉的一项重要活动，每年吸引希腊国内外多个专业现代舞团体参加，为提升希腊当代舞蹈艺术国际知名度提供平台。塞萨洛尼基国际电影节（Διεθνές Φεστιβάλ Κινηματογράφου Θεσσαλονίκης）是巴尔干地区历史最悠久的电影节，专门设置了"希腊电影全景"单元来展映和推广希腊电影作品。由希腊文化基金会主办的塞萨洛尼基国际书展（Διεθνής Έκθεση Βιβλίου Θεσσαλονίκης）则通过主宾国活动为希腊和外国出版商创造交流洽谈契机，推动希腊图书的外译和出版。

（四）传媒机构

包括通讯社、广播电视、互联网媒体在内的希腊传媒机构则是推进希腊文化国际传播的主要媒介。雅典—马其顿通讯社（Αθηναϊκό-Μακεδονικό Πρακτορείο Ειδήσεων）是希腊最重要的官方新闻机构之一，在布鲁塞尔、伊斯坦布尔、尼科西亚和柏林设有分社且在13个国家的首都及希腊各主要城市设有记者站。该通讯社每天以希腊语、英语双语发布新闻素材，为路透社、美联社、法新社、彭博社等多国新闻机构提供第一手资讯。此外，雅典—马其顿通讯社还与新华社签署了《新闻交换与合作协议》，使得中希两国最具权威和影响力的通讯社能够彼此成为重要信息来源。

在信息化浪潮下，以《每日报》（Η Καθημερινή）、《论坛报》（Το Βήμα）和《消息报》（Τα Νέα）为代表的希腊主流报纸及旗下杂志纷纷创立网站和入驻社交媒体平台，为渴望了解希腊国情与文化的人士提供希英双语信息；而专注于打造线上新闻平台的Greek Reporter则侧重开展多语种传播和多平台推送——不仅使用英语、中文、俄语和西班牙语在网页版同步更新新闻资讯，还通过Facebook、Twitter、YouTube、Instagram、抖音和微信公众号开展国际传播实践。除报道希腊政治与经济新闻外，Greek Reporter还着重介绍希腊侨民现状以及希腊艺术、文化、考古与旅游业动态。

此外，希腊广播电视公司（Ελληνική Ραδιοφωνία Τηλεόραση）将希腊侨民定位为其海外主要受众群体，与此同时兼顾外国听众和观众的需求。其中广播电台"希腊之声"（Η Φωνή της Ελλάδας）的收听范围主要覆盖欧洲、非洲、北美和澳大利亚，其节目以政治要闻、文化纵览和希腊音乐为主，也包括用阿拉伯语、西班牙语、俄语、波兰语、罗马尼亚语、阿尔巴尼亚语和塞尔维亚语播报的新闻速递。涉外电视频道ERT World则从ERT1和ERT3等面向希腊国内观众的电视频道中精选部分新闻报道、人物访谈和体育赛事，并在此基础上推出一系列旨在推广希腊文化的节目，包括有关希腊历史风俗和自然风光的纪录片、带英语字幕的希腊电视剧和电影及世界各地希腊侨民的庆典活动直播等。目前，ERT World通过卫星电视和流媒体平台ERTFLIX向全球播出电视节目。

二 希腊文化国际传播现状

（一）推广以奥林匹克精神为代表的希腊价值观

一个国家在世界范围内的文化影响力在很大程度上取决于其价值观影响力。长期以来，希腊在传播自身文化的过程中，注重对价值观进行凝练、阐释和推广，以增强其文化感召力。

于希腊而言，奥林匹克运动会和与之相伴的奥林匹克精神是其文化传统的重要组成部分。古代奥林匹克运动会始于公元前776年，在四大泛希腊运动会①中历史最为悠久、规模最为盛大且知名度最高。古代奥运会既是一项涵盖多种体育赛事的竞技盛会，也是一次四年一度的全国性宗教和文化庆典，吸引众多雄辩家、诗人和雕塑家施展才华。具体而言，古代奥运会反映了希腊人对健全体魄与完美人格的追求、对神灵的敬畏和虔诚以及对多元文化的鼓励和推崇。此外，著名的《神圣休战条约》是希腊人渴求和平、愿化敌为友的集中体现。该条约规定，希腊各城邦在交战时不能侵入奥林匹亚圣区，且在奥运会期间交战双方必须停战，取而代之的是参加体育赛事、商讨如何弥合政治分歧。

作为奥运会的起源和复兴之地，希腊不仅在现代冬夏两季奥运会的筹备和举办过程中扮演着不可或缺的角色，还不遗余力地弘扬奥林匹克理想，使得奥林匹克精神在当代语境下依旧熠熠生辉。自1961年以来，总部位于希腊奥林匹亚的国际奥林匹克学院（Διεθνής Ολυμπιακή Ακαδημία）一直致力于研究、丰富和推广奥林匹克运动和精神。经过多年发展，目前全世界已设立了149个国家或地区性的奥林匹克学院。国际奥林匹克学院亦负责协调各国家或地区奥林匹克学院开展工作，推动奥林匹克理想在世界各地广泛传播。国际奥林匹克学院由希腊文化和体育部监管、受国际奥委会资助，每年

---

① 即奥林匹克运动会、皮提亚运动会、尼米亚运动会和地峡运动会。

举办多项国际学习班,为来自不同文化背景的青年奥运大使、奥运会运动员、体育记者和体育领域专家学者提供自由交流、增进团结与友谊的平台。研讨的主题涉及诸多领域,例如奥林匹克精神的概念和准则、奥运会与社会经济的关系、奥运会比赛项目的演变以及和公平竞争、大众体育相关的议题。此外,该学院与伯罗奔尼撒大学合作,开设了"奥林匹克研究,奥林匹克教育,奥林匹克活动组织和管理"硕士项目,以培养推广奥林匹克运动、弘扬奥林匹克精神的人才。希腊也是奥林匹克休战理念的坚定支持者——在希腊政府和国际奥委会的共同倡议下,奥林匹克休战国际中心(Διεθνές Κέντρο Ολυμπιακής Εκεχειρίας)于2000年7月在希腊首都雅典成立,旨在呼吁各国遵循古希腊传统,奥运会期间避免武力纷争并停止敌对行动。近年来,奥林匹克休战国际中心还组织了一系列面向各国青年、促进和平及多元文化的教育活动,其中包括与英国文化教育协会共同主办的"想象和平"青年夏令营。

在"更快、更高、更强、更团结"格言的引领下,奥林匹克精神已远超出竞技体育的范畴,成为不同文明交流互鉴的重要思想基础。2022年1月,在北京即将举办第24届冬奥会之时,希腊总统卡特里娜·萨克拉罗普卢(Κατερίνα Σακελλαροπούλου)在给《文明》杂志的信中写道:"世界正面临着前所未有的挑战和危机,各国需携手合作,同心协力,才能共克时艰。汲取奥林匹克精神所体现的价值比以往任何时候都更显重要。"[1] 长期以来,希腊在对外交往中秉持"相互理解、友谊、团结和公平竞争"的奥林匹克精神,反对文明冲突论,重视不同文明间的沟通联系和相互理解。2017年,希腊和中国共同倡议发起文明古国论坛,将十个代表着影响当今世界的十种古代文化的国家联系在一起,为促进国际对话和合作、世界和平和稳定树立了良好典范。

---

[1] 《中希文明精神对话诠释奥运价值》,人民网,http://world.people.com.cn/n1/2022/0102/c1002-32322691.html。

（二）多管齐下对外宣传文化遗产

作为西方文明的发源地，希腊拥有丰富的文化遗产资源，其中18项被列入联合国教科文组织《世界遗产名录》[1]，8项被列入《人类非物质文化遗产代表作名录》。[2] 与此同时，希腊也是世界上考古博物馆数量最多的国家。[3] 在希腊，通常而言"文化"一词与文化遗产有着密不可分的关系。因此，文化遗产的对外传播是希腊文化国际传播的重点所在。

希腊近年来不断探索创新文化遗产的对外传播路径。例如在考古遗址举办商业活动和文化演出，以此提升文化遗产在世界范围内的曝光度和公众认知度。2021年6月，法国奢侈品牌迪奥在第一届现代奥运会举办地——雅典帕那辛纳克体育场举办"Croisière 2022"系列时装秀，并在雅典卫城、阿迪库斯古剧场、雅典古市集、苏尼翁角波塞冬神庙和尼美亚宙斯神庙等地开展拍摄活动，展示以古希腊女性披肩、黑土陶瓶图案以及神话人物为设计灵感来源的一系列服装。尽管希腊国内对于考古遗址商业开发一直持较为谨慎的态度，但希腊中央考古委员会（Κεντρικό Αρχαιολογικό Συμβούλιο）在综合考虑多方因素后还是批准了迪奥的拍摄计划。实际上，迪奥此次拍摄计划被视为希腊独立战争200周年纪念活动的一部分，希腊文化和体育部也表示希望借助各大媒体对此次事件的报道，推广希腊的文化遗产资源。而迪奥在希腊的时装秀取得了不俗反响，在短短五天内社交媒体上相关内容的浏览量就超过了8500万次[4]，希腊的名胜古迹也由此获得了关注。

受希腊旅游部（Υπουργείο Τουρισμού）监管的希腊国家旅游组织（Ελληνικός Οργανισμός Τουρισμού）则充分依托网络媒介，向世界各地的

---

[1] World Heritage Convention-Greece, https://whc.unesco.org/en/statesparties/gr.
[2] Elements on the Lists of Intangible Cultural Heritage-Greece, https://ich.unesco.org/en/state/greece-GR?info=elements-on-the-lists.
[3] Greece has more archaeological museums than any other country in the world, https://en.protothema.gr/greece-has-more-archaeological-museums-than-any-other-country-in-the-world/.
[4] At the Acropolis with Dior: the Historic Photo Shoot Revival, https://www.greece-is.com/acropolis-dior-historic-photo-shoot-revival/.

受众群体推介希腊的文化遗产以及相关旅游资源。希腊国家旅游组织在其官网 Visit Greece 上设置了景点探索、行程规划、活动、博客等专栏，其中行程规划一栏的文化旅游部分梳理了希腊各地颇具代表性的博物馆和考古遗址，美食部分梳理了世界级非物质文化遗产——地中海饮食文化中的主要菜肴，活动一栏整合了博物馆当前举办的特展以及其他文化演出信息，便于访客进行信息检索。希腊国家旅游组织还活跃于各大社交媒体平台，并注重与自媒体博主合作，发布契合受众群体偏好的内容。例如，为了让中国受众更好地了解希腊的名胜古迹和饮食传统，该组织邀请精通汉语的两位希腊博主"希腊姐妹花"玛丽安·埃洛多克里杜（Μαριάννα Ερωτοκρίτου）和索菲亚·埃洛多克里杜（Σοφία Ερωτοκρίτου）到塞萨洛尼基等地录制视频。视频发布至该组织的微信公众号、微博和哔哩哔哩网站的官方账号后，得到众多中国网友的点赞和评论。此外，该组织还定期邀请希腊华人博主在微信视频号直播讲述各旅游胜地的风土人情，以此拉近中国受众与希腊的距离。

博物馆助力文物"走出去"，与世界各地的观众见面，因此也是国家文化传播体系的重要一环。希腊近年来着力发展出境展览，积极对外传播希腊文化。以最受欢迎的卫城博物馆为例，近十年来其展品已在法国欧洲和地中海文明博物馆、比利时布鲁塞尔国立美术中心、德国明斯特大学考古博物馆、意大利罗马国家博物馆、立陶宛大公博物馆、俄罗斯圣彼得堡国家历史博物馆、美国国家地理博物馆、加拿大皇家安大略博物馆、中国国家博物馆、日本东京国立博物馆和韩国汉加拉姆博物馆等地亮相。另外，部分希腊博物馆向观众提供免费的虚拟游览服务、线上展览和多语种讲解视频，突破文化传播原有的时空限制，让更多观众有机会足不出户感受希腊文物的魅力。2021年，希腊文化和体育部宣布与微软进行合作，以数字化方式复原古奥林匹亚遗址。该项目运用3D技术和人工智能技术，修复了包括奥林匹克竞技场、宙斯和赫拉神庙在内的27处遗迹。除了前往雅典奥林匹克博物馆（Ολυμπιακό Μουσείο Αθήνας）参观沉浸式展览，世界各地的参观者还可以通过网页或手机应用探索古奥林匹亚建筑原貌。希腊文化和体育部部长莉娜·门佐妮（Λίνα Μενδώνη）认为，这一项目有助于研究和记录历史遗迹，并向世界展现希腊悠久的历史文化和巨大的发展潜力。①

希腊还注重加强与周边国家的交流与合作，提升其文化遗产在南欧及中东欧地区的能见度。在欧盟区域间合作计划 INTERREG 的框架下，希腊与保加利亚、意大利、塞浦路斯、北马其顿、阿尔巴尼亚等邻国开展跨境合作，协同推进文化遗产以及其周边区域的可持续发展。例如，由希腊文化和体育部文物和文化遗产司（Γενική Διεύθυνση Αρχαιοτήτων και Πολιτιστικής Κληρονομιάς）牵头的 BORDERLESS CULTURE 项目致力于推动整合希腊和保加利亚边境地区的历史和考古资源，并在两国边境地区定期举办文化交流工作坊。由希腊约阿尼纳大学牵头的 VirtuaLand 项目借助虚拟现实技术，分别在希腊和阿尔巴尼亚两地的图书馆打造数字展厅，为观众探索两国边境地区的文物以及文化风俗提供便利。由希腊伊庇鲁斯地区政府牵头的 POLYPHONIA 项目旨在弘扬复调音乐最为重要的一种唱法——伊庇鲁斯多声部唱法，通过与阿尔巴尼亚共建博物馆、在边境地区组织"多声部大篷车"巡演活动和举办音乐节等方式推广希腊非物质文化遗产。

（三）借助影视作品扩大希腊文化国际影响力

自从 2009 年深陷金融危机后，希腊一直探索改革转型之路，促进产业结构多样化。鉴于影视作品不仅是宣传国家形象的重要媒介，还有助于旅游、交通等行业的复苏，希腊政府视影视文化产业为重点发展领域。2014 年 6 月，时任希腊旅游部部长奥尔加·凯法洛雅尼（Όλγα Κεφαλογιάννη）和时任希腊文化和体育部部长康斯坦提诺斯·塔苏拉斯（Κωνσταντίνος Τασούλας）共同表示，希腊政府将出台一系列举措吸引外国影视公司到希腊拍摄和制作影视作品，以此来向世界宣传希腊灿烂的古代文明和充满活力的现代文化。②

---

① Hellenic Ministry of Culture and Sport and Microsoft partner to digitally preserve ancient site of Olympia, 微软新闻中心官网，https：//news. microsoft. com/2021/11/10/hellenic－ministry－of－culture－and－sport－and－microsoft－partner－to－digitally－preserve－ancient－site－of－olympia/。
② Greek Tourism And Culture To Be Promoted Together To Markets Abroad, https：//news. gtp. gr/2014/06/16/greek-tourism-culture-promoted-together-markets-abroad/。

随后几年，希腊国家视听媒体与传播中心（Εθνικό Κέντρο Οπτικοακουστικών Μέσων και Επικοινωνίας）陆续推出影视作品拍摄激励政策。该中心为包括电影、纪录片、动画片、电视剧和电子游戏在内的视听项目制作提供30%的税收减免以及最高40%的现金返还，并简化了申请现金返还计划的流程。得益于上述优惠措施，希腊受到越来越多世界知名影视公司的青睐。据统计，2021年内多达18部国际影视制作项目在希腊进行拍摄，预计为希腊带来9000万欧元收入。[1] 这些项目将有助于进一步提升希腊文化的知名度。

近年来，以网飞、迪士尼和亚马逊为代表的流媒体公司纷纷选择在希腊拍摄电影或剧集，为各国的订阅用户带来体现希腊国情文化的影视作品。《厄运假期》是网飞第一部完全在希腊拍摄的电影，讲述了美国游客贝克特在一场车祸后发现自己身处一场政治阴谋的核心，为了保命在希腊各地逃亡的故事。影片在2021年8月上线流媒体平台后不久就登上网飞热门排行榜首位，让各国观众在欣赏跌宕起伏剧情的同时感受"天空之城"迈泰奥拉、德尔菲考古遗址等希腊名胜古迹的壮美风光。2022年6月，迪士尼公司为尼日利亚裔希腊篮球明星扬尼斯·安特托昆博（Γιάννης Αντετοκούνμπο）拍摄的电影《王者之路》在其流媒体平台Disney+正式播出。出生于1994年的安特托昆博6次入选NBA全明星阵容、1次当选NBA全明星最有价值球员，被视为国际知名度最高的希腊人之一。电影聚焦安特托昆博从一个生活在贫民窟的非法移民后裔成长为NBA巨星的传奇经历，不失为一部描绘希腊社会现状的影视作品。此外，剧集《希腊沙拉》于2022年12月在雅典开拍，并将在流媒体平台Amazon Prime上独家播出。各国观众可通过该剧了解希腊风俗传统，以及移民问题和金融危机对希腊造成的影响。

尽管希腊已成为《利刃出鞘2》《敢死队4》《未来罪行》《执法者》等

---

[1] On Location in Greece, the New Film Hub for Netflix and Others, https://www.greece-is.com/news/on-location-in-greece-the-new-film-hub-for-netflix-and-others/.

众多国际电影的取景地，希腊政府还计划将更多本土原创电影和剧集打入国际市场。2022年7月，希腊总理基里亚科斯·米佐塔基斯（Κυριάκος Μητσοτάκης）在会见网飞联合首席执行官泰德·萨兰多斯（Ted Sarandos）时强调，希望网飞"推出真正了解希腊的希腊语影视作品"。值得注意的是，在2018年第59届塞萨洛尼基国际电影节上首映的电影《服务生》（Waiter）已成为网飞媒体库中的首部希腊语电影，受众范围覆盖英国、法国、德国、西班牙、意大利等23个欧洲国家。萨兰多斯还表示，由希腊导演安格利基·安东尼乌（Αγγελική Αντωνίου）执导的希腊语电影《绿海》（Πρασινη Θαλασσα）将在2022年底登陆网飞流媒体平台[①]，届时欧洲地区的订阅用户可以观看。随着希腊文创产业数字化转型步伐不断加快，越来越多希腊本土优质影视作品将有机会通过热门流媒体平台与各国观众见面。

表1 2019~2022年在希腊拍摄的部分国际电影/剧集

电影名称	发行公司	拍摄地点
厄运假期 （Beckett）	网飞 （Netflix, Inc.）	雅典、约阿尼纳、迈泰奥拉、特里卡拉、扎戈里、德尔菲
利刃出鞘2 （Glass Onion: A Knives Out Mystery）	网飞 （Netflix, Inc.）	斯佩察岛
王者之路 （Rise）	迪士尼 （Disney Media and Entertainment Distribution）	雅典、伯罗奔尼撒半岛、希腊中部
敢死队4 （The Expendables 4）	狮门影视公司 （Lionsgate Films）	塞萨洛尼基
未来罪行 （Crimes of the Future）	加拿大（Sphere Films）、法国（Metropolitan Filmexport）、希腊（Argonauts Distribution）	雅典
执法者 （The Enforcer）	千禧传媒 （Millennium Media）	塞萨洛尼基

---

① Prime Minister Kyriakos Mitsotakis' conversation with Netflix Co-CEO Ted Sarandos, on the occasion of the Endeavor Greece event，希腊总理办公室官网，https：//primeminister.gr/en/2022/07/15/29822。

续表

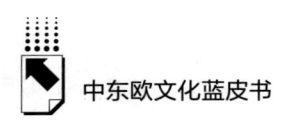

电影名称	发行公司	拍摄地点
悲伤的三角 (Triangle of Sadness)	瑞典(SF Studios)、 法国(BAC Films)、 德国(Alamode Filmverleih)、 英国(Curzon Artificial Eye)、 美国(Neon)	埃维亚岛
女儿 (Töchter)	华纳兄弟影片公司 (Warner Bros. Pictures)	阿莫尔戈斯岛
希腊沙拉 (Greek Salad)	亚马逊法国分公司 (Amazon Prime France)	雅典
载入天堂 (Loaded In Paradise)	英国独立电视公司 (ITV plc)	爱琴海诸岛

资料来源：作者自制。

（四）依托高等院校弘扬希腊语言和文化

与孔子学院、英国文化教育协会、法语联盟、歌德学院等其他国家的官方语言文化推广机构相比，希腊文化和体育部监管下的希腊文化基金会更倾向于通过与各国开设希腊语/希腊研究专业的高校开展合作来推广希腊语和传播希腊文化。一些私人基金会也为相关院校的希腊语教学科研工作和文化交流活动提供资金支持。

从世界范围看，开设希腊语/希腊研究专业的高校主要集中在欧洲、北美和希腊周边国家。在英国、北美和北欧，希腊语/希腊研究专业通常属于古典学范畴。而在以德国、奥地利和瑞士为代表的德语国家，不少高校都设有研究语言学、文学和古典学的希腊语语言文学专业，图宾根大学、弗莱堡大学、明斯特大学、格拉茨大学等高校还开设了希腊语教学硕士学位课程，培养能讲授古希腊语言、文学、戏剧知识的公立学校教师。受历史上的文化交流、贸易往来、殖民扩张等因素影响，希腊语在中东欧国家、土耳其和埃及具备一定影响力，这些国家的部分知名高校开设了以教授古希腊语言和文学为重点的学位课程。

在希腊政府和各类基金会的支持下，一些高校不仅开设与古希腊相关的学位课程，还致力于研究和推广现代希腊的语言和文化。伦敦国王学院拥有享誉欧洲的希腊研究中心，现开设拜占庭和现代希腊研究硕士、博士学位课程。学院与希腊文化基金会保持密切联系，并在希腊国家银行（Εθνική Τράπεζα）的赞助下进行有关现代希腊民族国家形成的研究。斯塔夫罗斯·尼亚尔霍斯基金会还为讲授现代希腊和拜占庭历史、语言和文化的讲席教授提供捐款资助。纽约大学在奥纳西斯基金会的资助下设立了面向本科生的希腊研究专业，为培养熟练掌握现代希腊语、了解希腊历史文化与当代政治体制的人才做出重要贡献。学生可根据自身兴趣偏好从"语言、文学和文化""政治和历史""古典遗产"中选择一个专业方向，并有机会前往希腊首都雅典参加暑校。柏林自由大学的现代希腊中心在斯塔夫罗斯·尼亚尔霍斯基金会的资助下开展教学科研和希腊文化推广工作，包括开设现代希腊语语言文学硕士学位课程、与雅典大学等希腊高校共同承担部分科研项目、在德国出版和推广希腊文化相关书籍等。

作为最受希腊人民欢迎的移民目的地之一，澳大利亚拥有庞大的希腊裔社群。最新人口普查数据显示，超过42万希腊裔居民定居在澳大利亚。[①] 随着第二次世界大战后大批希腊人进入澳大利亚，希腊文化逐渐成为澳大利亚多元文化的重要组成部分。从20世纪70年代起，澳大利亚高校陆续设立希腊语/希腊研究专业，并侧重于教学现代希腊语和当代希腊的国情文化。例如，麦考瑞大学在本校希腊研究基金会的资助下开设了现代希腊研究本科学位课程和国际研究（现代希腊国际研究方向）本科课程。面对澳大利亚政府削减对高校人文学科投入的局面，2022年5月希腊驻悉尼总领事馆协助麦考瑞大学希腊研究协会和希腊研究基金会筹集超过6万澳大利亚元的资金[②]，确保该

---

① Greek-Australians: One of Australia's Most Vibrant Communities, https://greekreporter.com/2022/05/04/greek-australians-the-history-of-one-of-australias-most-vibrant-communities/.
② Over \$60,000 raised for Modern Greek Studies at Macquarie University during annual ball, https://greekherald.com.au/community/over-60000-raised-macquarie-university-greek-studies-foundation-annual-ball/.

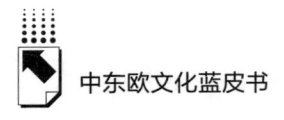

校现代希腊研究专业的教学科研工作顺利进行。

中国的希腊语专业建设起步较晚。不过，随着"一带一路"建设推进和中希两国文化与经贸关系升温，近年来多所外语院校相继设立希腊语专业，培养具有扎实现代希腊语语言基础的外语人才。奥纳西斯基金会和雅典大学等希腊高校资助部分中国籍希腊语专业教师前往希腊进行学术交流和研究，以增进中国学界对希腊文化的了解。斯塔夫罗斯·尼亚尔霍斯基金会在2018年设立了希腊研究中心，该中心的主要目标之一是为开设希腊语专业的中国高校提供更多教学资源。在该中心的支持下，许多中国希腊语专业学子得以通过加拿大西蒙菲莎大学开发的现代希腊语教程学习现代希腊的语言和文化。当前，中国高校不仅开设了以本科阶段语言文化教学为重点的希腊语专业，还在希腊相关政府部门的支持下筹备国别区域研究交叉学科硕士点。例如，中希两国教育部和外交部共同推动建立的中国—希腊文明互鉴研究中心拟于2023年开始招收攻读中国—希腊文明比较联合硕士项目的学生。希腊雅典大学、亚里士多德大学、帕特雷大学、克里特大学将和中国西南大学共同培养硕士生，促进两国哲学、历史学、文学等学科的互学互鉴。

表2　各国开设希腊语/希腊研究专业的高校一览

欧洲	英国	牛津大学、伦敦大学学院、爱丁堡大学、伦敦国王学院、华威大学、格拉斯哥大学、伯明翰大学、杜伦大学、圣安德鲁斯大学、伦敦大学皇家霍洛威学院
	德国	慕尼黑大学、海德堡大学、柏林自由大学、图宾根大学、弗莱堡大学、哥廷根大学、法兰克福大学、耶拿大学、明斯特大学、维尔茨堡大学、雷根斯堡大学、罗斯托克大学
	奥地利、瑞士	维也纳大学、格拉茨大学、萨尔茨堡大学、苏黎世大学、日内瓦大学、弗里堡大学
	北欧	隆德大学、斯德哥尔摩大学、卑尔根大学、挪威科技大学、哥本哈根大学
	中东欧	圣彼得堡大学、华沙大学、查理大学、马萨里克大学、维尔纽斯大学、索非亚大学、卢布尔雅那大学、萨格勒布大学、布加勒斯特大学、亚历山德鲁伊万库扎大学、地拉那大学

续表

北美	美国	斯坦福大学、耶鲁大学、加州大学伯克利分校、纽约大学、加州大学洛杉矶分校、得克萨斯大学奥斯汀分校、华盛顿大学、北卡罗来纳大学教堂山分校、波士顿大学、俄亥俄州立大学、加州大学圣塔芭芭拉分校、埃默里大学、密歇根大学、马里兰大学、塔夫茨大学、印第安纳大学伯明顿分校、纽约州立大学布法罗分校、维克森林大学、杜兰大学、布兰迪斯大学、佛罗里达州立大学、田纳西大学诺克斯维尔分校、纽约城市大学、佛蒙特大学、雪城大学、密西西比大学、贝勒大学、宾汉顿大学、杨百翰大学
	加拿大	麦吉尔大学、多伦多大学、滑铁卢大学、渥太华大学、卡尔加里大学、维多利亚大学、卡尔顿大学
大洋洲	澳大利亚	悉尼大学、新南威尔士大学、麦考瑞大学、乐卓博大学、弗林德斯大学、圣母大学
亚洲	中国	北京外国语大学、上海外国语大学、对外经济贸易大学、广东外语外贸大学、西安外国语大学、天津外国语大学、吉林外国语大学、中国人民解放军战略支援部队信息工程大学、西南大学
	土耳其	伊斯坦布尔大学、安卡拉大学、阿卡德尼兹大学
非洲	埃及	开罗大学、亚历山大大学

资料来源：作者自制。

三 希腊文化国际影响力评估

总部位于伦敦的全球性品牌价值评估咨询机构 Brand Finance 每年都以全球软实力指数对各国软实力进行排名，衡量各国在贸易和商业环境、国家治理、国际关系、文化和遗产、媒体和传播、教育和科技、人口和价值观念七个维度的影响力。根据最新发布的《2022年全球软实力指数排名》，希腊在120个参评国家中排第33名。其中希腊在文化和遗产方面表现亮眼，位列第21。[1]

（一）文化和遗产视角下的希腊文化国际影响力

文化和遗产维度下的二级指标具体分为蜚声国际的艺术和娱乐产业、世

---

[1] Global Soft Power Index 2022, https://brandirectory - live - public.s3.eu - west - 2.amazonaws.com/reports_free/brand-finance-soft-power-index-2022.pdf.

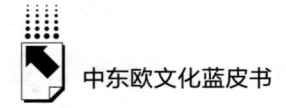

界人民喜爱的美食、值得前往的旅游目的地、丰富的遗产资源、有吸引力的生活方式、世界领先的体育文化。

希腊是西方文明的摇篮，也是文化遗产大国。在经《美国新闻与世界报道》评选得出的《2021年最佳国家报告》遗产资源子榜单中，希腊位列第3[1]，仅次于西班牙和意大利。希腊地中海饮食同样享誉世界，被誉为"世界美食维基百科全书"的著名美食网站TasteAtlas将希腊评为《2021年全球最佳菜肴排行榜》第2名[2]。除了遗产资源和美食，舒适宜人的气候、优美绝伦的自然风光和悠闲的生活方式使得希腊成为无数国际游客向往的旅游目的地。希腊旅游部和希腊国家旅游组织在开展宣传活动时突出对希腊生活方式的推介，例如在面向欧洲游客的Greekend系列宣传活动中提出"向希腊人一样过周末"的口号。

希腊文化的国际影响力也可以从国际游客数量中窥见一斑。全球领先的数据统计机构Statista整理的数据显示，希腊是2019~2020年最受国际游客欢迎的15个国家之一，在新冠肺炎疫情的影响下仍于2020年接待了近740万名国际游客。[3] 而根据希腊央行（Τράπεζα της Ελλάδος）统计的数据，旅游观光是入境希腊旅客最主要的消费领域之一。得益于近年来希腊对文化旅游资源的大力宣传，2011~2019年，参观博物馆和古迹的人数总体呈逐年上升态势。自2021年5月希腊放松入境限制后，参观博物馆和古迹的人数同比增幅明显，反映出希腊文化遗产对游客具有较强吸引力。

在对外传播体育文化的过程中，希腊主要以奥林匹克运动会和弘扬奥林匹克精神为着力点，以此输出其文化传统和价值观念。例如，希腊政府以在雅典举办的第28届夏季奥运会为契机，首次发起"奥林匹克休战墙"签名活动，供参赛运动员和体育官员签名支持奥林匹克休战。此后，奥运会和冬

---

[1] Heritage-Countries with the Richest Traditions，https：//www.usnews.com/news/best-countries/rankings/heritage.

[2] TasteAtlas Awards 2021 World's Best Cuisines，https：//www.tasteatlas.com/best/cuisines.

[3] Countries with the highest number of international tourist arrivals worldwide in 2019 and 2020，https：//www.statista.com/statistics/261726/countries-ranked-by-number-of-international-tourist-arrivals/.

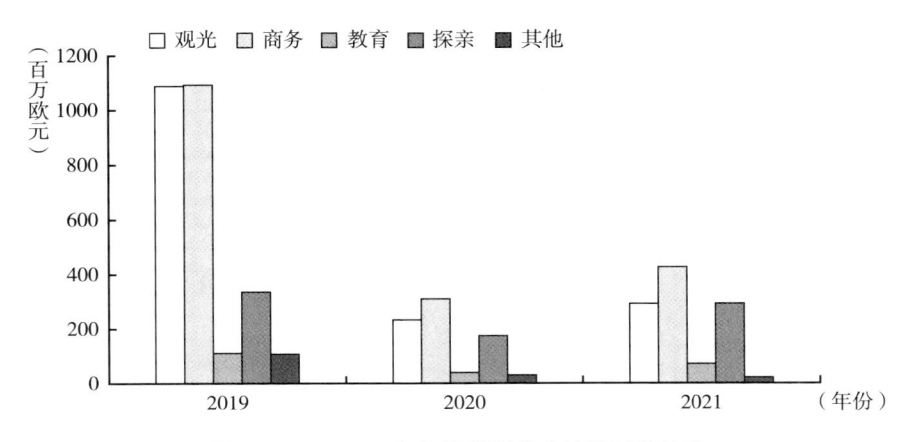

图 1　2019~2021 年入境希腊旅客消费目的统计

资料来源：Payments by purpose of travel，希腊央行官网，https://www.bankofgreece.gr/en/statistics/external-sector/balance-of-payments/travel-services。

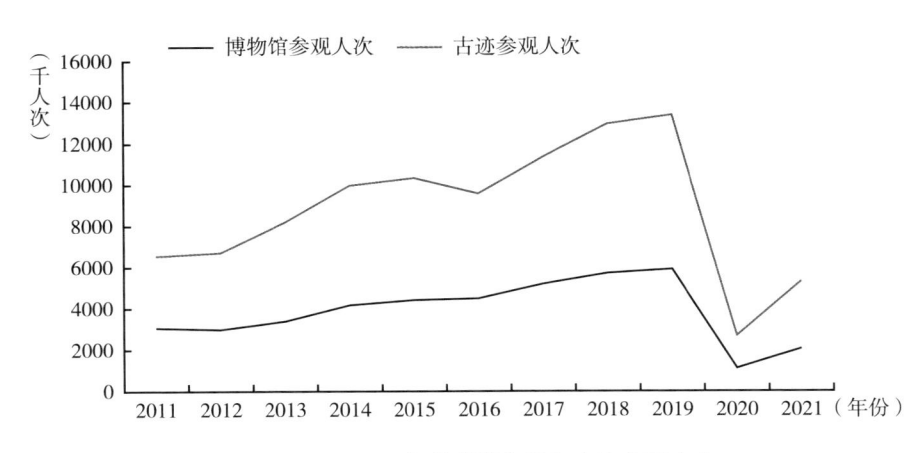

图 2　2011~2021 年希腊博物馆和古迹参观人次

资料来源：Greece in Figures，希腊国家统计局官网，https://www.statistics.gr/en/greece-in-figures。

奥会的主办城市都在赛事期间举办这项活动，希腊体育理念和体育精神得以进一步深入人心。

然而，希腊的艺术和娱乐产业相对而言并不发达。诚然，"卫城""米洛斯的维纳斯""奥林匹克运动会""穆萨卡""希腊字母"等希腊文化符号早已家喻户晓，但让人耳熟能详的希腊当代文化产品不算太多，其中不少包含希腊元素的文化产品还是出自外国公司之手。譬如讲述一家人在希腊科孚岛生活故事的热门剧集《德雷尔一家》由英国影视公司 Sid Gentle Films 制作，风靡全球的电子游戏《刺客信条：奥德赛》则由育碧蒙特利尔工作室开发。《每日报》在 2021 年 6 月发表的一篇文章中强调，希腊文化创意产业需要进行大胆改革。当前希腊在文化产品贸易方面存在逆差，每年文化产品进口额约为 1.81 亿欧元，而出口额约为 1.10 亿欧元。文化产业占希腊国内生产总值的比重仅为 1.4%。[①] 文章指出，以斯塔夫罗斯·尼亚尔霍斯基金会资助的 Artworks 项目为例，每年 80 名希腊艺术家在 Artworks 项目的资助下到海外推广他们的原创作品，希腊政府应当重视通过此类项目提升国内文化产品的国际知名度；此外，尽管希腊国家视听媒体与传播中心推出的激励政策已取得初步成效，希腊政府还应出台更多面向文化创意产业的优惠举措。

（二）媒体和传播视角下的希腊文化国际影响力

希腊在媒体和传播方面在参评国家中排第 44 名，评分低于埃及、泰国、哥伦比亚等发展中国家，由此可见希腊媒体的影响力较为一般。根据国际权威市场竞争分析工具 SimilarWeb 提供的数据[②]，2022 年 7 月全球排名前 50 的热门新闻媒体网站来自美国、英国、德国、俄罗斯、波兰、意大利、中国、日本、韩国、印度、越南、印尼、土耳其、巴西和阿根廷，而希腊新闻媒体网站没有上榜。这一方面体现出希腊新闻媒体的主要受众面较窄，全球范围内希腊语母语者人数仅为 1340 万人左右，难以和使用通用语种的国家和人口大国相匹敌；另一方面反映了希腊新闻媒体的国际传播能力较弱，与西方大国和新兴市场国家相比希腊新闻媒体在国际传播格局中被边缘化，希

---

① Greece's cultural economy in need of bold action，《每日报》网站，https：//www.ekathimerini.com/economy/1162214/greece-s-cultural-economy-in-need-of-bold-action/。
② Top News & Media Publishers Websites Ranking in July 2022，https：//www.similarweb.com/zh/top-websites/category/news-and-media/.

腊文化对外推广面临挑战。

另外,希腊缺乏对新闻媒体开展文化国际传播工作的长期规划,以致相关政策的连贯性不足。在金融危机和债务危机背景下,希腊文化国际传播在一定程度上受到波及。例如,希腊曾以2004年雅典奥运会为契机设立了雅典国际广播电台(Athens International Radio),以12种语言播报希腊社会、文化和体育新闻。该电台还与英国广播公司国际频道、法国国际广播电台、德国之声、中国国际广播电台等世界知名广播电台进行合作。然而,雅典国际广播电台自2008年开始面临资金短缺问题,之后被希腊国家广播电视公司的多语种广播电台Philia所取代。2013年6月,希腊政府宣布关闭国家广播电视公司以减少国家财政赤字,广播电台Philia随之停止运营。尽管两年后希腊国家广播电视公司得以重开,但仍有许多对外电视和广播节目在精简重组的浪潮下被取消。

在流媒体和社交媒体迅猛发展的当下,"名人效应"对希腊文化的传播也有着不可忽视的影响。美食博主阿基斯·彼得雷茨基斯(Άκης Πετρετζίκης)在全球最大视频平台之一 YouTube 上拥有102万名订阅者,他上传的希腊传统美食制作视频颇受英语用户欢迎,累计播放量超过1473万次。流行歌手艾勒尼·弗雷拉(Ελένη Φουρέιρα)凭借歌曲 *Fuego* 获得2018年欧洲歌唱大赛亚军,在欧洲一炮而红。将现代希腊民族音乐推向世界的弗雷拉如今是全球最大音乐流媒体平台 Spotify 上最受欢迎的希腊歌手,歌曲和视频累计播放量超过12亿次。被希腊旅游部授予"希腊在华旅游大使"称号的自媒体博主"希腊姐妹花"在中国知名视频网站哔哩哔哩上颇具人气,介绍希腊名胜古迹和饮食传统等内容的视频吸引超过135万人次观看。总体而言,部分博主和影视明星成为传播希腊文化的主力军之一,但当前具备国际影响力的希腊名人数量不多,未能推动形成强大的集群传播效应。

(三)国家发展状况视角下的希腊文化国际影响力

一个国家的文化国际影响力与其经济状况、外交政策、国家形象息息相关。十余年来希腊经济受金融危机和主权债务危机重创,根据世界银行公布的数据，2021年希腊国内生产总值为2162.4亿美元，人均国内生产总值为20276.5美元，而2008年的相应数据分别为3559.1亿美元和32128美元。[1][2] 希腊人口也因人才外流、出生率低等原因减少：2021年人口普查数据表明，希腊人口为1043.24万人，与2011年相比下降了3.5%。[3] 在希腊经济长期低迷、人口数量不断下降的背景下，一些高校的现代希腊语/希腊研究专业面临资金不足、入学人数少等挑战。以英国为例，伯明翰大学拜占庭、奥斯曼和现代希腊研究中心教授迪米特里斯·齐奥瓦斯（Δημήτρης Τζιόβας）认为，现代希腊研究式微的部分原因在于政府和高校侧重于研究符合英国经济和战略意义的国家和地区，包括阿拉伯国家、土耳其、苏联加盟共和国、中国和日本。[4]

作为地处欧洲、亚洲、非洲三大洲交汇处的地中海国家，希腊具备一定的外交影响力。例如，在洛伊国际政策研究所基于二十国集团成员国、经济合作与发展组织成员国和亚洲国家驻外使团数量发布的《2019年全球外交指数报告》中，希腊综合评分位列第20名[5]，体现出希腊积极到世界各地拓展外交活动，而这也为推动希腊文化的国际传播提供有利条件。此外，希腊奉行较为务实的外交政策。除了欧美传统盟友，希腊还寻求与包括中国在内的域外新兴市场国家建立良好的经贸和文化关系。通过举办希腊—中国文化和旅游年、加入中国—希腊高等教育交流合作咨询委员会等方式，希腊增强了在中国的能见度，为开展旅游、文化、教育乃至金融、交通运输、能源等领域的务实合作奠定基础。

在媒体叙述中，希腊的国家形象具有两面性。一方面，希腊是奠定西

---

[1] GDP（current US＄），世界银行官网，https：//data.worldbank.org/indicator/NY.GDP.MKTP.CD。

[2] GDP per capita（current US＄），世界银行官网，https：//data.worldbank.org/indicator/NY.GDP.PCAP.CD？locations＝GR&view＝chart。

[3] Demographic Crisis：Greek population drops to 10.4 million，https：//greekcitytimes.com/2022/07/20/greek-population-drops-10-4/。

[4] *Modern Greek Studies Around the World*，https：//ejournals.lib.uoc.gr/index.php/hellst/article/download/688/602/。

[5] 2019 Lowy Institute Global Diplomacy Index，https：//globaldiplomacyindex.lowyinstitute.org/。

方哲学、政治学乃至整个思想文化基础的文明古国。另一方面，希腊被视为近年来深陷债务危机泥潭的南欧小国，以及多数中东和非洲非法移民进入欧洲的中转站。因此，不难理解一些高校在开展与希腊相关的教学和科研工作时存在明显的"厚古薄今"现象。据统计，世界范围内开设希腊语/希腊研究专业的高校中，主要研究古希腊语言和文学的院校比例接近七成。2016 年，北欧唯一一所开设现代希腊研究专业的高校——哥本哈根大学宣布现代希腊研究专业停止招生，而古希腊语专业得以保留。实质上，自 2000 年起欧洲范围内有 14 个现代希腊研究讲席教授席位被废除。[1]不过，北美高校拥有较为完备的现代希腊研究教学体系。除了耶鲁大学、纽约大学、俄亥俄州立大学、密歇根大学、纽约城市大学等开设了现代希腊语/希腊研究专业的高校外，还有 40 余所高校向学生提供现代希腊语语言文学课程。[2] 简而言之，现代希腊的语言和文化较之古希腊而言无论是普及度还是受欢迎程度都偏低。但有评论强调，现代希腊研究这一学科不应被遗忘[3]——无论是在两次世界大战期间还是冷战时期，希腊都是西方文明的象征以及现代欧洲人身份认同的重要支柱，在近年来的难民危机中，希腊也是东西方沟通的桥梁。

四　总结和展望

本文首先从四个维度梳理希腊文化国际传播体系框架。希腊文化国际传播离不开文化和体育部、外交部、教育和宗教事务部、旅游部以及受政府监

---

[1] Modern Greek Studies：Present state, future prospects：Interviews with Konstantinos Dimadis and Vassilios Sabatakakis on the occasion of the 6th European Congress in Lund, https：//greeknewsagenda. gr/topics/culture-society/6846-modern-greek-studies-present-state, -future-prospects-interviews-with-konstantinos-dimadis-and-vassilios-sabatakakis-on-the-occasion-of-the-6th-european-congress-in-lund#：~：text=In%20Copenhagen%2C%20despite%20many%20efforts, case%20for%20all%20Swedish%20Universities..

[2] Modern Greek Studies Programs, https：//www. mgsa. org/programs/index. html.

[3] Comment：Don't forget Modern Greek Studies, https：//uniavisen. dk/en/comment-dont-forget-modern-greek-studies/.

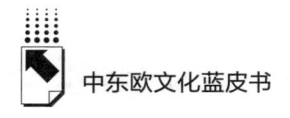

管的各类文化机构和组织之间的跨部门协调与合作。在希腊受金融危机和债务危机冲击的背景下，奥纳西斯基金会和斯塔夫罗斯·尼亚尔霍斯基金会等独立的非营利性基金会为希腊文化"走出去"提供的资金支持更显得弥足珍贵。希腊的文化团体和大型文化活动在南欧地区享有良好的声誉，近年来致力于进一步提升国际影响力。另外，希腊媒体机构也是推进希腊文化国际传播的重要力量，除了线上新闻平台 Greek Reporter 和希腊广播电视公司的电台频道"希腊之声"开展多语种传播实践之外，大部分媒体都通过英语和希腊语传递希腊社会文化动态。

通过研究，笔者总结出当前希腊文化国际传播的主要特点：从传播内容来看，以古希腊语言、思想理念和文化遗产为主，以当代流行文化产品为辅。希腊参与搭建了国际奥林匹克学院和奥林匹克休战国际中心两个知名国际文化交流平台，并在公共外交中大力弘扬奥林匹克精神、支持不同文明加强沟通交流。名胜古迹、文物和非物质文化遗产是希腊文化国际传播的重点所在，借助商业活动、旅游视频、数字化导览、跨境合作项目等方式强化知名度。在欧洲、北美、大洋洲、亚洲和非洲，数以百计的高校开设了有关古希腊语言和文学的学位课程。另外，希腊文化创意产业起步较晚、发展不成熟。尽管希腊政府近年来出台了一系列扶持文化创意产业发展的举措，希腊文化产品贸易逆差依旧存在，反映出文化产品的供给仍显不足。从传播渠道来看，希腊文化国际传播呈多点开花姿态，依托大众传媒、网络媒介、文化演出和展览、文化和教育机构等进行文化对外推广。希腊政府为削减开支减少了对图书、电视节目和电台节目的支持力度，而重视通过影视作品向世界宣传希腊文化，因此电影成为希腊文化国际传播的新增长点。数字化转型是希腊2020~2025年的重点发展目标，希腊政府与微软合作利用数字化方式复原古奥林匹亚遗址、希腊国家旅游组织活跃于各大社交媒体平台正是数字化转型在文化传播领域的实例。不过，希腊主流媒体在网络上的影响力较弱，希腊名人在社交媒体和流媒体上也未形成集群传播效应，这也使得文化传播的效果受到影响。尽管希腊的官方语言文化推广机构难以和世界大国媲美，但世界各地开设希腊语/希腊研究专业的高校在希腊政府和各类基金会的支持下已成为希腊文化对外推广的重要基地。从传播范围来看，在欧美地区、地中海沿岸国家希腊文化传播更为深入，而在新兴市场国家希腊文化的知名度亦有所提升。在以英国、德国、美国为代表的西方国家，古典学、历史学、考古学和哲学等学科体系完备，针对希腊文化的学术研究可追溯至18~19世纪。在以澳大利亚为代表的希腊侨民聚居地，现代希腊语、希腊饮食传统和生活方式伴随着二战后希腊移民的到来而为当地居民所熟知。在以土耳其为代表的希腊周边国家，不少学生在高校和语言学校学习古希腊和现代希腊语言和文化，以便前往希腊发展。在以中国为代表的新兴市场国家，近年来戏剧演出、遗产保护、奥运合作成为中希双边人文交流的重点领域，主要外国语院校也纷纷开设希腊语专业。

笔者认为，希腊文化国际影响力主要取决于文化自身吸引力、文化国际传播质量、综合国力与战略考量。希腊长期位居国际文化遗产及美食榜单前列、博物馆和古迹参观人数逐年上升、奥林匹克休战理念为各国广泛认同，体现出希腊文化的丰富内涵和独特魅力已获得国际社会认可。不过，希腊若希望进一步提升其文化国际影响力，则需要培育更多外向型文化企业，以增强文化产业的竞争力和扩大文化产品份额；加强国际传播能力建设，包括推进传统媒体和新兴媒体协同发展、重视通过公众人物和外国媒体等多元主体讲述希腊故事、充分利用影视作品开展希腊文化柔性传播等。希腊长期以来将文化发展的重心放在古迹开发、文物修复、文化财产返还、博物馆策展上，但随着希腊国家视听媒体与传播中心推出的影视作品拍摄激励政策大获成功，预计未来希腊会为文化产业发展和国际传播能力建设提供更多政策支持。不可忽略的是，希腊经济体量仅占全球的0.25%左右，人口数量和侨民数量也呈下降趋势，这给希腊文化国际影响力的提升带来了不小挑战。作为经济和人口意义上的小国，希腊在全球范围内的文化辐射力仍难以和大国相匹敌。另外，希腊谋求成为巴尔干和地中海地区重要的政治和经济力量。目前来看，希腊文化影响力在部分与其经贸联系较弱的欧洲国家有所衰退。但在其周边地区和与其建立较为紧密经贸联系的国家中，希腊文化依旧拥有较强的吸引力和感召力。

B.12
克罗地亚文化国际传播与影响力报告

王晓伊[*]

摘　要： 本报告通过分析文化视域下克罗地亚全球软实力指数、图书音像制品和电影进出口情况及旅游业相关数据，尝试归纳克罗地亚近年来，尤其是2021年文化传播与影响力的现状与存在的问题，如国际文化辨识度低、图书及音像制品国际影响力逐步增加、电影出口数增多但影响力不足、文化旅游对外国游客的吸引力相对薄弱等。2021年，克罗地亚依托现有对外文化政策和资源，从实施政府计划和推广文学艺术两种路径出发，在文化国际传播和交流上取得了一定成果。报告最后以《克罗地亚共和国2030年国家发展战略》为落脚点，梳理了克罗地亚未来推动自身文化有效传播、进一步增强文化国际影响力的工作方向和重点。

关键词： 克罗地亚　文化　国际传播　国际影响力

一　克罗地亚文化国际传播现状

在当今全球化的浪潮中，文化作为软实力的主要表现形式，为诸多国家提供了传统硬实力以外增强国际影响和认同的新机遇，对国家发展具有至关重要的作用。于克罗地亚而言，鼓励文化创造、投资艺术制作及文化内容传播、加强公民在文化发展中的积极参与是增强全社会智能性、可持续性和包

---

[*] 王晓伊，广东外语外贸大学西方语言文化学院塞尔维亚语专业教师，主要研究方向为中东欧区域与国别研究、中东欧文学等。

容性的重要途径，有利于克罗地亚在国家、欧洲和全球层面宣传自身的历史、文化和生活方式，从而创造新的社会资本和价值观。

克罗地亚的文化具有显著的连续性和多样性。位于东西方的十字路口、西欧和东欧文化圈的交叉区域、曾受多方政权交替统治的战略要地，独特的地理位置和历史背景导致不同民族、宗教、政治势力的文明在克罗地亚碰撞交融，克罗地亚人民也以此为基础，创造出了独具一格、色彩鲜明的民族文化和众多优秀的文艺作品。如今，客观上作为欧洲文化的组成部分，主观上存在进一步回归欧洲、提升国际地位的需求，克罗地亚正在努力提升自身文化在周边地区乃至全球的影响力。

第三方评估机构 Brand Finance 发布的《2021年全球软实力指数排名》显示，克罗地亚的全球软实力水平在105个国家中位居第49，其中文化与遗产方面的影响力排在第42位。比起2020年的全球软实力水平第43位、文化与遗产影响力第33位，两个指标均有所下降。[1] 克罗地亚主流媒体《晚报》在分析时指出，克罗地亚的国际知名度主要归功于发达的旅游业和较强的体育实力，但其他社会和文化领域并未在全球产生足够的吸引力和辨识度。当今的克罗地亚在国际关系领域和国际热点问题中没有受到过度关注或质疑，但也未具备足够强大的外交举措和软实力水平。[2]

针对以上基本情况，本报告将从两方面的数据着手，结合近年克罗地亚的社会实际情况，尝试分析克罗地亚文化的国际传播现状和影响力。一是传统的文化传播媒介及作品，即图书、音像制品和电影的进出口情况；二是克罗地亚最具国际吸引力的行业——旅游业的相关指标。

（一）克罗地亚传统传播媒介进出口情况

1. 图书及音像制品

2021年克罗地亚图书及音像制品的出口总额约为231.2万欧元，进口

---

[1] Global Soft Power Index，Brand Finance 官网，https://brandirectory.com/softpower/2021/report。
[2] Ima li Hrvatska karizmu：Kakav je naš globalni utjecaj i jesmo li nekome uzor，克罗地亚《晚报》网，https://www.vecernji.hr/vijesti/ima-li-hrvatska-karizmu-kakav-je-nas-globalni-utjecaj-i-jesmo-li-nekome-uzor-1473621。

总额约为244.9万欧元（见图1）。以近五年（2017~2021年）为周期，克罗地亚的图书及音像制品出口额逐年增加，2017~2020年完成由贸易逆差到连续三年顺差的转变，2021年又变为较小的逆差。由总体变化趋势可以看出，克罗地亚政府鼓励出版商发行针对海外市场的作品、参加国际展会的成果正在逐年显现，国际市场对克罗地亚图书及音像制品的关注度逐步提高，相关产品的国际贸易前景良好。

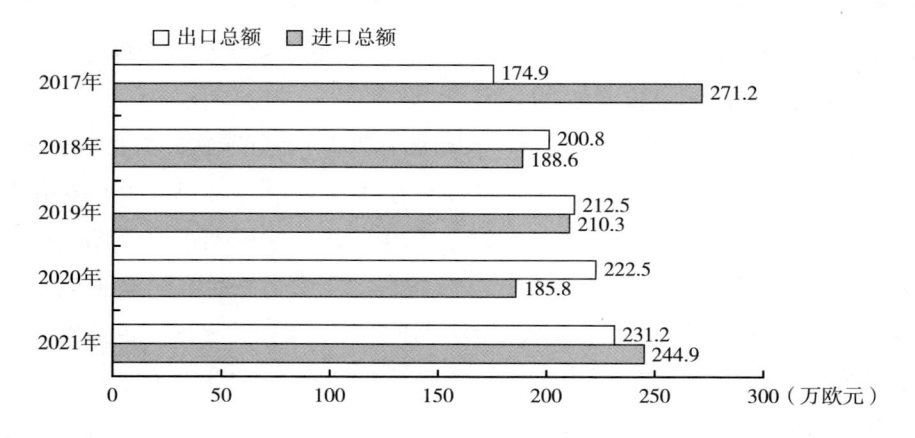

年份	出口总额	进口总额
2017年	174.9	271.2
2018年	200.8	188.6
2019年	212.5	210.3
2020年	222.5	185.8
2021年	231.2	244.9

图1　2017~2021年克罗地亚图书及音像制品进出口情况

资料来源：Arhiva objavljenih podataka，克罗地亚国家统计局官网，https://web.dzs.hr/arhiva.htm。

2. 电影

以2018~2020年为周期，克罗地亚在电影传播领域实现了出口数大于引进数的转变（见图2）。这主要得益于欧盟及洲际区域电影合作机制（如"欧罗巴电影院网络"，Europa Cinemas）的不断发展。

但从实际情况来看，克罗地亚国产电影的国内外影响力均有待提高。一方面，近年来受新冠肺炎疫情影响，克罗地亚电影行业在拍摄和放映阶段仍存在诸多不确定因素，且长期以来克罗地亚商业院线本身对海外电影的欢迎程度也远超国产电影。以2021年为例，克罗地亚全国观影总人次为2458853，其中国产电影观影人次为174409，仅占总观影人次的7.10%，国

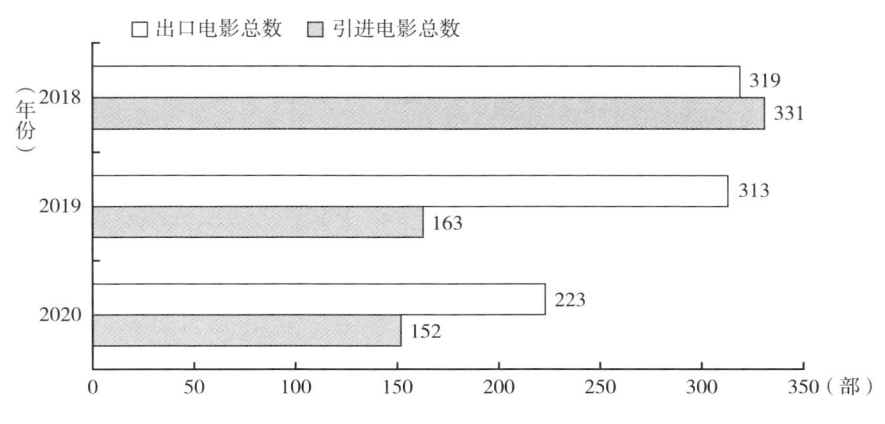

图2 2018~2020年克罗地亚电影进出口数量

年份	出口电影总数	引进电影总数
2018	319	331
2019	313	163
2020	223	152

资料来源：Arhiva objavljenih podataka，克罗地亚国家统计局官网，https://web.dzs.hr/arhiva.htm。

产电影票房占总票房的7.15%[①]；从观影偏好角度来看，克罗地亚观众更偏好娱乐性强的影片（见表1），而克罗地亚本土制作的电影以更偏重叙述性的故事片为主，这同样导致克罗地亚国产电影的竞争力相对较弱。另一方面，克罗地亚电影国际推广的主要途径为参加国际电影节的展映活动，受众面小，海外商业院线放映机会少，大多数影片并未在全球大众范围内引起足够反响。

表1 2021年克罗地亚院线观影人次前十的电影

排名	片名	制片国家（地区）	在克发行日期	观影人次
1	007：无暇赴死	英国/美国	9月30日	125183
2	南风2：狂飙	克罗地亚/塞尔维亚	11月11日	114216
3	蜘蛛侠：英雄无归	美国/冰岛	12月16日	107571
4	沙丘	美国/加拿大	10月21日	70429
5	毒液2：屠杀开始	美国	10月14日	67169
6	速度与激情9	美国/加拿大/泰国	6月17日	65569

① Brojke i slova za 2021.，克罗地亚视听中心官网，https://havc.hr/file/publication/file/havc-facts-figures-2021-web.pdf。

续表

排名	片名	制片国家（地区）	在克发行日期	观影人次
7	夏日友晴天	美国	6月17日	61654
8	托马	塞尔维亚	10月21日	60744
9	汪汪队立大功大电影	美国/加拿大	8月19日	58808
10	古驰家族	美国/加拿大	12月2日	53778

资料来源：Brojke i slova za 2021.，克罗地亚视听中心官网，https：//havc.hr/file/publication/file/havc-facts-figures-2021-web.pdf。

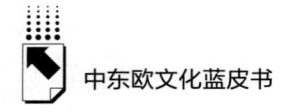

（二）克罗地亚外国游客入境情况

克罗地亚是地中海旅游胜地，旅游业发展历史悠久。作为国家支柱产业和软实力的主要表现形式之一，克罗地亚旅游业带来的正面影响日渐增强，作为旅游胜地的知名度仍在稳步提升。

尽管克罗地亚拥有诸多文化遗产和文化活动，文化旅游对外国游客的吸引力也日渐增强，然而该国各文化和旅游部门及机构的现行统计方式无法在文化旅游方面提供准确的数据支撑，这一点在克罗地亚文化和媒体部2022年9月发布的《克罗地亚共和国文化发展和文化政策概述》中被指出①。基于这一现状，本报告将从克罗地亚近五年的外国游客入境数、来源、目的地三方面入手，分析克罗地亚及该国不同旅游目的地对外国游客吸引程度的变化。

新冠肺炎疫情暴发前，克罗地亚的游客入境情况呈现出逐年增长的趋势（见表2）。2020年，克罗地亚旅游业因疫情受到巨大打击，当年游客骤减。2021年，因疫情防控政策的调整和放宽，克罗地亚通过采取一系列措施得以提供更加安全、自由的旅行环境，游客数量有所回升。2021年全年，克罗地亚共接待外国游客1064万人次，与2020年相比增长91.9%，与2019

---

① Predstavljen „Pregled kulturnog razvoja i kulturnih politika u Republici Hrvatskoj"，克罗地亚文化和媒体部官网，https：//min-kulture.gov.hr/vijesti-8/predstavljen-pregled-kulturnog-razvoja-i-kulturnih-politika-u-republici-hrvatskoj/22835。

年相比减少38.7%；过夜外国游客达6280万人次，与2020年相比增长77.6%，与2019年相比减少25.3%；过夜游客平均停留时间为5.5天。

表2 2017~2021年克罗地亚外国游客入境情况

单位：千人次

年份	总人次	欧洲	亚洲	北美洲	大洋洲	中南美洲	非洲
2017	15593	13398	1194	592	218	155	36
2018	16645	14127	1308	735	256	180	39
2019	17353	14620	1404	816	260	210	43
2020	5545	5367	83	59	10	19	7
2021	10641	10203	75	287	17	45	14

资料来源：Turizam，克罗地亚国家统计局官网，https://podaci.dzs.hr/hr/podaci/turizam/。

访问克罗地亚的外国游客中欧洲公民占多数，其中游客数最多的国家包括德国、波兰、斯洛文尼亚、奥地利、捷克等。2021年，入境克罗地亚的德国游客多达270万人次，过夜1990万次，占外国游客实际入境总数的25.7%和实际过夜总数的31.7%。

就目的地而言，到访克罗地亚的外国游客更偏好前往沿海地区疗养度假，文化旅游的吸引力虽在提升，但与游泳、日光浴等传统旅游活动相比仍较为薄弱。2021年，外国游客到访和过夜人数最多的行政区是伊斯特拉县（Istarska županija），其次是斯普利特—达尔马提亚县（Splitsko-dalmatinska županija）及滨海和山区县（Primorsko-goranska županija）[1]，均为临海行政区。

二 克罗地亚的对外文化政策及文化国际传播路径

（一）克罗地亚的对外文化政策

克罗地亚的对外文化交流与合作事务多由该国文化和媒体部（Ministarstvo

---

[1] DOLASCI I NOĆENJA TURISTA U 2021.，克罗地亚国家统计局官网，https://podaci.dzs.hr/2021/hr/10190。

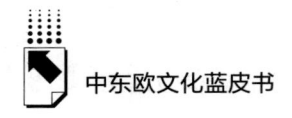

kulture i medija）下属的国际文化合作和欧洲事务局（Uprava za međunarodnu kulturnu suradnju i europske poslove）负责规划和实施。

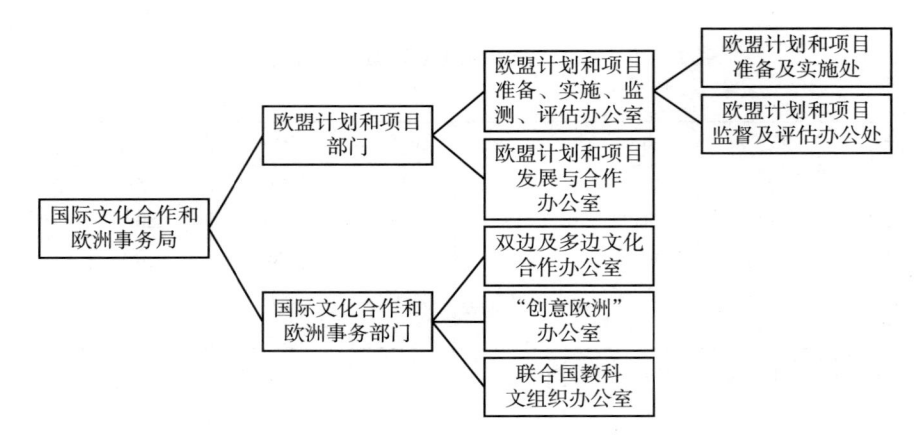

图3 克罗地亚文化和媒体部国际文化合作和欧洲事务局组织架构

资料来源：Provedbeni program Ministarstva kulture i medija za razdoblje od 2021. do 2024. godine，克罗地亚文化和媒体部官网，https：//min-kulture.gov.hr/UserDocsImages/dokumenti/Provedbeni%20plan%202021%20-%202024/Provedbeni%20program%20Ministarstva%20kulture%20i%20medija%202021-2024%20（2022-04-04）.pdf。

克罗地亚文化和媒体部在中长期规划性文件《文化和媒体部2021—2024年实施计划》（*Provedbeni program Ministarstva kulture i medija za razdoblje od 2021. do 2024. godine*）中明确提出将"增强克罗地亚艺术和文化在欧洲和世界的影响力"作为国家文化发展的需求和挑战之一，并制定了相关目标和三项举措①。

1. 目标

鼓励各个文化和艺术领域的协会机构、艺术家及专家间的流动，支持其开展直接且持续的合作与交流，即：文学作品的翻译和出版，电影和艺术展

---

① Provedbeni program Ministarstva kulture i medija za razdoblje od 2021. do 2024. godine，克罗地亚文化和媒体部官网，https：//min-kulture.gov.hr/UserDocsImages/dokumenti/Provedbeni%20plan%202021%20-%202024/Provedbeni%20program%20Ministarstva%20kulture%20i%20medija%202021-2024%20（2022-04-04）.pdf。

览的展示，戏剧家、舞蹈家、音乐家的巡回演出，参加书展等国际文化活动和集会。通过签署双边文化合作协议和项目，克罗地亚及其他国家能够相互展示各自的文化；支持艺术家和文化工作者参加国际组织、协会和非政府组织，促进文化间对话和发展具有文化多样性的多边项目；加强区域倡议和协会框架内的合作项目，强调克罗地亚作为中欧和地中海国家的独特性。

继续推进与"创意欧洲"项目中"文化"子项目的合作伙伴、欧盟委员会以及文化、教育和视听执行机构代表的合作。克罗地亚联合国教科文组织委员会（Hrvatsko povjerenstvo za UNESCO）将与各政府部门、政府和非政府组织合作，继续参与联合国教科文组织的规范性工作，支持具有国家、区域和国际重要性的长期方案和项目，发掘克罗地亚具有领先知识的领域，使国家特有的领先知识在联合国教科文组织的具体方案和项目框架中得到正式确立。

2.相关举措

（1）鼓励国际文化合作项目

推进克罗地亚与欧洲及非欧洲国家在文化艺术领域的双边和多边合作，确定、协调和评估旨在创造、支持、监督国际合作项目的活动。

该举措的目标是确保克罗地亚文化的稳定和发展，在特定的生活艺术领域为发展和肯定克罗地亚文化提供支持，同时推进塑造个人和集体表现诗学的复杂创作过程；以此作为基础平台，塑造文化间对话、文化多样性、文化生产、国际合作、创意产业的创作、制作、分配和传播项目的网络结构，围绕创意研究工作坊和大师研讨会展开的艺术培训。

工作重点：为国际合作项目进行年度公开招标；缔结国际协定和制定相关法案。

结果指标：国际合作项目年度招标中批准的项目数量；克罗地亚艺术家在国外展示项目的国家数量。

（2）支持实施"创意欧洲"项目："文化"子项目

"创意欧洲"办公室（Desk Kreativne Europe）是文化和媒体部的下属部门，其任务是尽可能多地提供关于"文化"子项目的资讯、资金使用方式，

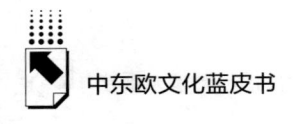

以及收集欧洲层面提供的文化合作机会。

该项举措将为"创意欧洲"项目"文化"子项目的潜在受益者组织研讨会和内部讲习班，并为有兴趣申请的人提供技术援助；继续与"文化"子项目的合作伙伴、欧盟委员会，以及文化、教育和视听执行机构的代表展开合作。

工作重点：为潜在受益者举办交流活动，如研讨会、工作坊和信息日；为欧盟"创意欧洲"项目"文化"子项目的共同资助方案进行招标。

结果指标：共同资助方案的数量；举办交流活动（研讨会、工作坊和信息日）的数量。

（3）增强与联合国教科文组织的合作

增加克罗地亚物质和非物质文化遗产在联合国教科文组织的世界遗产相关名录（名册）中的数量，增强克罗地亚在联合国教科文组织计划和工作机构中的影响力。

克罗地亚联合国教科文组织委员会与各政府部门、政府组织和非政府组织协调，参与联合国教科文组织的规范性工作，支持具有国家、区域和国际重要性的长期方案和项目，发掘克罗地亚具有领先知识的领域，使国家特有的领先知识在联合国教科文组织的具体方案和项目框架中得到正式确立；通过当代文化创作推动各种文化项目领域的发展，推动文化政策问题的解决、文化和文化治理领域的产业及信息收集网络的发展、文化自身的发展和多元化、文化多样性、跨文化对话，巩固版权和艺术家的地位。

工作重点：提议将克罗地亚物质和非物质文化遗产项目列入联合国教科文组织的世界遗产相关名录（名册）。

结果指标：列入联合国教科文组织《世界遗产名录》的物质文化遗产项目数；列入联合国教科文组织《人类非物质文化遗产代表作名录》的非物质文化遗产项目数。

（二）克罗地亚文化的国际传播路径：以2021年为例

1. 基于《文化和媒体部2021—2024年实施计划》的政府项目

一是鼓励国际文化合作项目。按计划，克罗地亚文化和媒体部计划在

2021年国际合作项目年度招标中批准资助250个项目；然而受疫情影响，各国在不同程度上关闭边境导致合作困难、文化及文化创意产业发展受到限制，因此最终仅批准资助了确认可行的194个项目。其中多数获批项目为共同资助的执行类项目（84个），还包括视觉艺术项目（26个）、文化遗产项目（18个）、文学项目（14个）等。

二是支持实施"创意欧洲"项目："文化"子项目。2021年，克罗地亚文化和媒体部继续按计划实施了"文化"子项目框架内的各类项目，并增强了对信息日、研讨会和内部工作坊的组织。

三是增强与联合国教科文组织的合作。2021年，克罗地亚文化和媒体部下属的联合国教科文组织办公室（Služba za UNESCO）持续协调联合国教科文组织遗产应急基金（UNESCO Heritage Emergency Fund），继续为2020年萨格勒布及巴诺维那（Banovina）地区的震后重建提供援助。克罗地亚教科文组织委员会接受了来自联合国教科文组织及其合作伙伴日本Challenge股份有限公司（Challenge Co., Ltd.）捐赠地震预警设备的提议。2021年底，克罗地亚方面向保护非物质文化遗产政府间委员会（Intergovernmental Committee for the Safeguarding of the Intangible Cultural Heritage）第十六届常会提交了一项多国联合提名的非遗申请，即猎鹰术（Sokolarstvo）[①]。

2. 具体途径

（1）文学出版及推广活动

2021年是克罗地亚阅读年，活动由克罗地亚政府主办，由克罗地亚文化和媒体部负责执行。阅读年将"推广克罗地亚国内外优秀文学作品"作为主要目标之一，故专门的国际文化合作措施也不可或缺。克罗地亚文化和媒体部资助了克罗地亚文学网的克罗地亚文学著作翻译项目，为克罗地亚作家和译者在著作出版和宣传方面提供支援。2021年10月12

---

① Godišnje izvješće o provedbi Provedbenog programa Ministarstva kulture i medija za razdoblje od 2021. do 2024. godine za 2021. godinu, 克罗地亚文化和媒体部官网, https://min-kulture.gov.hr/UserDocsImages//dokumenti/Analize//provedbeni%20program_godi%C5%A1nje%20izvje%C5%A1%C4%87e_2021_dokument_potpisan.pdf.

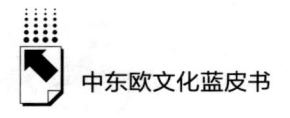

日，克罗地亚文化和媒体部举办了题为"以阅读避免词穷"（Čitajmo da ne ostanemo bez riječi）的国际阅读促进会议，邀请了克罗地亚国内外讲师、科学家和阅读推广领域的专家，就当今建设阅读文化的重要性和挑战进行发言。

由于疫情，人员流动及文化活动的开展均受到限制，因此克罗地亚为出版克罗地亚作家译著的国际出版商提供了更强的官方支持。① 以阅读年为依托，克罗地亚文学家、出版商活跃于世界各地。2021年3月，克罗地亚出版商 Sandrof 在美国推出了专注巴尔干地区文学的独立非营利性出版社 Sandrof Passage，主要推广来自克罗地亚和前南斯拉夫地区的著作，截至2022年7月已发行十余部文学译著。2021年4月26日，作家伊维察·普尔泰尼亚恰（Ivica Prtenjača）和戈兰·费尔切茨（Goran Ferčec）在维也纳参加了小说《山》（Brdo）、《这里不会有奇迹》（Ovdje neće biti čuda）的德语译本发布会。2021年5月，作家达米尔·卡拉卡什（Damir Karakaš）的小说《森林的记忆》（Sjećanje šume）获意大利 ITAS 山地图书奖（Premio ITAS del Libro di montagna）。7月，由英国翻译家西利娅·霍克斯沃思（Celia Hawkesworth）翻译的、作家达莎·德恩迪奇（Daša Drndić）的小说《战歌》（Canzone di Guerra）获英国笔会翻译奖（PEN Translates Awards）。7月至9月，作家尤里察·帕维契奇（Jurica Pavičić）的小说《红水》（Crvena voda）陆续获得三项法国文学奖②。10月，作家尼古拉·久雷蒂奇（Nikola Đuretić）的俳句被收录在美国出版的选集《觉醒者》（The Awakened One）中，作家斯拉文卡·德拉库利奇（Slavenka Drakulić）及其配偶、瑞典作家理查德·斯瓦茨（Richard Swartz）共同获得德国开姆尼茨市国际史蒂芬·海姆奖（International Stefan Heym Prize）。12月，伊万娜·波尔多日茨（Ivana Bodrožić）的小说《洞穴》（Rupa）被美国悬疑小说专业网 Crimereads 评为年度最佳国际犯罪小说。

---

① Croatian literature. hr：The Year of Reading in Croatia，克罗地亚文学官网，https://www. croatian-literature. hr/zzindex_ sing. php? tekst_ id=685。
② 后于2022年2月获得第四项。

（2）电影推广活动

克罗地亚国内常设 20 余个国家级及国际电影节①，其中普拉电影节（Pulski filmski festival）、萨格勒布电影节（Zagrebački filmski festival）、萨格勒布国际动画节（Animafest Zagreb）等在国际上有一定影响力。除本国电影节及放映活动外，克罗地亚视听中心网站显示，2021 年克罗地亚本国制作或联合制作的影片累计在 70 多个国外电影节展映或参与评奖②。

表3 2021 年克罗地亚影视作品国际获奖情况

片名	艺术活动	获得奖项	备注
倒霉性爱，发狂黄片 Baksuzno bubanje ili bezumni pornić	第 71 届柏林国际电影节	最佳影片（金熊奖）	罗马尼亚导演，克罗地亚参与联合制片
	第 3 届东西方金拱门电影奖	最佳剧情片	
女神 Božica	2021 年科特布斯电影节	联合制片项目开发奖	
现实一点，寻找不可能 Budi realan, traži nemoguće	第 19 届里斯本纪录片电影节	DAE 人才鼓励奖	
等我 Čekaj me	第 4 届半岛电视台巴尔干频道国际纪录片节	最佳影片	
一天中的四季 Četiri godišnja doba u danu	2021 年 Hot Docs 纪录片节	国际新人导演奖	比利时导演，克罗地亚参与联合制片
小佩利察的日记 Dnevnik velikog Perice	第 27 届萨拉热窝电影节	最佳电视喜剧奖	电视连续剧
梦境 Dream Land	第 9 届中东欧动画论坛	工作坊奖	
玩命上瘾 F20	第 4 届马耳他国际电影节	最佳惊悚片	

---

① LITTLE BLACK BOOK Industry Contacts 2022，克罗地亚视听中心官网，https：//havc.hr/file/publication/file/havc-lbb-2022-priprema-web.pdf。
② Povezani pojmovi-festivali，克罗地亚视听中心官网，https：//havc.hr/trazi-po-oznaci? oznaka=festivali。

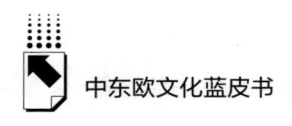

续表

片名	艺术活动	获得奖项	备注
爱在全世界 Love Around The World	第 14 届 CinEast 中东欧电影节	观众奖	
玛蕾 Mare	第 56 届瑞士 Solothurner Filmtage 电影节	最佳影片	克罗地亚裔瑞士导演，克罗地亚参与联合制片
	第 16 届东南欧电影节	最佳故事片奖、年度表演奖	
爷爷是外星人 Moj dida je pao s Marsa	第 34 届伊斯法罕国际儿童及青少年电影节	金蝴蝶评审团奖	
海鳝 Murina	第 74 届戛纳电影节	导演处女作奖（金摄影机奖）	
	第 29 届汉普顿国际电影节	最佳剧情片	
	第 14 届 CinEast 中东欧电影节	大奖	
	第 21 届布鲁塞尔地中海电影节	大奖	
	2021 年莱萨尔克电影节	电影女性奖	
革命博物馆 Muzej revolucije	第 32 届的里雅斯特电影节	Flow 数字电影奖	塞尔维亚导演，克罗地亚参与制片
少年往事 O jednoj mladosti	第 32 届的里雅斯特电影节	"巴尔干、高加索、跨欧洲观测台"单元最佳纪录片	
漫漫寻子路 Otac	第 32 届的里雅斯特电影节	观众奖、中欧倡议奖	塞尔维亚导演，克罗地亚参与联合制片
鹈鹕 Pelikan	第 62 届塞萨洛尼基国际电影节	后期制作奖	
蓝花 Plavi cvijet	第 3 届比哈奇国际电影节	最佳影片	
	第 15 届莫斯塔尔电影节	最佳配角奖	
无信号区 Područje bez signala	2021 年法国 Series Mania 电视节	"国际全景"单元最佳剧集	电视连续剧
	慕尼黑第 6 届 Seriencamp 电视节	观众奖	

续表

片名	艺术活动	获得奖项	备注
所有即将到来的事 Sve što dolazi	第27届萨拉热窝电影节	最佳剧情短片	
暗涌 Sve te senzacije u mom trbuhu	2021年渥太华国际动画节	最佳剧本奖	
37岁的特蕾莎 Tereza 37	第49届贝尔格莱德FEST电影节	最佳女演员	
	第14届莱斯科瓦茨国际电影导演节	最佳女性角色奖、日沃因·日卡·帕夫洛维奇（Živojin Žika Pavlović）奖	
地下热门排行榜 Underground top lista	第19届里斯本纪录片电影节	Pitch the Doc 奖	
在森林里 U šumi	第69届圣塞巴斯蒂安国际电影节	"NEST"单元最佳学生电影奖	
教师休息室 Zbornica	第55届卡罗维发利国际电影节	天主教人道精神奖	
黎明 Zora	第14届莱斯科瓦茨国际电影导演节	"野生电影"单元最佳导演奖	

注：排序方式为外语片名字母顺序

资料来源：作者自制。

（3）艺术交流活动

2021年，克罗地亚在音乐、美术、舞蹈、戏剧等领域，以表演、展览等直观的形式在欧洲及世界范围内传播本国文化，有效增强了自身的文化影响力。

1月20日，IMCA国际古典音乐大奖公布了2021年度获奖名单，其中合唱音乐奖的作品集收录了克罗地亚音乐家伊戈尔·库列里奇（Igor Kuljerić）的《格里高利安魂曲》（*Glagolitic Requiem*）和雅科夫·戈托瓦茨（Jakov Gotovac）的《自由赞美诗》（*Himna Slobodi*）[①]。

5月22日，第17届威尼斯建筑双年展（Biennale Architettura Venezia）在威

[①] Međunarodna nagrada ICMA za hrvatsko-njemački projekt izdanja zborskih djela Igora Kuljerića i Jakova Gotovca，克罗地亚文化和媒体部官网，https：//min-kulture.gov.hr/vijesti-8/medjunarodna-nagrada-icma-za-hrvatsko-njemacki-projekt-izdanja-zborskih-djela-igora-kuljerica-i-jakova-gotovca/20470。

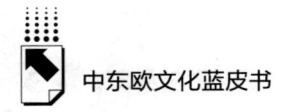

尼斯举行。克罗地亚的国家展馆名为"Togetherness/Togetherless",体现了当代社会的团结与挑战,分析了由数字化发展引起的工作和生活条件的变化,展现了城市危机的可能性,以及对公共空间的使用、规划和建设方式的不同理解。①

7月22日,题为"马林·德尔日奇——克罗地亚的莎士比亚:来自克罗地亚及欧洲文学文化遗产的宝库"(Marin Držić-Croatian Shakespeare: from the Treasury of Croatian and European Literary and Cultural Heritage)的展览在意大利米兰的布雷拉图书馆(Biblioteca di Brera)开幕。展览以克罗地亚著名文学家马林·德尔日奇和杜布罗夫尼克文学圈为主题,展示了16世纪至20世纪的约100本克罗地亚文学和文化史图书。②

9月9日至15日,波兰格但斯克莎士比亚剧院(Gdański Teatr Szekspirowski)开展了名为"克罗地亚周"(Hrvatski tjedan)的文化节,活动日程包括2部电影放映、3场戏剧表演、2场舞蹈表演和2场文学朗诵表演③。

9月12日,题为"艺术与美德:克罗地亚——匈牙利800年的共同文化遗产"(Ars et virtus. Hrvatska-Mađarska. 800 godina zajedničke kulturne baštine)的展览在匈牙利国家博物馆开幕,主要展出了从匈牙利、克罗地亚和欧洲各大博物馆及文化机构收集的两国在历史上共享的文化遗产,如各类文学艺术作品和重要文件④。

---

① Hrvatski paviljon"Togetherness/Togetherless"na 17. Venecijanskom bijenalu,međunarodnoj izložbi arhitekture,克罗地亚文化和媒体部官网,https://min-kulture.gov.hr/vijesti-8/hrvatski-paviljon-togetherness-togetherless-na-17-venecijanskom-bijenalu-medjunarodnoj-izlozbi-arhitekture/20904。

② Marin Držićao hrvatski Shakespeare predstavljen u jednoj od najvrjednijih svjetskih riznica Nacionalnoj knjižnici Braidense u Milanu,克罗地亚文化和媒体部官网,https://min-kulture.gov.hr/vijesti-8/marin-drzic-kao-hrvatski-shakespeare-predstavljen-u-jednoj-od-najvrjednijih-svjetskih-riznica-nacionalnoj-knjiznici-braidense-u-milanu/21196。

③ U kazalištu Gdański Teatr Szekspirowski otvara se festival"Hrvatski tjedan",克罗地亚文化和媒体部官网,https://min-kulture.gov.hr/vijesti-8/u-kazalistu-gdanski-teatr-szekspirowski-otvara-se-festival-hrvatski-tjedan/21358。

④ Izložba"Ars et virtus. Hrvatska-Mađarska. 800 godina zajedničke kulturne baštine"otvorena u Mađarskom nacionalnom muzeju u Budimpešti,克罗地亚文化和媒体部官网,https://min-kulture.gov.hr/vijesti-8/izlozba-ars-et-virtus-hrvatska-madjarska-800-godina-zajednicke-kulturne-bastine-otvorena-u-madjarskom-nacionalnom-muzeju-u-budimpesti/21676。

三 变革与展望

克罗地亚政府在2018年制定的长期性、总括性规划文件《克罗地亚共和国2030年国家发展战略》(Nacionalna razvojna strategija Republike Hrvatske do 2030. godine)中提出,到2030年,克罗地亚将成为有竞争力的、创新的、安全的国家,拥有可识别的身份和文化,资源保存完好,生活条件优良,人人享有平等机会。[1] 提高文化在国际社会的辨识度被认为是这一愿景中的重要目标之一,文化国际传播和文化合作也成为克罗地亚政府今后的工作重点。

(一)进一步加强双边和多边文化合作

目前,克罗地亚已经与51个国家和地区签署文化合作协议,与27个国家和地区建立了文化合作项目,参与了多个文化艺术领域国际组织框架下的多边倡议和合作,如欧洲委员会(Council of Europe)、中欧倡议组织(Central European Initiative)、斯拉夫文化论坛(Forum of Slavic Cultures)、东南欧文化部长理事会(CoMoCoSEE)、国际艺术理事会与文化机构联合会(IFACCA)等,合作规模未来还将不断扩大。

同时,克罗地亚政府还在不断加大资助国际文化合作项目的力度。2022年,克罗地亚文化和媒体部批准资助311个国际文化合作项目,资助金额达5220636库纳[2],比2021年增加了100多项。

(二)出台专项激励措施

为促进国内外文化交流、刺激本国文化产业的发展和海外推广,克罗地

---

[1] Nacionalna razvojna strategija Republike Hrvatske do 2030. godine,克罗地亚国家公报,https://narodne-novine.nn.hr/clanci/sluzbeni/2021_02_13_230.html。

[2] Odobreno 5.220.636,00 kuna za 311 programa međunarodne kulturne suradnje,克罗地亚文化和媒体部官网,https://min-kulture.gov.hr/vijesti-8/odobreno-5-220-636-00-kuna-za-311-programa-medjunarodne-kulturne-suradnje/22204。

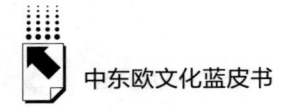

亚已经出台了针对部分文化领域的激励措施，且类似模式还将进一步辐射至其他领域。

最典型的示例来自电影行业。因地理环境和性价比优势，近年来大批外国制片公司前往克罗地亚拍摄电影和连续剧，克罗地亚因此成为热门取景国家，也吸引了可观的外国资本。对此克罗地亚政府在2012年推出了以"在克罗地亚拍摄"（Filming in Croatia）为题的专项激励措施（Film Production Incentive），对符合条件的、在克罗地亚拍摄影视作品的制片人，克罗地亚政府将为其提供在当地支出的25%作为补贴；如果取景地的发展水平低于克罗地亚国内平均水平，补贴比例还将额外提高5%[1]。该举措对克罗地亚视听行业产生了直接的、积极的经济影响，也辐射带动了取景地旅游业和餐饮业的发展。2021年，共有16个国际电影项目享受了专项激励措施的优待，当地总支出达1.96亿库纳。

文学领域也为外国从业者提供了类似的政策：2022年初，在克罗地亚文化和媒体部的资助下，克罗地亚文学译者协会（Društvo hrvatskih književnih prevodilaca）在萨格勒布启动了首个驻地，向全球的文学工作者开放申请。申请适用于居住在国外并翻译克罗地亚文学著作的译者，以及正在将作品翻译成克罗地亚语的外国作家。居留期间，文学工作者可以获得每日20欧元的津贴，且有机会向当地读者展示自己的作品[2]。

（三）大力发展文化创意产业

文化创意产业约占克罗地亚国内生产总值的3%，也显示出巨大的发展和出口潜力[3]。2021~2027年为欧盟"创意欧洲"项目"文化"子项目的新阶段，因共同资助率的提高，"创意欧洲"项目的资金将更容易获得。克

---

[1] Filming in Croatia 2022，克罗地亚视听中心官网，https：//havc.hr/file/publication/file/havc-filming-2022-priprema-web.pdf。

[2] DHKP-ova rezidencija za prevoditelje i pisce，克罗地亚文学译者协会官网，http：//www.dhkp.hr/aktivnosti/prevodilackakuca。

[3] Nacionalna razvojna strategija Republike Hrvatske do 2030. godine，克罗地亚国家公报，https：//narodne-novine.nn.hr/clanci/sluzbeni/2021_02_13_230.html。

罗地亚将与欧盟及各成员国共同推动项目框架下的合作，更加注重文化创意领域的跨境合作，为艺术家和文化专业人士制定专门流动计划，为音乐、文学、建筑、文化遗产、设计和文化旅游领域设置更多活动。

（四）发展文化旅游业，建立可持续旅游体系

克罗地亚不仅有丰富的自然旅游资源，还拥有丰富的文化资产。基于《克罗地亚共和国 2030 年国家发展战略》中提出的"可持续、创新、弹性"的旅游业发展目标，文化旅游也成为发展战略中的优先事项。一方面，通过进一步打造文化旅游目的地、克服季节性带来的局限，各类旅游资源能够更好地服务于弹性旅游和可持续旅游体系；另一方面，可持续旅游要求旅游业发展的同时保持当地环境资源和文化的完整性，有利于保护文化遗址、推动文化旅游良性发展，两者相辅相成、互相促进。

未来，克罗地亚将继续打造兼备美学、历史和文化重要性的文化旅游目的地，改良基础设施，扩大文化旅游领域服务范围，开发相关旅游产品，配合文化旅游目的地设置各种节庆活动，增加营销和促销策略，在国家、地域集群、联合营销等层面建立文化旅游合作伙伴关系，培养从业人员。除一般文化遗产外，文化旅游的服务范围还将扩大到互动内容和创意旅游。

大事记

Chronicle of Events

B.13
2021年中国—中东欧国家文化交流大事记

尚 冰*

1月

1月10日 "琥珀——波兰民族文化之魂"展览在云南省博物馆开展。一件名为"孔雀眼"的展品十分抢眼，这是波兰珠宝设计师从中国舞蹈家杨丽萍表演的孔雀舞中获得灵感设计而成，以波罗的海琥珀和中国丝绸等材料编织。

1月27日 中国驻波兰大使刘光源和波兰副总理兼文化、民族遗产与体育部部长彼得·格林斯基在华沙分别代表本国政府签署《中华人民共和国文化和旅游部和波兰共和国文化、民族遗产与体育部部长2021~2024年文化合作议定书》。中国驻波使馆文化参赞张忠华、波文化部国际司司长乌尔舒拉·诗翁沙克出席签署仪式。波兰是最早与中国签订文化合作协定的国

---

* 尚冰，广东外语外贸大学西方语言文化学院希腊语专业教师，主要研究方向为移民政策、希腊社会与文化。

家。70年来，中波两国共签署25个年度文化合作议定书，为两国文化交流与合作奠定了坚实的法律基础。

2月

2月4~17日 中国驻捷克大使馆成功主办捷克2021"欢乐春节"活动，在线推出多项精彩文艺演出和文化活动。

2月5日 由国家电影局主办的"2021年中东欧国家优秀影片播映活动"开幕。活动期间，《牛奶配送员的奇幻人生》（塞尔维亚）、《狗狗救地球》（拉脱维亚、波兰）、《国王返乡记》（保加利亚、比利时、荷兰）等影片将在电影频道（CCTV-6）播出；《日暮》（匈牙利）等影片将陆续被全国艺术电影放映联盟引进公映。

2月8日 "共度新春"庆祝活动在波兰华沙以线上方式举行。中国驻波兰大使刘光源偕使馆外交官代表与在波华侨华人、中资机构人员和学生学者代表相聚云端，共迎新春，共叙家国情怀。

2月9日 国家主席习近平在北京以视频方式主持中国—中东欧国家领导人峰会，波黑、捷克、黑山、波兰、塞尔维亚、阿尔巴尼亚、克罗地亚、希腊、匈牙利、北马其顿、斯洛伐克、保加利亚、斯洛文尼亚、爱沙尼亚、拉脱维亚、立陶宛、罗马尼亚等中东欧国家元首、政府首脑和高级别代表出席。习近平发表题为《凝心聚力，继往开来携手共谱合作新篇章》的主旨讲话。为推动中国—中东欧国家合作可持续、稳步发展，与会各方共同制定《2021年中国—中东欧国家合作北京活动计划》。

2月9日 外交部网站公布中国—中东欧国家领导人峰会成果清单，共88项。其中，政府间合作文件共35项，商业合作文件共53项。

2月9日 波黑7家电视台陆续播出配有当地语字幕的纪录片《中国新年：全球最大的盛会》，同庆中国农历新年。播出纪录片的电视台包括波黑国家电视台、塞族共和国广播电视台、萨拉热窝州电视台、乌纳—萨纳州电视台、波斯尼亚—波德里涅州电视台、图兹拉电视台以及泽尼察市电视台。

2月12日 由中国驻保加利亚使馆总协调，索非亚中国文化中心、索非亚市政府联合主办，中国美术学院和保加利亚国家美术学院共同承办的"照亮生活"2021中保创意灯彩公共艺术展在索非亚市中心斯拉维伊科夫广场亮灯。驻保加利亚大使董晓军、索非亚市文化局局长比莉亚娜·格诺娃与当地民众一起观看了灯展。

2月13日 2021年线上"欢乐春节"文艺盛典亮相希腊首都雅典。2021年是"欢乐春节"活动连续在希腊举办的第5年，依托雅典中国文化中心，活动已在当地实现了市场化、品牌化，深受希腊当地民众喜爱。

2月14日 由希腊华侨华人总商会主办的2021希腊华侨华人网络春节大联欢上线。

3月

3月19日 2021宁波市与中东欧国家合作交流会在上海举行。

3月19日 中国驻波兰大使馆携手波兰顶级戏剧学府——华沙泽尔维罗维奇戏剧学院共同举办话剧《兰陵王》云端展播活动。该剧由中国国家话剧院出品新创，系首次在波兰亮相。

4月

4月23日 "顺着运河来看海"中东欧领事家庭游宁波首发启动仪式顺利举行。斯洛伐克、波兰、保加利亚、斯洛文尼亚等中东欧国家驻沪总领事家庭和国际友人一道，参加了此次活动。

4月23日 以"光的本源，来自匈牙利的灵感"为主题的匈牙利当代艺术家佐顿·维赞作品展在重庆渝中区维岸画廊开幕，近40件艺术品亮相。此次展览由匈牙利驻重庆总领事馆和香港维岸画廊共同主办，旨在推广匈牙利的文化艺术，促进中匈两国文化艺术交流。该展览持续至5月6日，免费向公众开放。

5月

5月 波黑塞族共和国广播电视台、萨拉热窝州电视台先后播出配有当地语字幕的《中国改革开放的故事》系列纪录片。该片共5集，以"人心所向""走向世界""中国创造""绿色中国梦""未来之路"5个主题，通过第三者视角讲述中国改革开放进程中涌现出的一系列动人故事，生动展示中国共产党团结带领全国人民进行改革开放新的伟大革命所创造的历史性成就，让波黑观众直观感受中国经济社会的沧桑巨变。

5月12日 由中国北京市人民政府新闻办公室、北京广播电视台打造的"魅力北京"系列纪录片在克罗地亚国家广播电视台正式开播。此次在克罗地亚播出的《为民而商》《中关村》《昨天的故事》《自然北京》四个系列通过讲述改革开放带来的科技飞跃和城市发展、北京文化的传承以及在北京生活的自然与宁静，展现当代北京建设成就、人文风情和自然风光。

5月15日 "汉语桥"世界大学生、中学生中文比赛保加利亚预赛开幕式成功举办。中国驻保加利亚大使董晓军出席开幕式并讲话。鲁塞大学校长白罗埃夫教授等嘉宾以及学习汉语的保加利亚大学生、中学生约120人参加活动。本次比赛由中国驻保加利亚大使馆主办、索非亚孔子学院承办。

5月17日 第二十届"汉语桥"世界大学生中文比赛波黑赛区决赛成功举行。本次赛事由中国驻波黑大使馆主办，波黑东萨拉热窝大学承办。比赛以线上方式举行，中国驻波黑使馆政务参赞缪大可出席并致辞。本次大赛主题是"天下一家"，共分笔试、演讲、才艺表演和面试四个环节。参赛者们表现出了不俗的中文水平和令人赞叹的才艺。在一番激烈的角逐之后，东萨拉热窝大学汉学系三年级学生叶诗琦凭借扎实的语言功底和别出心裁的皮影戏表演拔得头筹。

5月26日 中国驻捷克使馆举行《中国和捷克的故事》线上交流会。驻捷克大使张建敏在线发表主旨讲话，《中国和捷克的故事》一书主编、前中国驻捷克大使马克卿和捷克—中国经济合作协会名誉主席沙拉尔、捷克斯洛伐克对外关系协会主席什拉博达等中捷两国作者、读者代表在线发言。

5月28~29日 2021年"汉语桥"世界大、中学生中文比赛匈牙利赛区预赛以在线方式成功举行。本届比赛由中国驻匈牙利使馆文化教育处主办,罗兰大学孔子学院、匈中双语学校分别承办大学生和中学生比赛。来自匈牙利5所孔子学院和孔子课堂、匈中双语学校、帕兹玛尼天主教大学的多名选手参加了比赛。

6月

6月 2021年"中国旅游文化周"在多国联动开展。该活动由文化和旅游部国际交流与合作局主办,中外文化交流中心与各海外中国文化中心、驻外旅游办事处共同承办,以"美丽中国"为主题,围绕"冰雪旅游""非遗与美丽乡村建设""美食文化""健康游中国"等板块宣传北京冬奥、讲述中国故事、展示中国文化和旅游魅力。其中,在匈牙利举办的"中国旅游文化周"立足匈牙利、面向中东欧,践行文旅融合发展。中国驻布达佩斯旅游办事处自主策划了"中国旅游扶贫案例图片展"及《旅游让世界和生活更美好》减贫案例微纪录片,展示优秀旅游扶贫成果;展播2021"大话端午"旅游宣传片;推出《二十四节气》《外国人眼中的中国》《中国那么近》等优质传播内容。

6月8日 第二届中国—中东欧国家博览会在宁波开幕。中共中央政治局委员、国务院副总理胡春华出席开幕式,宣读习近平主席贺信并致辞。此次博览会以"构建新格局,共享新机遇"为主题,设立了中东欧展、国际消费品展、进口商品常年展,一共三大展区,展览总面积达到20万平方米,为引领中国与中东欧国家合作交流、促进工商界互利共赢、推进"一带一路"倡议建设注入了新动能。

6月8日 中国—中东欧国家"丝路电商"发展高峰论坛在宁波成功举办。商务部部长助理任鸿斌、浙江省人民政府副省长高兴夫、匈牙利创新科技部国务秘书彼得·切莱希涅西致辞。阿尔巴尼亚财政和经济部部长阿尼拉·代纳伊、塞尔维亚贸易、旅游和电信部部长助理米兰·多布利耶维奇、黑山经济发展部外经贸司总司长扬·科维奇等中东欧国家政府代表视频连线参会。中东欧国家驻华使节、地方省市、高校、商协会、企业家及媒体代表共计200余人参加论坛。

6月8~9日 2021年中东欧国家华商合作宁波峰会举行，来自48个国家和地区的100多家海外侨团、近160名侨领侨商欢聚宁波，共商未来发展大计，共谋合作共赢前程。此次峰会旨在汇集侨商资源、凝聚侨智侨力，助推中国与中东欧国家之间经贸合作、人文交流。峰会期间，宁波市侨联协同相关政府部门，34个国家的57家海外侨团及50余家贸易企业、服务机构，成立了"宁波侨界贸易促进服务联盟"。同时，发布了"侨链国际"数字贸易平台，举行了海外仓及物流项目战略合作签约仪式、宁波华侨文化交流基地授牌仪式。

6月9日 由中国人民对外友好协会和宁波市人民政府共同主办的2021年中国—中东欧国家市长论坛在宁波召开。

6月21日 中国·匈牙利国际合作峰会在南京市麒麟科技创新园举行。峰会上，由匈牙利出口促进局南京代表处联合中业慧谷科技集团共同打造的"中欧创新研究院·匈牙利中心"正式启动。

7月

7月5日 由文化和旅游部国际交流与合作局主办、中央文化和旅游管理干部学院承办的"中国—中东欧国家合作文化和旅游融合发展研修班"在线开班。中国—中东欧国家合作旅游协调中心代表以及匈牙利、塞尔维亚、克罗地亚、希腊等13国30余名文化和旅游领域的政府官员、专家学者、从业人员参加。此次研修班为期一周，以网络直播方式举办在线讲座与研讨。

7月15日 由中国人民对外友好协会和中外语言交流合作中心共同举办的中国希腊文明交流互鉴对话会以线上线下相结合形式在北京举行。中国人民对外友好协会副会长姜江、希腊驻华大使乔治·伊利奥普洛斯、中外语

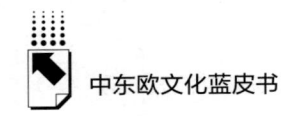

言交流合作中心副主任赵国成、对外经济贸易大学校长夏文斌、中国驻希腊使馆临时代办王强、希腊中国工商会副主席雅尼迪斯等出席活动并致辞。

7月24日 第二十届"汉语桥"世界大学生中文比赛塞尔维亚赛区决赛通过视频连线的方式举行。比赛由中国驻塞尔维亚大使馆主办、诺维萨德大学孔子学院承办，包括主题演讲、才艺展示、中国文化知识在线测试及模拟中文面试等多个环节。

7月24日 2021年"文化中国·水立方杯"中文歌曲大赛匈牙利赛区比赛在布达佩斯万龙洲大酒店落下帷幕。此次比赛以"在一起，再出发"为主题，致力于丰富海外华侨华人的精神文化生活，促进人文交流和民心相通。

7月30日 "汉语桥"世界大学生中文比赛希腊赛区决赛在线举行，驻希腊使馆临时代办王强、希腊爱琴大学校长伍齐拉希等出席并致辞，希腊教育部高教秘书长迪米特罗普洛斯向比赛发来视频致辞。此次希腊赛区决赛由雅典商务孔子学院和亚里士多德大学孔子学院共同承办。希腊的孔子学院、网络中文课堂、中文教学点共计约1200余名中文学员经过数轮推荐和选拔，最终选拔出12名选手参加决赛。

7月31日、8月1日 中国优秀青年音乐家代表团在黑山共和国科托尔音乐厅以"科托尔艺术节·中国舞台"为主题，成功举行两场独奏音乐会。科托尔艺术节成立于2002年，每年夏季举办，吸引全球各地艺术家和观众年均数十万人，该艺术节是黑山最负盛名的艺术盛事，同时也是西巴尔干地区规模最大、最重要的艺术节之一，每年夏季举办。2021年，在上海市对外文化交流协会和科托尔艺术节共同主办下，"中国舞台"首次落户黑山，成为中黑文艺合作又一新平台。

8月

8月1日 首届"汉语桥"世界小学生线上中文秀保加利亚区决赛在索非亚在线举行。

8月16日 在保加利亚普罗夫迪夫市政府的支持下，由中华人民共和国文化和旅游部、中国驻保加利亚大使馆主办的《中国"00后"》图片展于普罗夫迪夫市国王花园开始展出,展期为14天。

9月

9月 匈牙利第二大城市德布勒森迎来了最近两年匈牙利获得的最大单笔外国投资项目——总投资额预计约1.83亿欧元的中国恩捷集团锂电池隔膜生产基地项目。2021年是"中国—中东欧国家合作绿色发展和环境保护年",该项目是中国与中东欧国家在节能减排、清洁能源、生态保护等领域合作的代表性成果之一。

9月 中国驻波兰使馆与孔子学院合作举办的"印象中国"摄影比赛拉开帷幕。此次活动面向波民众征集反映中国发展成就、自然风光、风土人情及中波友好交流合作等摄影作品,旨在增进中波两国民心相通。

9月15日 第四届中国—中东欧国家出版联盟论坛以线上线下相结合的方式在北京举办。论坛以"深化出版合作互惠,助力文明交流互鉴"为主题,围绕文化互译、教育出版和少儿出版国际合作三大议题展开,深入探讨了出版业、作家、翻译家之间如何通过交流与合作,促进中国和中东欧国家之间的人文交流、跨文化理解和文明互鉴。中国—中东欧国家出版联盟成立于2018年,秘书处设于外语教学与研究出版社,已有52家成员单位,涉及100余家出版社,覆盖13个中东欧国家。

9月16日 2021"中国希腊文化和旅游年"在希腊的雅典古市集遗址拉开序幕。国务院总理李克强以视频形式出席开幕式并致辞。希腊总理米佐塔基斯发表视频致辞。中国文化和旅游部部长胡和平、国家文物局局长李群以视频形式参加开幕式。希腊文化和体育部部长门佐尼、旅游部部长基基利亚斯及希腊政界、文化和旅游业界代表出席了开幕式。开幕式上,中国驻希腊大使馆临时代办王强与希腊国家考古博物馆馆长卡拉帕纳约杜共同启动"平行时空:在希腊遇见兵马俑"数字展览。随后,王强与门佐尼、基基利亚斯为中国美术馆馆长吴为山捐赠的雕塑作品"神遇——孔子与苏格拉底的对话"揭幕。

9月21日 由布达佩斯中国文化中心主办的2021年"天涯共此时"中秋品牌活动在匈牙利正式上线。此次活动为期一个月，由中国文化和旅游部国际交流与合作局统一部署，围绕"花好月圆共中秋"的主题，采用"线上+线下"的传播方式，分别以"花好"和"月圆"为题，举办"奥伊卡花卉节——中国花卉文化日"和"第二届匈牙利月饼制作坊"两档线下活动，并结合"经典话中秋""美食品中秋""音乐颂中秋""诗画咏中秋"四个线上专题板块，在Facebook，YouTube，微信公众号三大平台同步推出"五洲同月 情满中华"音乐会、寻味中秋——美食系列视频、国画里的春秋——艺术赏析微课堂、中秋戏韵——少儿动画短视频展播等30多项精彩内容。

9月28日 中国驻保加利亚使馆于近期举办的"我身边的中国符号"短视频大赛评选结果正式揭晓，共评选出一等奖1名，二等奖2名，三等奖3名，优秀奖10名。此次比赛得到中保各界民众的大力支持和踊跃参加，大家从文化艺术、发展成就、风土人情、科技制造等各个角度，发现身边的中国符号、中国元素、中国精神，呈现了中保友好交流、民心相知相通的精彩瞬间。

9月29日 中国驻黑山使馆举办"绿色中国——从生态修复历程看改革开放"中黑青年线上研讨会。使馆青年代表、黑山青年联合会以及中学生团体等60多名青年与会。2021年是黑山宣布建立生态国家30周年，环保问题在黑山备受关注。驻黑山使馆组织使馆青年代表与当地青年共同观看了《绿色中国梦》纪录片，交流两国在环保领域的实践，以及青年人所做出的贡献。

9月30日 中国驻塞尔维亚大使陈波和塞尔维亚副总理兼文化和信息部部长玛娅·戈伊科维奇在塞政府大楼共同签署《中华人民共和国文化和旅游部与塞尔维亚共和国文化和信息部2021—2024年文化合作计划》。

10月

10月9日 在保加利亚"一带一路"全国联合会和索非亚市政府的支持

下，由中国国务院新闻办公室和中国驻保加利亚大使馆主办的《迈向中国梦的100年》图片展在保国家文化宫东侧广场隆重开幕，展期将持续16天。

10月12日 中国（宁波）—中东欧国家科技成果洽谈会暨智慧匈牙利巡回展宁波站启动。本次智慧匈牙利巡回展活动包括智慧农业、智慧城市、智慧医疗、智慧运动、智慧移动、智慧休闲六大主题，共展览22项匈牙利先进科技成果，展现了匈牙利的智慧与创造力。

10月13~14日 第二届中国—中东欧国家图书馆联盟馆长论坛以视频会议的形式在北马其顿举办，本次论坛以"图书馆在充满挑战的时代不可或缺：图书馆设计的新方法"为主题。来自中国—中东欧国家图书馆联盟59家成员馆，以及应邀参会的浙江图书馆、深圳图书馆、厦门图书馆等10家非联盟馆出席了论坛。中国—中东欧国家图书馆联盟成立于2018年，联盟秘书处永久落户杭州图书馆。

10月21日 中国—希腊高等教育交流合作咨询委员会举行成立仪式，同时召开中国—希腊高等教育合作研讨会。中国驻希腊大使肖军正、希腊教育和宗教事务部部长凯拉梅乌斯和副部长西里戈斯、中国教育国际交流协会会长刘利民、希腊驻华大使伊利奥普洛斯、中国人民大学党委书记靳诺以及中国教育部和两国多所高校负责人以线下或线上方式出席。成立仪式上，中国教育国际交流协会副会长、秘书长王永利与希腊教育与宗教事务部高教秘书长迪米特罗普洛斯共同签署了中国—希腊高等教育交流的有关合作协议。

10月24日 历时四天的"生态青海 助力冬奥"中东欧国家驻华使节大美青海行活动在西宁结束，斯洛伐克、克罗地亚、捷克、斯洛文尼亚、北马其顿、保加利亚、匈牙利、塞尔维亚、希腊9个中东欧国家驻华使节参加活动。活动由国务院新闻办公室和中国—中东欧国家合作秘书处指导，国新办五洲传播中心、青海省人民政府外事办公室主办，以绿色发展、低碳生活方式赋能2022北京冬奥会为宗旨。中东欧国家驻华使节在西宁市民中心体验了冰壶、冰球、花样滑冰等冰上运动。

10月26日 由中国社会科学院、中国—中东欧国家合作秘书处和中国国际问题研究基金会联合主办，中国社会科学院欧洲研究所、中国—中东欧国家智库交流与合作网络、保加利亚外交部外交研究所承办的第七届中国—中东欧国家高级别智库研讨会以线上、线下相结合的方式举行。来自中国、保加利亚及其他中东欧国家的政府官员、知名智库负责人、专家学者以及媒体100余人参加会议。

10月27日 来自中国、塞尔维亚、波黑、黑山和罗马尼亚的14家教育和社会机构代表举行线上会议，宣布成立中国—中东欧艺术高等教育国际联盟。

10月28日至11月4日 中国—中东欧国家音乐院校联盟成功举办第三届中国—中东欧国家音乐学院院长论坛暨音乐展演。来自匈牙利、塞尔维亚、希腊、保加利亚等11个中东欧国家的17位校（院）长和专家学者同步连线，共同围绕"后疫情背景下音乐艺术教育国际合作"主题展开研讨。"中国—中东欧国家音乐院校联盟"成立于2017年。自成立以来，联盟每年定期举办教育合作与文化交流活动。

10月29日 第八届中国—中东欧国家教育政策对话在北京以视频会议形式举办，教育部副部长田学军出席会议并讲话。本届教育政策对话主题为"后疫情时代中国与中东欧国家教育合作的机遇、挑战与可持续发展"。阿尔巴尼亚、波黑、保加利亚、克罗地亚、希腊、黑山、塞尔维亚、斯洛伐克和斯洛文尼亚等14国教育主管部门部长（副部长）、高级别代表在线参会。

10月29日 为进一步促进浙江宁波与希腊在文化、经贸、投资领域的交流与合作，宁波市贸促会举办走进中东欧国家（希腊）活动。

10月30日 由中国文化和旅游部、中国驻保加利亚大使馆主办，索非亚市政府、"海豚"艺术社协办的《民族盛装》图片展在保加利亚国家文化宫西广场开幕。

11月

11月9日 以"携手迎冬奥 一起向未来"为主题的中国—波黑中华武术远程培训班线上启动仪式举行。中国驻波黑大使馆、河南省政府、河南工业大学、波黑民政部、波黑奥委会、萨拉热窝大学、巴尼亚卢卡大学、东萨拉热窝大学、莫斯塔尔大学代表等出席仪式。培训班由中国驻波黑大使馆、河南省政府、河南工业大学主办。波黑萨拉热窝大学、东萨拉热窝大学、巴尼亚卢卡大学组织学员参训。

11月11日 中国—匈牙利科技合作委员会第九届例会以视频方式在北京、布达佩斯举行。会议由中国科技部副部长邵新宇和匈牙利国家研发创新署副署长伊什特万·萨博共同主持。

11月13日 中国社会科学院欧洲研究所、希腊拉斯卡瑞德斯基金会中国研究中心共同举办"中国与希腊：从古至今的交流、影响和印象"线上研讨会。

11月16日 塞尔维亚国家电视台开播"魅力北京"系列纪录片，向塞尔维亚民众展现北京城市形象。

11月18日 由波黑首都萨拉热窝市主办的第五届中国—中东欧国家首都市长论坛以线上线下结合的方式举行。围绕论坛主题"携手抗击疫情 推动韧性合作"，中国首都北京、塞尔维亚首都贝尔格莱德、阿尔巴尼亚首都地拉那、希腊首都雅典、黑山首都波德戈里察、罗马尼亚首都布加勒斯特等城市市长或代表分别发言，进一步凝聚共识、推动合作。论坛通过了《第五届中国—中东欧国家首都市长论坛共同宣言》。中国—中东欧国家首都市长论坛是中国—中东欧国家合作机制下重要的多边城市合作平台，作为中国同中东欧国家间地方合作的引领机制，论坛自成立以来为深化双方各领域合作发挥了独特作用。

11月18日 "纯洁的冰雪 激情的约会"中国—希腊青少年人文交流展开幕式在中国北京金台艺术馆和希腊比雷埃夫斯市政剧院，采取线上和线下的形式同期举行。开幕式上，中希两国青少年还分别朗诵了希腊古代诗人品达的赞美诗《奥林匹亚颂》和现代奥林匹克运动创始人顾拜旦的散文诗《体育颂》。交流展期间，在北京金台艺术馆里展出了由中国和希腊青少年们精心创作的以奥林匹克精神、冰雪运动、人文风情为主题的美术作品100多件。

11月25日 波黑特雷比涅中国文化角举行揭牌仪式。中国驻波黑大使季平、特雷比涅市市长丘里奇、波黑外交部亚非司司长格尔科维奇、特雷比涅市人民图书馆馆长苏皮奇—武科维奇等出席仪式。

11月25~26日 由塞尔维亚文化和信息部、中国文化和旅游部联合举办的第三届中国—中东欧国家艺术合作论坛以线上形式顺利举办。中国文化和旅游部部长胡和平、塞尔维亚副总理兼文化和信息部部长玛娅·戈伊科维奇在开幕式上发表视频致辞。本届论坛以"我们身处未来之中"为主题，设有视觉艺术、电影艺术、动画及电子游戏艺术等4个分论坛。来自中国、匈牙利、塞尔维亚、克罗地亚、希腊等17个国家的专家和艺术家出席论坛。

11月26日 中波政府间合作委员会第三次全会人文创新组会议在线举行，会议由中国文化和旅游部国际交流与合作局与波兰文化和民族遗产部国际合作司共同主持。中方教育部、科技部、体育总局、知识产权局与波方体育和旅游部、教育和科技部等中波13家单位派员出席，中国驻波兰使馆代表一并与会。中波政府间合作委员会创立于2012年，是中国同中东欧国家间的首个跨部委协调机制。

12月

12月1日 为庆祝中国共产党成立100周年，塞尔维亚邮政局在塞首都贝尔格莱德邮政博物馆举行"中国共产党百年华诞"特种纪念邮票发行仪式。塞尔维亚邮政局发行的"中国共产党百年华诞"特种纪念邮票共6张，上面除印有"中国共产党100周年""一百"等字样外，还分别以长城、天安门城楼、上海浦东新区、红船等为主要图案。

12月1~24日 由拉脱维亚里加国际妇女俱乐部主办的里加2021年圣诞慈善线上义卖活动（IWCR Online Auction 2021）顺利举办，中国驻拉脱维亚使馆应邀参加。为体现对此次慈善活动的支持并展示中国传统文化，驻拉使馆专门提供了熊猫玩具、筷子、新年挂历等10余种中国特色产品，并制作成配有文字介绍的特色礼包。受疫情影响，义卖活动连续两年采用线上方式举行。本次活动共有30多个国家驻拉使馆和社会公益组织参加，义卖所得善款统一由里加国际妇女俱乐部用于支持和援助拉脱维亚儿童、残疾人社会福利机构及贫困家庭等。

12月2日 中国—中东欧国家高校联合会第七次会议在北京成功举办。会议以"推动中国—中东欧国家高等教育合作的可持续发展"为主题，共吸引来自中国和中东欧国家近500人现场或线上参会。会议有力落实《2021年中国—中东欧国家合作北京活动计划》，并积极响应第八届中国—中东欧国家教育政策对话提出的"做大做强高校联合会"倡议，进一步推动中国与中东欧国家教育共同发展。中国教育国际交流协会会长刘利民、中国教育国际交流协会秘书长王永利、中国教育部国际合作与交流司副司长方军、中国—中东欧国家合作秘书处参赞夏晓曦、捷克共和国驻华大使佟福德（Tomsik Vladimir）、希腊外交部公共外交与海外公民总秘书长约翰·克里苏拉基斯（John Chrysoulakis）等出席会议并致辞。

12月2日 第五届中国—中东欧国家舞蹈文化艺术联盟年会以线上形式顺利召开，中国驻黑山大使刘晋、北京市教委一级巡视员黄侃、文化和旅游部国际交流与合作局欧亚处处长韩立昕、中国驻保加利亚使馆文化参赞关昕、匈牙利驻华大使馆文化教育参赞宋妮雅出席了年会。此次年会由北京舞蹈学院牵头组织，来自中东欧16国40多家舞蹈艺术院校、研究机构和艺术节参加。

12月7日 中国驻北马其顿大使馆同北马国家和大学图书馆以线下线上结合方式联合举办圣克里门特日纪念活动，中国驻北马其顿大使张佐出席并致辞。图书馆馆长科斯塔迪诺娃、斯特鲁加国际诗歌节执委会主任塔塞夫斯基等出席活动。克里门特生于公元9世纪，致力于传播基里尔文字和文学，被誉为斯拉夫人的启蒙者，被尊为马其顿东正教会的首位主教，是北马和奥赫里德市的守护神。

12月13日 中国驻克罗地亚大使馆同萨格勒布大学体育学院共同举办中克体育合作视频交流会。驻克大使齐前进，克前总理、奥委会主席马泰沙，萨格勒布大学校长博拉斯，克旅游和体育部部长助理萨米亚以及克多家媒体代表等出席。

12月13日 由宁波市教育局指导，浙江万里学院主办的"行知中国 共创未来——中东欧国家青年学者产学研国际交流研修班"开班。来自阿尔巴尼亚、波黑、保加利亚、克罗地亚、捷克、北马其顿、黑山、波兰、罗马尼亚、塞尔维亚10个中东欧国家的22名专家学员及浙江万里学院30余名师生参加线上开班仪式。

12月13日 罗马尼亚柯林特出版社在布加勒斯特举办《我不见外——老潘的中国来信》《历史与现实：100个词了解中国共产党》和《中国脱贫在行动》3本罗语版中国主题图书发行仪式。

12月14日 由斯洛文尼亚卢布尔雅那大学和中国首都体育学院共同承办的第四届"中国—斯洛文尼亚冰雪论坛"以线上方式召开，中国驻斯洛文尼亚大使王顺卿应邀在论坛开幕式作视频致辞。

12月16日 宁波召开全市"两区"建设领导小组会议暨开放型经济推进会。会上公布了中东欧示范区示范基地名单，共有10家基地上榜，分别是：宁波中东欧国家特色商品常年馆、宁波中东欧贸易物流园、宁波中东欧国际产业合作园、宁波中东欧（布达佩斯）创新基地、中国（宁波）中东欧青年创业创新中心、宁波中东欧商品直播电商基地、宁波中东欧贸易便利化综合服务平台、宁波中东欧引智工作站、索非亚中国文化中心、宁波中东欧国家合作研究院。

12月17日 中国驻阿尔巴尼亚使馆成功举办"迎冬奥、贺新年"义卖活动。

12月24日 北马其顿戴尔切夫大学"中国美食"线上鉴赏活动顺利举办。中国驻北马其顿大使张佐出席活动并致辞。

后　记

《中东欧国家文化发展报告》是广东外语外贸大学"中国—中东欧人文研究科研创新团队"的研究成果之一，本系列报告为国内首部公开出版发行的中东欧文化发展报告，本册是本系列报告的第三册。第一册、第二册研究对象已经拓展至中东欧大部分国家，本册的国别报告继续拓展至所有的中东欧国家，分析了这些国家在文化领域的突出表现、文化策略的新举措，并对这些国家与中国文化交流的大事件进行了系统梳理。

本册报告的主题为"中东欧国家文化国际传播与影响力建设"，选取了中东欧主要国家为研究对象，重点阐述了各国如何开辟新的思路和视角，结合民族、地域、文化呈现形态、传承方式等特征，对各自传统文化资源进行合理整合和必要的转化创新，如何将特色文化纳入对外传播的推介范围，找准文化传播定位、路径和策略，在对外文化传播的话语体系中建立了应有的国际影响力和地位。

通过深入挖掘对象国在文化国际传播和影响力建设方面的特点和经验，为中华优秀传统文化的对外传播途径开拓提供有益的借鉴。通过合适的途径，我们可以向世界展现中华文化博大精深的历史积淀，彰显与时俱进的时代魅力。对中华优秀传统文化蕴含的思想道德观念、民族精神和人文情怀深入挖掘，结合时代要求和对外传播趋势，运用平实朴素的平民化视角，加强情感设计，融入中东欧各国当地民俗风情和人文情感表达元素，尊重和考虑中东欧不同国家和地区的文化多样性、价值多元性，努力打破语言、文化、经济社会发展水平以及生产生活方式等方面的壁垒，用易被理解和接受的方式，阐释和展现我国多元文化的特色和精髓，形成世界文明的和谐交融。

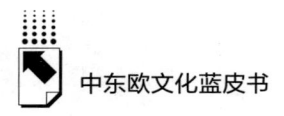

本书仍存在一些不足，囿于篇幅，未分领域对区域特征进行纵向梳理，我们将在今后的研究中，力争让本系列蓝皮书对中东欧文化研究覆盖面更广，研究内容更深，下一册报告将从中东欧文化发展的整体概念出发，分不同的文化领域进行更具体的介绍、研究与探讨。

在此，我们再次衷心地对一直以来支持和帮助我们的专家、学者和读者致以诚挚的谢意，并希望能继续对本系列蓝皮书提出宝贵的意见和建议。

《中东欧国家文化发展报告》编委会

2022 年 10 月 28 日

Abstract

The countries in the China-CEEC cooperation mechanism are also important cooperative partners under China's "One Belt, One Road" initiative. Central and Eastern European countries are in a non-homogeneous region. The cultural development paths of these countries have some common features, but they also have their own characteristics due to their distinctive national conditions. Personal and cultural exchanges are an important foundation for building people-to-people exchanges in the "Belt and Road" initiative. This report is the second book of this series of blue books. The research objects have been extended from Poland, Czech Republic, Serbia, Croatia and Greece to Hungary, Romania, Slovakia, Estonia, Bosnia and Herzegovina and Montenegro. The report states the current cultural development status, cultural development policies of these countries, and the beneficial experience of these countries in the field of intangible cultural heritage protection. Overall, in 2020, the global spread of the novel COVID-19 epidemic posed a huge challenge to the cultural development process of all countries in the world. Facing the severe external environment and tough domestic situation under the epidemic situation, the countries in Central and Eastern Europe have not weakened their emphasis on the development in cultural field, and have successively adopted special measures adapted to their respective national conditions to ensure the healthy and orderly development of the cultural field, and strive to minimize the negative impacts of the epidemic. This year, Central and Eastern European countries have taken relief measures to support the cultural industry, continue to promote the digital transformation of culture as well as the construction and upgrade of cultural infrastructure. The protection of cultural heritage has been further strengthened, and cultural exchanges between countries have been improved. In 2020, in the face of the continuing epidemic, China and Central and Eastern European countries will work together to face the challenge. This report also summarizes the new attempts and new achievements of cultural exchanges and cooperation between China and Central and Eastern European countries in the context of the global epidemic, with a view to providing reference for improving China-Central and Eastern European mechanism for people-to-people and cultural exchanges and strengthening the exchange and cooperation between China and Central and Eastern European countries in the cultural field.

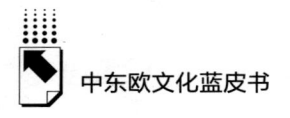

Keywords: China-CEEC Cooperation; Cultural Development; People-to-people and Cultural Exchanges; Intangible Cultural Heritage Protection

Contents

I General Report

B.1 Report on Cultural Development in Central and Eastern

European Countries in 2021 *Mao Yinhui, Sun Yan / 001*

Abstract: In 2021, the global outbreak of coronavirus was erratic and the situation of its spread in European countries remains critical. During the long-term struggle with the virus, Central and Eastern European countries are becoming more and more mature in their experience in fighting the epidemic. While doing a good job in preventing and controlling the epidemic, the countries have focused on the key directions of cultural development and implemented cultural development plans, which have led to a positive recovery in the cultural sector. To promote the steady recovery of the cultural sector, CEE countries have clarified their own cultural development goals and focused on the key points of cultural development; they have made great progress in promoting the accessibility of cultural resources, accelerating the digital transformation of cultural modernization and strengthening the protection of cultural heritage. At the same time, the countries actively participate in the EU level and other bilateral and multilateral cultural cooperation, and continuously explore the potential of cooperation. The CEE countries have also opened a new chapter in their cultural exchanges with China, broadening the depth of cooperation and increasing investment in various cultural fields, with remarkable results.

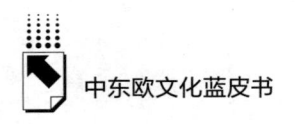

Keywords: Central and Eastern European Countries; Cultural Revival; Accessibility; Cultural Exchange

Ⅱ Country Reports

B.2 Report on the Cultural Development of Poland in 2021

Liang Xiaocong / 017

Abstract: With the recurrent waves of Covid-19 epidemics in 2021, Poland continued periodically taking strict public health control measures. Gradually the Polish cultural institutions returned to normal. In order to enhance the accessibility of cultural resources and build a barrier free environment, the Minister of Culture, National Heritage and Sport implemented cultural policies and projects, accelerated the digital transformation, upgraded facilities as well as information and communication technologies, and promoted the construction modernization. Meanwhile, by focusing on the cultural and artistic life of the special groups, cultivating nationwide reading and fitness awareness, and enabling the media to take an important role in the people's cultural life, the government also ensured a better cultural development of Poland.

Keywords: Poland; Cultural Development; Accessibility; Special Groups; Digitalization

B.3 Report on the Cultural Development of Romania in 2021

Jiang Yong, Liu Xiaoxiao / 039

Abstract: After being severely affected by the COVID-19 pandemic, the cultural sector in Romania started to recover in 2021. The Ministry of Culture of Romania adopted a set of policies to reactivate cultural events and exchanges, including enhancing the preservation and education of cultural heritage, encouraging creativity in the cultural sector, preserving and promoting minority cultures, and enhancing the cultural management system. In the context of the COVID-19 pandemic, Romania has held a range of cultural activities, both offline and online, fostering international exchanges and cooperation with other countries as well as improving the accessibility of cultural resources across the country. In the future, Romania will continue to support the preservation of cultural heritage and inspire cultural creativity based on the reform and improvement of cultural management institutions, to increase the economic and social value of the cultural sector and steadily broaden Romanian culture's global influence.

Keywords: Romania; Culture Development; Cultural Exchange; Cultural Heritage

B.4 Report on Bulgarian Cultural Development in 2021

Zuo Xiao / 058

Abstract: The "Draft Strategy for the Development of Bulgarian Culture 2019 - 2029" lays out principles, goals, and priorities for the long-term development of the country's cultural field. Bulgaria has actively responded to the COVID-19 pandemic that hit in early 2020, made every effort to improve the construction of laws and regulations in the cultural field, enhance the participation of the people in cultural life, and promote the development of national culture and related creative projects. At the same time, Bulgaria has paid attention to protecting cultural heritage and developing the film industry and Digital transformation in the cultural sector. Foreign cultural exchanges are also the focus of the national cultural policy. Bulgaria has participated in various EU-level cultural projects, focusing on maintaining cultural ties with the United States, the United Kingdom, and EU countries and emphasizing the strengthening of cultural cooperation with other Southeast European countries under the EU framework. Under the Belt and Road Initiative and Cooperation between China and Central and Eastern European

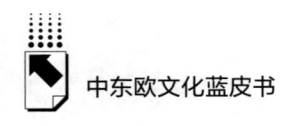

Countries, Chinese-Bulgarian cultural exchanges developed in 2021.

Keywords: Bulgaria; Cultural Development; Cultural Exchange

B.5 Report on Albanian Cultural Development in 2021

Han Tong, Feng Yue / 078

Abstract: 2021 was a "year of recovery". With the reconstruction after the massive earthquake, the steady progress in vaccine uptake and the application of COVID-19 vaccination vouchers, Albania's cultural development has gradually returned to the right track. The Albanian government gradually reopened cultural venues and activities, some of the cultural activities and events moved from online to offline. Under the guidance of National Cultural Strategy (2019-2025), the Albanian government attached great importance to the restoration and protection of tangible and intangible cultural heritage, and actively accelerated the digital transformation of cultural heritage assets. As results, Albania achieved fruitful results in cultural heritage and folk culture protection. Meanwhile, it also gained witnessed positive effects of the literary creation support scheme. With regards to international relations, Albania actively participated in regional or multilateral cultural cooperation with other countries and externally promoted the local culture of Albania. In addition, under the framework of "Belt and Road" Initiative and China-CEEC cooperation mechanism, high-level dialogues and cultural exchanges between China and Albania became increasingly frequent. In the post-pandemic era, Albania will attach greater importance to cultural development, which contributes to healing from pandemic-related trauma and building social consensus, and the new governing program has pointed out the specific directions for Albanian cultural development in the future.

Keywords: Albania; Cultural Development; Cultural Heritage; Cultural Exchange

B.6 Report on the Cultural Development of The Republic of Slovenia in 2021　　　　　　　　　*Ma Manlu* / 098

Abstract: Slovenia has historically been the crossroads of Slavic, Germanic, and Romance languages and cultures, as an EU member state in the process of European cultural integration, Slovenia focuses on cultural heritage, the Slovenian language, archives, libraries, creativity, Prešeren Awards, media and cultural diversity as key areas of cultural development in Slovenia. In 2021, Slovenia assumed the rotating EU presidency of the European Council, during which Slovenia led the EU in providing sustainable solutions and seeking development breakthroughs in creativity, cultural rights and cultural heritage; nourishing the potential of cultural innovation; focusing on high-quality buildings and environmental creation; Increasing the accessibility and competitiveness of European audiovisual and media content; and developing cultural diversity. In terms of specific policy outcomes, conclusions were adopted on high-quality architecture and the New European Bauhaus initiative, as well as on European Audiovisual and Media Content. In terms of cultural exchanges, Slovenia has active cultural cooperation and exchanges at the multilateral and bilateral levels within the EU, and actively show its voice on the world cultural platform, and steadily develops cultural exchanges and cooperation with China. In the future, Slovenia will continue to strengthen the importance of culture and language, work together to protect and manage cultural heritage, and improve the level of international cultural cooperation and national cultural awareness.

Keywords: Slovenia; European Union; Cultural Development

B.7 Report on the Cultural Development of The Republic of North Macedonia in 2021　　　　　　　　　*Xu Hengyi* / 114

Abstract: The Republic of North Macedonia, which is at the intersection of multiple civilizations and religions, has formed a complex socio-cultural form of multi-ethnic, multi-religious and multi-identity under the combined effect of geographical and historical reasons. Under the impact of the COVID-19 epidemic, the more prominent challenges are how to strengthen the social cohesion of multi-ethnic countries, formulate coherent cultural policies and cultural development strategies, build a holistic citizenship identity through the development of more inclusive social systems in order to cope with divisive political speech and outside interference. The COVID-19 epidemic has begun to have a continuous impact on the public finances of the government of the Republic of North Macedonia. Under this influence, the government of the Republic of North Macedonia has slightly reduced its budget in the cultural sector in year 2021. With limited budgetary resources, by formulating cultural project funding plans, supporting and organizing various cultural activities and other measures, the Ministry of Culture of the Republic of North Macedonia tries to solve the most prominent problem in the country's cultural development, which are: how to strengthen the cultural cohesion of the society of a multi-ethnic country, how to continuously promote talent development in the country, and how to formulate a coherent set of cultural policies and cultural development strategies. On the other hand, the Republic of North Macedonia continues to strengthen bilateral, multilateral and cultural exchanges and cooperation with various international organizations, and actively displays its traditional culture on the international stage.

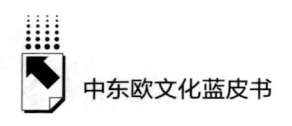

Keywords: The Republic of North Macedonia; Cultural Development; Cultural Activity

Ⅲ　Specific Topic Reports

B.8 Report on International Communication and Influence of
　　　Polish Culture　　　　　　　　　　　　　　　*Lin Xin* / 129

　　Abstract: Poland has formed an "official-led, public-private" model of international cultural promotion, powered by the Ministry of Culture and National Heritage and the Ministry of Foreign Affairs in cooperation with multiple cultural institutions. By utilizing rich historical and cultural resources, developing innovative projects with multi-dimensional channels and far-reaching ends as well as combining storytelling and pragmatism, the Polish government has made every effort to enhance its competence of cultural diplomacy and present itself as a cultural power, which has brought some effects. Poland is an important participant in the "Belt and Road" and China-CEEC cooperation mechanism. This report probes into the model and experience of international promotion of Polish culture with an attempt to inspire more cultural exchange and cooperation between Poland and China as well as provide some insights for China to enhance its international cultural promotion strategy, soft power and cultural influence.

Keywords: Polish Culture; International Promotion; Model of Promotion

B.9 Report on International Promotion and Influence of Czech Culture　　　　　　　　　　　　　　　*Huang Minying* / 147

Abstract: Czech government takes and strengthens the cultural diplomacy unceasingly. An international communication system led by the Ministry of Foreign Affairs and the Ministry of Culture and multi-agency cooperation has gradually formed. In 2021, the Czech maintained a trade surplus in traditional paper-based as well as electronic cultural products, while cultural and creative industries did not stay advantageous position in competing in international market. With the recovery of the Czech inbound tourism market, cultural exchanges between the destinations and source markets has gradually resumed. And the spread of Czech language and culture under multi-institutional cooperation has also effectively promoted the international communication and influence of Czech culture. But there are three main problems concerning Czech cultural international communication and influence. The cultural communication activities mainly happened among European countries; The potential in the field of cultural and creative industries has not been fully realized; The existing form of cultural communication is single and urgently needs to be innovated. Therefore, the Czech Republic will further put forward new requirements for shaping the image of an innovative and modern country, increase the diversity of cultural communication, and enhance the international influence of Czech culture.

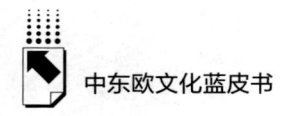

Keywords: Czech Culture; Internetional Communication; Cultural Products

B.10 Report on International Promotion and Influence of Slovak Culture *Gao Xiaotong* / 165

Abstract: With the development of European integration and economic globalization, more and more countries are appearing on the international stage. In addition to economic and military power, culture as soft power is now also a necessary element for the overall development of a country. Promoting the national image on an international scale by means of cultural communication has been paid more attention. In order to enhance its international influence, Slovakia is constantly promoting its cultural diplomacy by forming a "government-led, departments-cooperated" model of international cultural promotion, organizing traditional and special cultural activities in various ways, carrying out bilateral and multilateral cooperations, participating in international cooperation projects and making full use of international platforms, all of which have effectively helped to enhance Slovak competence of cultural diplomacy and bring its national culture to the world.

Keywords: Slovak Culture; International Promotion; Cultural Activities

Contents

B.11 Report on International Communication and Influence of
Greek Culture *Ling Haihui / 182*

Abstract: In recent years, Greece has developed a model of international cultural promotion led by the Ministry of Culture and Sports, the Ministry of Foreign Affairs and the Ministry of Education and Religious Affairs, with multiple actors working in tandem. When it comes to international promotion of Greek culture, current trends can be summarized as follows: Firstly, main focus of cultural promotion is put on language, ideology and cultural heritages related to ancient Greece rather than contemporary cultural products. Secondly, movies and higher education institutions are regarded as important channels of cultural promotion. Thirdly, Greek cultural influence extends from Mediterranean countries and the West to emerging economies including China. Based on analysis, this report points out that Greek culture is well-recognized and has a strong influence in Greece's neighbouring regions and countries with which Greece has close economic ties. However, due to the lagging development of the cultural and creative industries, the weak influence of the media and the small size of the economy and the population, Greece may not reach its full potential in terms of international cultural influence.

Keywords: Greek Culture; International Communication; International Influence

B.12 Report on International Communication and Influence of
Croatian Culture *Wang Xiaoyi / 206*

Abstract: By analyzing Croatia's global soft power index, the import and export of books, audio-visual products and films, and tourism-related data from the perspective of culture, the report attempts to summarize the current situation and existing problems of Croatia's cultural communication and influence in recent years, especially in 2021, such as low international degree of cultural recognition, gradually increasing international influence of publications and audio-visual products, increasing but insufficient influence of the number of exported films, and the relatively weak attraction of cultural tourism to foreign tourists. In the year of 2021, relying on existing foreign cultural policies and resources, Croatia has achieved certain results in international cultural communication from the implementation of government plans and the promotion of literature and art. At the end of the report, with the "2030 National Development Strategy of the Republic of Croatia" as the focusing point, the report sorts out the direction and focus of Croatia's future work to promote the effective communication and further enhance the international influence of its culture.

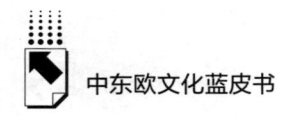

Keywords: Croatia; Culture; International Communication; International Influence

Ⅳ Chronicle of Events

B.13 Events of Cultural Exchanges between China and Central and Eastern European Countries in 2021　　*Shang Bing* / 224

社会科学文献出版社

皮 书

智库成果出版与传播平台

❖ 皮书定义 ❖

皮书是对中国与世界发展状况和热点问题进行年度监测,以专业的角度、专家的视野和实证研究方法,针对某一领域或区域现状与发展态势展开分析和预测,具备前沿性、原创性、实证性、连续性、时效性等特点的公开出版物,由一系列权威研究报告组成。

❖ 皮书作者 ❖

皮书系列报告作者以国内外一流研究机构、知名高校等重点智库的研究人员为主,多为相关领域一流专家学者,他们的观点代表了当下学界对中国与世界的现实和未来最高水平的解读与分析。截至2022年底,皮书研创机构逾千家,报告作者累计超过10万人。

❖ 皮书荣誉 ❖

皮书作为中国社会科学院基础理论研究与应用对策研究融合发展的代表性成果,不仅是哲学社会科学工作者服务中国特色社会主义现代化建设的重要成果,更是助力中国特色新型智库建设、构建中国特色哲学社会科学"三大体系"的重要平台。皮书系列先后被列入"十二五""十三五"" 十四五"时期国家重点出版物出版专项规划项目;2013~2023年,重点皮书列入中国社会科学院国家哲学社会科学创新工程项目。

皮书网

（网址：www.pishu.cn）

发布皮书研创资讯，传播皮书精彩内容
引领皮书出版潮流，打造皮书服务平台

栏目设置

◆ 关于皮书

何谓皮书、皮书分类、皮书大事记、
皮书荣誉、皮书出版第一人、皮书编辑部

◆ 最新资讯

通知公告、新闻动态、媒体聚焦、
网站专题、视频直播、下载专区

◆ 皮书研创

皮书规范、皮书选题、皮书出版、
皮书研究、研创团队

◆ 皮书评奖评价

指标体系、皮书评价、皮书评奖

◆ 皮书研究院理事会

理事会章程、理事单位、个人理事、高级
研究员、理事会秘书处、入会指南

所获荣誉

◆ 2008年、2011年、2014年，皮书网均在全国新闻出版业网站荣誉评选中获得"最具商业价值网站"称号；

◆ 2012年，获得"出版业网站百强"称号。

网库合一

2014年，皮书网与皮书数据库端口合一，实现资源共享，搭建智库成果融合创新平台。

皮书网　"皮书说"微信公众号　皮书微博

权威报告·连续出版·独家资源

皮书数据库
ANNUAL REPORT(YEARBOOK) DATABASE

分析解读当下中国发展变迁的高端智库平台

所获荣誉

- 2020年，入选全国新闻出版深度融合发展创新案例
- 2019年，入选国家新闻出版署数字出版精品遴选推荐计划
- 2016年，入选"十三五"国家重点电子出版物出版规划骨干工程
- 2013年，荣获"中国出版政府奖·网络出版物奖"提名奖
- 连续多年荣获中国数字出版博览会"数字出版·优秀品牌"奖

皮书数据库　　"社科数托邦"微信公众号

成为用户

登录网址www.pishu.com.cn访问皮书数据库网站或下载皮书数据库APP，通过手机号码验证或邮箱验证即可成为皮书数据库用户。

用户福利

- 已注册用户购书后可免费获赠100元皮书数据库充值卡。刮开充值卡涂层获取充值密码，登录并进入"会员中心"—"在线充值"—"充值卡充值"，充值成功即可购买和查看数据库内容。
- 用户福利最终解释权归社会科学文献出版社所有。

数据库服务热线：400-008-6695
数据库服务QQ：2475522410
数据库服务邮箱：database@ssap.cn
图书销售热线：010-59367070/7028
图书服务QQ：1265056568
图书服务邮箱：duzhe@ssap.cn

社会科学文献出版社　皮书系列
卡号：837388162917
密码：

S 基本子库
SUB DATABASE

中国社会发展数据库（下设12个专题子库）

紧扣人口、政治、外交、法律、教育、医疗卫生、资源环境等12个社会发展领域的前沿和热点，全面整合专业著作、智库报告、学术资讯、调研数据等类型资源，帮助用户追踪中国社会发展动态、研究社会发展战略与政策、了解社会热点问题、分析社会发展趋势。

中国经济发展数据库（下设12专题子库）

内容涵盖宏观经济、产业经济、工业经济、农业经济、财政金融、房地产经济、城市经济、商业贸易等12个重点经济领域，为把握经济运行态势、洞察经济发展规律、研判经济发展趋势、进行经济调控决策提供参考和依据。

中国行业发展数据库（下设17个专题子库）

以中国国民经济行业分类为依据，覆盖金融业、旅游业、交通运输业、能源矿产业、制造业等100多个行业，跟踪分析国民经济相关行业市场运行状况和政策导向，汇集行业发展前沿资讯，为投资、从业及各种经济决策提供理论支撑和实践指导。

中国区域发展数据库（下设4个专题子库）

对中国特定区域内的经济、社会、文化等领域现状与发展情况进行深度分析和预测，涉及省级行政区、城市群、城市、农村等不同维度，研究层级至县及县以下行政区，为学者研究地方经济社会宏观态势、经验模式、发展案例提供支撑，为地方政府决策提供参考。

中国文化传媒数据库（下设18个专题子库）

内容覆盖文化产业、新闻传播、电影娱乐、文学艺术、群众文化、图书情报等18个重点研究领域，聚焦文化传媒领域发展前沿、热点话题、行业实践，服务用户的教学科研、文化投资、企业规划等需要。

世界经济与国际关系数据库（下设6个专题子库）

整合世界经济、国际政治、世界文化与科技、全球性问题、国际组织与国际法、区域研究6大领域研究成果，对世界经济形势、国际形势进行连续性深度分析，对年度热点问题进行专题解读，为研判全球发展趋势提供事实和数据支持。

法律声明

"皮书系列"（含蓝皮书、绿皮书、黄皮书）之品牌由社会科学文献出版社最早使用并持续至今，现已被中国图书行业所熟知。"皮书系列"的相关商标已在国家商标管理部门商标局注册，包括但不限于LOGO（ ）、皮书、Pishu、经济蓝皮书、社会蓝皮书等。"皮书系列"图书的注册商标专用权及封面设计、版式设计的著作权均为社会科学文献出版社所有。未经社会科学文献出版社书面授权许可，任何使用与"皮书系列"图书注册商标、封面设计、版式设计相同或者近似的文字、图形或其组合的行为均系侵权行为。

经作者授权，本书的专有出版权及信息网络传播权等为社会科学文献出版社享有。未经社会科学文献出版社书面授权许可，任何就本书内容的复制、发行或以数字形式进行网络传播的行为均系侵权行为。

社会科学文献出版社将通过法律途径追究上述侵权行为的法律责任，维护自身合法权益。

欢迎社会各界人士对侵犯社会科学文献出版社上述权利的侵权行为进行举报。电话：010-59367121，电子邮箱：fawubu@ssap.cn。

社会科学文献出版社